# Le temps d'apprendre à vivre

**Données de catalogage avant publication (Canada)**

Auger, Lucien

Le temps d'apprendre à vivre

1. Bonheur. 2. Morale pratique. 3. Relations humaines. 4. Couples.
5. Éducation des enfants. I. Centre Interdisciplinaire de Montréal. II. Titre.

BF575.H27A93 1996 158 C96-941006-9



Dépôt légal: 3e trimestre 1996
Bibliothèque nationale du Québec

ISBN 2-7619-1342-6

DISTRIBUTEURS EXCLUSIFS:

- Pour le Canada et les États-Unis:
  **LES MESSAGERIES ADP***
  955, rue Amherst,
  Montréal, Québec H2L 3K4
  Tél.: (514) 523-1182
  Télécopieur: (514) 939-0406
  * Filiale de Sogides ltée

- Pour la Belgique et le Luxembourg:
  **PRESSES DE BELGIQUE S.A.**
  Boulevard de l'Europe 117
  B-1301 Wavre
  Tél.: (10) 41-59-66
  (10) 41-78-50
  Télécopieur: (10) 41-20-24

- Pour la Suisse:
  **TRANSAT S.A.**
  Route des Jeunes, 4 Ter
  C.P. 125
  1211 Genève 26
  Tél.: (41-22) 342-77-40
  Télécopieur: (41-22) 343-46-46

- Pour la France et les autres pays:
  **INTER FORUM**
  Immeuble Paryseine, 3 Allée de la Seine,
  94854 Ivry Cedex
  Tél.: (1) 49-59-11-89/91
  Télécopieur: (1) 49-59-11-96
  **Commandes:** Tél.: (16) 38-32-71-00
  Télécopieur: (16) 38-32-71-28

Lucien Auger

# Le temps d'apprendre à vivre

LES ÉDITIONS DE L'HOMME

cim

# Introduction

*Le temps d'apprendre à vivre,*
*il est déjà trop tard.*

Aragon

À l'encontre de ce qu'affirme ce vers d'Aragon, n'est-il pas souhaitable d'apprendre à vivre tôt plutôt que tard car enfin, pourquoi faudrait-il attendre d'arriver aux portes du tombeau pour finalement saisir comment on aurait pu s'y prendre autrement avec la vie?

Il y a maintenant plus de vingt-cinq ans que je consacre une partie importante de mon temps et de mon énergie à tenter d'aider ceux de mes congénères qui s'adressent à moi dans leur détresse psychologique. J'ai aussi passé de nombreuses heures à travailler à entraîner d'autres personnes à faire le même travail que moi. Tout cela m'a appris bien des choses. Entre autres, j'ai fini par comprendre que les humains que nous sommes nous rendons malheureux d'un nombre restreint de manières. Sans doute, les conditions concrètes de l'existence varient-elles d'une personne à l'autre, mais c'est presque toujours à partir des mêmes idées et des mêmes principes absurdes que le malheur apparaît dans nos vies. Qu'il s'agisse de l'anxiété dévorante ou d'une simple appréhension, d'une colère démente et meurtrière ou d'un léger mouvement d'impatience, de regrets passagers ou d'une mélancolie qui paralyse la personne, on retrouve toujours les mêmes bases: des idées, des croyances, des principes qui peuvent finalement gâter la vie ou mener à son interruption par celui qui conclut que la mort est finalement préférable au mal de vivre qu'il éprouve.

J'ai voulu, dans cet ouvrage, pointer du doigt ces idées qui nous causent tant de problèmes. La plupart d'entre elles sont immensément répandues et, d'une manière ou d'une autre, nous y adhérons tous plus ou moins complètement et plus ou moins tenacement. De la naissance jusqu'au décès, ces idées nous accompagnent dans la vie; nous les retrouvons sans cesse tapies en nous ou dans l'esprit de ceux que nous rencontrons. Les dommages qu'elles causent tant au niveau personnel que sur le plan social sont incommensurables. Alors qu'un grand nombre d'humains possèdent, en principe, tout ce qu'il faut pour mener une vie raisonnablement heureuse, les idées dont ils se nourrissent finissent par les intoxiquer, les empêchant de profiter du bref temps de leur existence et les amenant à se comporter d'une manière qui empoisonne leur vie et celle des autres.

J'ai parfois eu besoin de plusieurs années d'efforts avant de pouvoir débusquer la fausseté de certaines notions. Ce n'est pas que je sois particulièrement inintelligent ni que ceux qui, comme moi, les ont longuement cultivées le soient davantage. Mais nous avons nos habitudes, à la fois de pensée et d'action, et comme il peut être laborieux d'identifier et ensuite d'abandonner des croyances longuement chéries en dépit des dégâts qu'elles produisent! Je n'ai sans doute pas terminé de démasquer des erreurs coûteuses dans ma propre vie et je ne peux vous livrer que ce que je suis arrivé à comprendre jusqu'à maintenant, sans aucunement prétendre que je détiens la solution finale à nos ennuis et le moyen assuré de les éviter. Je mourrai sans doute sans avoir pu déceler toutes les croyances absurdes que je nourris peut-être à mon insu et il sera toujours trop tard pour savoir comment vivre parfaitement.

Devant les aléas de l'existence et les questions qu'elle pose sans leur apporter de réponses, certains d'entre nous ont foi en des révélations plus ou moins consolantes et ont emprunté les sentiers de l'ésotérisme et des mystères cachés. J'ai préféré une voie plus humble et peut-être moins exaltante. Les extraterrestres ne m'ont pas encore visité, aucun ange ne m'a frôlé de son aile et je n'ai découvert aucune vérité dans quelque grimoire ancien ni aux pieds de quelque gourou visionnaire. Ce que je sais, ou du moins crois savoir, je l'ai acquis par la réflexion et en tentant, parfois désespérément, d'apporter une réponse au moins partielle aux innombrables questions que m'ont posées mes clients et mes étudiants. Je suis, en ce sens, privilégié par le sort. Il est bien des interrogations que je n'aurais sans doute jamais formulées si mes interlocuteurs ne m'avaient amené à le faire. Que ces personnes en soient ici remerciées; elles sont trop nombreuses pour que je les nomme toutes, d'autant plus que j'ai oublié jusqu'à l'existence de certaines d'entre elles et que je ne me souviens plus de la manière dont bien des idées me sont venues.

J'ai aussi puisé dans les écrits de ceux qui, comme nous tous, ont tenté de répondre aux questions de la vie. J'ai voulu n'être le disciple de personne, sachant bien que l'esprit le plus éclairé profère parfois des sottises et que dans les débris d'un esprit enténébré se cache parfois une perle de vérité.

Ce livre comporte deux parties principales. Dans la première, j'énonce et j'explique un certain nombre de notions générales dont la compréhension me semble indispensable pour arriver à mener une vie plus heureuse. Dans la seconde partie, je procède à une application de ces principes généraux à divers aspects de la vie quotidienne des humains. Tout cela est certainement incomplet et vous pourrez regretter que je ne traite pas d'un domaine ou d'un autre qui revêt pour vous une importance singulière. Je ne m'en excuse pas; je n'y ai tout simplement pas songé ou, si cette pensée m'a effleuré, une autre est venue la remplacer sans que j'y puisse rien.

J'exprime ici ma pensée sur divers sujets. Si la seule lecture d'un livre amenait un changement positif dans la vie du lecteur, vous n'auriez qu'à le lire pour trouver votre vie transformée, vos malheurs diminués et votre bonheur accru. Laissez-moi vous assurer qu'il n'en est rien. Certaines personnes, croyant sans doute me vexer, ont comparé divers de mes ouvrages antérieurs à des recueils de recettes. Rien de plus juste, leur ai-je répondu. Après tout, qu'il s'agisse de confectionner un plat à la cuisine, d'assembler un engin nucléaire ou de savoir vivre, on peut légitimement appeler recettes les méthodes diverses qui mènent au résultat désiré. Mais la seule lecture de la recette ne permet pas de déguster le soufflé au calvados ni d'organiser sa vie d'une manière fructueuse.

Il faut encore passer aux actes, à la cuisine ou dans l'esprit. Certains de mes ouvrages constituent des cahiers de travail où l'application détaillée des démarches est proposée et décrite. Vous en trouverez la liste dans la bibliographie qui termine cet ouvrage.

Tout de suite après cette introduction, je vous propose de faire un bref inventaire qui ne se targue d'aucune prétention scientifique. Son résultat devrait cependant vous permettre de sonder quelque peu votre habileté à vivre et d'analyser, au moins sommairement, les points positifs et négatifs de vos connaissances dans ce domaine. Peut-être aimerez-vous le faire de nouveau une fois que vous aurez parcouru les pages qui suivent et comparer les résultats que vous obtiendrez alors avec les premiers.

Ajoutez à la fin de chaque affirmation le chiffre correspondant à votre situation:

1. Jamais ou très rarement
2. Rarement
3. Parfois
4. Souvent
5. Presque toujours

1. J'éprouve de notables poussées d'anxiété.
2. Je me mets violemment en colère.
3. Je fais preuve d'impatience.
4. Je me sens coupable de certains de mes actes ou omissions.
5. J'éprouve des sentiments dépressifs.
6. Je me sens longuement et notablement triste.
7. Je me comporte impulsivement à mon propre détriment.
8. Je suis exigeant(e) pour moi-même.

9. Je suis peu tolérant(e) devant ma propre faiblesse et celle des autres.
10. On m'entend dire: *Il faut…*, *On devrait…*, dans divers contextes.
11. Je crois que certains humains sont plus valables que d'autres.
12. J'ai tendance à m'énerver facilement.
13. Je trouve certains événements terribles et insupportables.
14. Je souffre de tension nerveuse.
15. Je me juge inférieur(e) à bien d'autres.
16. Je cherche ardemment le sens de la vie.
17. J'en veux tenacement à diverses personnes de mon enfance: parents, etc.
18. Je mens à diverses personnes sans raisons particulières.
19. Je me crois encore bouleversé(e) par divers événements de mon enfance.
20. Je tiens peu compte des sentiments des autres.
21. Je trouve que je n'ai vraiment pas de chance dans la vie.
22. Je me comporte de façon hésitante et indolente.
23. J'utilise diverses drogues.
24. J'abuse de l'alcool.
25. J'éprouve du malaise à propos de ma sexualité.
26. Je crois avoir grand besoin d'être aimé(e).
27. J'ai peu confiance en mes capacités.
28. Ma vie conjugale est difficile.
29. J'éprouve des sentiments de jalousie à propos de mon conjoint ou de ma conjointe.
30. Mes rapports avec mes enfants sont laborieux ou orageux.

31. Je suis menacé(e) d'épuisement professionnel.
32. Je perds des sommes importantes à des jeux de hasard.
33. J'ai de la difficulté à m'endormir et à passer une bonne nuit.
34. J'ai de la difficulté à garder un emploi.
35. J'ai des conflits marqués avec mes patrons ou mes collègues de travail.
36. Je m'occupe assez mal de ma santé physique.
37. Je mange et je bois trop ou pas assez.
38. Je perds du temps en rêveries inutiles.
39. Je m'ennuie.
40. Je vis dans le désordre.
41. J'éprouve de la gêne et de la timidité en de nombreuses occasions.
42. Je consulte des voyantes, tireuses de cartes, etc.
43. Je crois que mon passé détermine ma vie.
44. J'ai des opinions politiques ou religieuses rigides.
45. Bien que je sois jeune et en santé, je songe à me suicider.
46. Je déteste violemment certaines personnes.
47. J'ai tendance à devenir facilement violent(e) dans mes paroles ou dans mes gestes.
48. J'admire beaucoup certaines personnes et j'en méprise d'autres.
49. On ne peut guère se fier à moi.
50. Je me trouve en général malheureuse ou malheureux.

Total des chiffres ajoutés.........................................

# Première partie

# Chapitre premier

*Les humains sont régis par les émotions qu'ils éprouvent et par les circonstances aléatoires de leur existence.*

De tous les principes dont la compréhension permet à une personne de mener une vie relativement heureuse pendant le bref temps qu'elle existe, celui-ci semble peut-être le plus fondamental. Il s'agit de bien saisir que, quand on contemple un être humain, on se trouve en présence d'un organisme construit selon des paramètres invariables et identiques d'une personne à l'autre. La plupart des humains croient qu'ils mènent eux-mêmes leur vie, au moins sous certains aspects. C'est ce qu'on leur a répété au cours des siècles et c'est ce qu'on a recommandé plus ou moins hargneusement de faire à ceux qui semblaient se laisser aller au gré des événements. «Prenez votre vie en main...» «Cessez de vous laisser ballotter par la vie...» «Ne soyez pas comme la girouette que tout souffle de vent fait tournoyer...» «Il faut savoir ce qu'on veut et mener sa propre barque...» Autant de déclarations clamées par divers moralistes et les ténors de la croissance personnelle et du développement humain.

Cela n'est guère étonnant puisque cette vision de l'être humain, même si elle peut être affolante pour certains puisqu'elle proclame la personne responsable de chacun de ses actes, est finalement profondément gratifiante puisqu'elle permet à une personne de se glorifier de mener une existence fructueuse. «C'est moi qui me suis fait... Si je suis parvenu à vivre comme je l'ai fait, c'est grâce à ma volonté de fer appuyée par mon intelligence éclairée...

Regardez-moi tous et admirez: sachez que c'est à la force du poignet qu'on arrive au sommet.»

En fait, les choses se passent tout autrement. Derrière chaque action délibérée se cache une émotion, qu'il s'agisse des actes les plus banals ou les plus exceptionnels, les plus socialement constructifs ou, au contraire, destructeurs. Celui qui aide un vieil homme à traverser la rue comme celui qui, d'un croc-en-jambe, l'envoie rouler sous une bétonnière, obéissent l'un et l'autre aux émotions qui leur adviennent. Qu'il s'agisse de gravir l'Everest ou d'aller arroser les marguerites, l'acte est déterminé et complètement régi par les émotions dont la personne est animée, consciemment ou non. On raconte que sir Edmund Hillary, vainqueur de l'Everest, répondait à ceux qui lui demandaient pourquoi il avait escaladé cette montagne: «C'est parce qu'elle était là.» Cette réponse banale a pourtant plongé dans l'admiration une foule considérable de personnes et démontre certainement que Hillary connaissait mieux l'alpinisme que la nature humaine.

Le terme *émotion* évoque pour la plupart une perturbation plus ou moins violente de la sérénité personnelle. On parle de personnes «émotives» qui gesticulent, pleurent, crient, se tordent les mains alors que d'autres, plus «rationnelles», considèrent froidement les situations, rient rarement, ne pleurent jamais et ne se tordent certainement pas les mains. Il y a là une illusion qu'il convient de dénoncer. Je constate, comme tout le monde, que diverses personnes expriment leurs émotions d'une manière plus explicite que d'autres. Encore qu'il se présente de nombreuses exceptions, les femmes et les jeunes enfants manifestent en général leurs émotions d'une manière plus colorée que les hommes et les adultes.

La différence dans l'expression des émotions peut aussi s'enraciner dans la culture. Les passagers d'un vol Alitalia décollant de Naples paraîtront en général plus animés que ceux d'un vol de British Airways quittant Londres. On ne peut en conclure que les femmes, les enfants et les Italiens du sud éprouvent plus d'émotions que les hommes, les adultes et les Britanniques. Les uns soufflent dans un trombone pendant que les autres jouent du pipeau, mais chez les uns comme chez les autres, c'est la même musique qui s'exprime par des instruments et selon des registres différents. Il est donc illusoire de prétendre que certaines personnes éprouvent moins d'émotions que d'autres: elles ne diffèrent que par la manière dont elles expriment (ou n'expriment pas) ces émotions.

Cette confusion s'explique sans doute par le fait que certains phénomènes humains ne sont ordinairement pas rangés parmi les émotions alors qu'ils appartiennent incontestablement à cette catégorie. Prenons comme exemple la volonté. Pour bien des gens, il s'agit d'une faculté humaine variable, forte chez certains, faible chez d'autres. On parle de volonté ferme, de personnes volontaires et décidées alors que d'autres sont, dit-on, pourvues d'une volonté faible ou que cette faculté est même absente chez eux («Il n'a pas de volonté...»).

En fait, cette fameuse volonté n'existe pas ou, plus exactement, se confond avec l'émotion sans doute le plus fréquemment présente en nous: le désir. Comme toutes les émotions, le désir peut s'exprimer plus ou moins explicitement et directement. Le «vieux cochon» qui, sans dire un mot, mais d'un œil luisant, reluque goulûment les seins de sa jeune secrétaire est animé d'un désir aussi puissant que le violeur pour sa victime. La même émotion anime ces deux êtres, encore qu'ils ne l'expriment pas de la même manière. D'autre part, il semble absurde de prétendre que certaines personnes sont dotées d'une forte volonté alors que d'autres en sont dénuées. Les premières éprouvent simplement des désirs plus stables, plus marqués et plus puissants que les secondes. Cela ne les rend ni meilleures ni pires. Ces personnes n'éprouvent tout simplement pas les mêmes émotions, du moins au même degré. Glorifier les «volontaires» et condamner les «velléitaires» est aussi primaire que d'admirer le lion parce qu'il a une «belle» crinière tout en méprisant l'escargot parce qu'il se traîne au sol en bavant.

Tout acte est donc déterminé par l'émotion présente chez la personne qui agit. Cette émotion peut varier: il s'agira du désir, de l'anxiété, de la colère, de la joie, de la tristesse, de la culpabilité, etc. Nul acte délibéré n'est accompli sans émotion, celle-ci fût-elle faible et imperceptible pour l'observateur ou pour la personne qui en est habitée. La seule exception est constituée par ces actes qui, tout en étant accomplis par la personne, le sont uniquement sous l'effet des circonstances sur lesquelles elle n'exerce pas de contrôle.

Quand, par exemple, Jean-Paul trébuche sur un jouet de son fils dans l'escalier et dégringole quinze marches, c'est bien lui et nul autre qui a trébuché, mais il n'est pas faux de dire que c'est le jouet qui l'a fait trébucher. Certaines émotions ont pu intervenir dans sa dégringolade, par exemple l'anxiété ou la colère qui le faisaient se hâter. Jean-Paul a trébuché, mais on l'a fait trébucher; il est victime d'une dégringolade qui résulte principalement de la présence du jouet dans l'escalier et ne découle directement d'aucune émotion en lui. En principe donc, pas d'action délibérée sans la présence d'une émotion quelconque.

Il n'est donc guère utile de demander à une autre personne pourquoi elle s'est comportée comme elle l'a fait. Les réponses sont toujours les mêmes. Ou bien le geste a été déterminé uniquement par le hasard (trébucher dans l'escalier) ou bien il a été inspiré par une émotion: désir, anxiété, colère, etc. «Mais pourquoi n'as-tu pas fait tes devoirs?» demande l'institutrice à l'élève «paresseux». La réponse serait souvent: «Parce que ça ne me tentait pas» («Je n'avais pas le désir de les faire»), si l'enfant osait l'exprimer.

On se demandera peut-être pourquoi, s'il en est bien comme je viens de l'affirmer, toutes les personnes qui éprouvent la même émotion ne se comportent pas de la même manière. Quand Jean-Guy est en colère, il crie, tempête et lance des objets alors que Marcel serre les lèvres sans rien dire. Quand Juliette se sent déprimée, elle va voir son psy alors que Bernadette prend un verre. L'angoisse de Paul s'exprime par une activité fébrile alors que, chez Claude, c'est le contraire: il sombre dans l'inertie. Ce phénomène peut s'expliquer de diverses manières. D'abord, plusieurs émotions peuvent être présentes en même temps.

Si Marcel serre les lèvres sans rien dire, c'est qu'il se trouve devant un patron redouté et qu'il a peur de s'exprimer comme il le ferait (et le fera peut-être) en l'absence de ce dernier. D'autres éléments interviennent également: l'habitude engendrée par la répétition des actes au fil du temps, les renforcements reçus antérieurement de la part de l'entourage, des facteurs dus au hasard du déroulement de la vie personnelle. Ainsi, si Juliette va visiter son psy quand elle se sent anxieuse alors que Bernadette sirote un verre de gin, ces comportements différents peuvent bien résulter du fait que Juliette possède les ressources financières lui permettant de consulter le psychologue alors que Bernadette habite à deux cents kilomètres du plus proche aidant.

Les déterminants de l'action sont donc multiples. Si l'émotion demeure le facteur décisif, il ne convient pas pour autant de négliger les autres éléments plus ou moins aléatoires. L'écheveau des causes qui sous-tendent l'action est infiniment complexe et il suffirait que l'une d'entre elles soit différente pour empêcher l'action ou la modifier. Revenons à Juliette et Bernadette, toutes deux anxieuses. On dira que, parce que Juliette se sent anxieuse, elle visite son psy, mais c'est aussi parce qu'elle a pu poursuivre ses études jusqu'à l'université, demeure dans un centre urbain, a un mari médecin, regarde certaines émissions de télé plutôt que d'autres et a, par hasard, une amie (Nathalie) qui a consulté le psy en question et s'en est, dit-elle, trouvée bien.

Par ailleurs, Bernadette prend un verre: pourquoi? C'est ce que sa mère ou son père faisait. De plus, son amie Colette travaille dans un bar, son mari est au chômage et, finalement, elle aime le goût du gin alors que Juliette l'abhorre. Tout cela constitue les circonstances de vie concrètes de Juliette et Bernadette, sur lesquelles ni l'une ni l'autre n'exerce le moindre contrôle. Voilà pourquoi Juliette se confie pendant que Bernadette prend un verre et voilà aussi pourquoi il est concrètement impossible que Juliette fasse autre chose que se confier et Bernadette prendre un verre. Les actes de chacune sont donc déterminés à la fois par les émotions qu'elles éprouvent et par le jeu infiniment complexe des circonstances concrètes de leur vie. Théoriquement et dans l'abstrait, l'anxiété ressentie par ces deux personnes pourrait s'exprimer de nombreuses manières, mais celle que chacune emprunte est déterminée par l'ensemble des facteurs individuels, émotifs et factuels qui font que l'une parle pendant que l'autre boit.

«Vivez profondément vos émotions» ont recommandé d'innombrables conseillers personnels. Peut-on imaginer plus perfide conseil? J'aime mieux croire qu'ils n'ont pas été pris trop au sérieux par leurs destinataires. Car, enfin, n'est-il pas évident que si certaines émotions sont fort agréables à ressentir (joie), d'autres sont uniformément pénibles et déplaisantes. Vous vous sentez anxieux: aimeriez-vous ressentir cette émotion encore plus profondément, plus longuement et plus fréquemment? Un peu déprimé? Voulez-vous l'être plus? Voulez-vous répandre des torrents de larmes? Il faudrait vraiment avoir perdu l'esprit pour répondre affirmativement à ces questions. Peut-être voulait-on vous recommander d'exprimer pleinement vos émotions? Ah bon! Où, quand, comment, dans quelles circonstances? Est-il vraiment opportun d'exprimer pleinement votre rage à un patron susceptible, dans un contexte de chômage abondant? Ou à un policier nerveux qui a déjà le doigt sur la détente? De plus, croire qu'exprimer ses émotions en diminue l'intensité constitue un mythe tenace. On semble se trouver devant une conception hydraulique des émotions. Selon ce mythe, les émotions montent en nous comme de l'eau dans un baril. Il s'agit de laisser échapper le surplus pour faire baisser la pression intérieure. De fait, il semble que ce soit plutôt l'inverse qui se produise. Hurler, tempêter, frapper des objets ou des personnes ne contribue aucunement à diminuer la colère. Tout au contraire. De pareilles explosions offrent au furieux de nouvelles occasions de s'irriter.

S'agit-il alors de refouler l'expression de l'émotion? Vous comprendrez tout de suite que ce n'est pas la démarche la plus fructueuse. Il vaut mieux tenter de diminuer l'émotion désagréable elle-même. Le refoulement ne peut se produire si l'émotion elle-même diminue ou disparaît. Pour parvenir à ce résultat, il faut évidemment connaître la cause des émotions, un point que nous aborderons sous peu.

C'est une illusion de croire que les émotions sont innombrables. En fait, les termes utilisés pour désigner les états émotifs sont fort nombreux, mais il s'agit souvent de synonymes ou de termes utilisés pour désigner une émotion de base dans certaines circonstances. Prenons comme exemples le soulagement et la déception. S'agit-il d'émotions différentes de la joie et de la tristesse? Pas du tout. Cependant, quand une personne s'attend à subir divers ennuis ou malheurs et que ceux-ci ne se produisent pas, elle dira qu'elle se sent soulagée. Ce soulagement n'est autre chose que de la joie. L'émotion est la même: seul le terme utilisé pour la désigner a varié. De même, la déception n'est autre chose qu'une tristesse ressentie par une personne qui espérait un événement heureux ou s'attendait qu'il se produise alors qu'il ne se produit pas.

De nombreux termes ne désignent que les divers niveaux d'intensité auxquels l'émotion peut se manifester. La préoccupation constitue un faible niveau d'anxiété alors que la terreur désigne un niveau intense de la même émotion. *Affection, amitié, goût, prédilection, préférence* désignent des degrés divers ou des nuances particulières de l'émotion *amour*.

Les émotions peuvent être classées en trois catégories selon le degré de plaisir ressenti par ceux qui les éprouvent: les émotions agréables, les émotions désagréables et les émotions qui ne possèdent aucun caractère agréable ou désagréable et que j'appellerai neutres.

La liste des émotions agréables est fort courte. Il n'y a guère que la joie qui soit ressentie comme agréable. Quand certains de mes auditeurs semblent chagrinés que les émotions agréables soient réduites à une seule alors que la liste des émotions désagréables est substantiellement plus longue, je leur fais remarquer que cette situation ne présente aucun inconvénient. En effet, alors que les humains se lassent de presque tout à la longue, il ne semble pas qu'ils se plaignent de se sentir trop souvent ou trop longuement joyeux. Comment imaginer une personne qui déclarerait: «Je suis joyeuse depuis déjà trois mois sans interruption. C'est un peu monotone. Il me semble qu'une pointe d'anxiété ou de tristesse ajouterait du piquant à ma vie»? Non: nul ne se lasse d'être de bonne humeur à moins d'être sérieusement détraqué.

La liste des émotions désagréables offre plus de variété. Y a-t-il vraiment des amateurs d'anxiété? Voilà une émotion profondément désagréable que tous ceux qui en sont affectés se plaignent de ressentir. Elle est souvent accompagnée de manifestations somatiques ennuyeuses: rougeurs, tremblements, sueurs inopportunes, subites envies d'uriner. À des degrés élevés, cette émotion bloque l'action ou se traduit par des comportements pénibles ou dangereux pour celui qu'elle habite: fuites éperdues, hurlements ou, au contraire, incapacité d'agir d'une manière constructive. C'est ce qu'on peut observer dans les cas de paniques collectives susceptibles de faire de nombreuses victimes.

L'hostilité (colère, rage, fureur...), encore que pénible et ennemie du plaisir de vivre (comment arriver à s'endormir quand on se sent en rogne?) est certainement plus populaire que l'anxiété. Dans bien des cas, la personne en colère ressent un certain plaisir malsain, non pas à éprouver la colère, mais à l'exprimer. En effet, cette expression terrorise fréquemment ceux vers lesquels elle est dirigée, donnant ainsi au colérique le plaisir de les voir trembler et se soumettre à ses exigences. Le colérique saisit ainsi l'occasion de se croire supérieur à ceux qu'il terrorise, ce qui lui procure un bien-être au moins passager, surtout s'il s'agit d'un individu porté à se déprécier et à se sentir inférieur aux autres. Les effets concrets de la colère sont cependant souvent dévastateurs, allant des guerres internationales aux conflits plus domestiques au cours desquels des nations s'annihilent réciproquement ou des couples se querellent.

Pas de plaisir non plus à se sentir coupable ou déprimé, deux émotions qui vont souvent la main dans la main, tout comme l'anxiété et l'hostilité d'ailleurs. C'est samedi matin. Vous avez travaillé au bureau toute la semaine et consacrez le samedi à toutes les tâches domestiques que vous n'avez pas eu le temps d'accomplir pendant la semaine. Tout bouge dans la maison: les enfants se disputent, le chien tente encore de décapiter le chat qui se défend en crachotant et même le canari s'agite pendant que votre mari, juché en haut de l'escabeau, vous hurle de lui apporter un marteau. Depuis une heure, votre mère, qui réside dans un foyer pour personnes âgées et que vous avez promis d'aller visiter le lendemain pour son anniversaire, vous a téléphoné six fois, toujours pour vous rappeler votre promesse. Vous finissez par perdre patience et lui déclarez d'un ton volcanique: «Oui, maman, je te le répète, nous irons demain dîner avec toi. C'est promis, juré; cesse de me téléphoner, je n'en peux plus!» Vous entendez alors la voix chevrotante de la maman: «Je sais bien que je ne suis qu'une vieille malcommode... Je serais mieux morte... Et pourtant, je vous ai tant aimés...» Vous ressentez quelque chose?

Évidemment; quel plaisir que se sentir coupable! Et comment ne pas se croire un être affreux et méprisable quand on malmène ainsi une pauvre vieille sans défense? Et voilà la dépression qui pointe. Enfin, comment se réjouir de ressentir de la tristesse, une émotion déplaisante qui, d'ailleurs, se combine spontanément aux autres émotions désagréables. Car toutes les personnes qui se sentent anxieuses, en colère, coupables ou déprimées se sentent d'abord tristes, ennuyées, peinées à l'occasion de quelque événement de leur existence. Il n'y a pas d'anxieux joyeux.

Ce n'est pas tout. Comme les émotions constituent le moteur de l'action, il convient d'examiner les actes qui découlent souvent de la présence d'émotions désagréables. Ces émotions déterminent souvent des actes qui, à première vue, semblent contraires aux objectifs de bonheur de la personne et constituent un sabotage de ses propres intérêts. Alain, dans sa colère, gifle sa femme Colette. Il est douteux qu'il parvienne, en continuant à agir ainsi, à poursuivre une relation gratifiante pour lui. Paul se sent coupable d'avoir trompé sa femme. Poussé par cette culpabilité, il lui révèle sa liaison avec Béatrice. Sa femme en profite pour le planter là. Beau résultat! Tenaillé par l'anxiété, Denis se présente à une entrevue pour solliciter un emploi. Il s'énerve, bredouille, répond tout de travers aux questions qu'on lui pose. Sa candidature est écartée.

Ici se pose un problème insoluble sur lequel je reviendrai plus loin. En effet, il est impossible pour une personne de savoir si un événement qui l'affecte lui est finalement profitable ou nuisible. Pour obtenir cette information, il faudrait connaître ce qui serait arrivé si les choses s'étaient passées autrement. Cette connaissance est évidemment impossible: comment connaître ce qui n'arrive pas? La gifle qu'Alain décoche à Colette est peut-être profitable pour lui. S'il ne l'avait giflée, comment se serait déroulée la suite de sa vie? On ne peut qu'énoncer des possibilités sans jamais arriver à des certitudes.

J'ai parlé ailleurs de cette jeune femme, rencontrée il y a des années, qui s'attristait fort d'avoir perdu un emploi qu'elle adorait parce qu'elle avait répondu d'une manière cavalière à une demande de son patron. Elle regrettait amèrement son impertinence. Cependant, sa mise à pied la rendait disponible pour un autre emploi encore plus séduisant qu'on lui offrit quelques jours plus tard. Heureuse impertinence? Heureuse mise à pied? Comment le savoir? Pour répondre à cette question, il faudrait connaître le sort qui lui aurait été réservé si elle ne s'était pas disputée avec son premier patron. Cela demeure et demeurera éternellement inconnaissable.

Le jeune Gaston réussit brillamment ses études. Élève appliqué et doué, toujours premier de classe dans les institutions privées les plus réputées, il traverse allègrement le primaire, le secondaire, le collège et l'université. Étudiant en génie, il termine ses études à la tête de sa classe et est aussitôt recruté par une firme d'ingénieurs possédant des contacts internationaux. Ses parents sont fiers de lui et se réjouissent de ses succès. Pendant ce temps, son condisciple Claude échoue lamentablement, même au primaire, décroche au secondaire, tombe dans l'usage de la drogue et finit par décrocher, au même âge que Gaston, un emploi peu lucratif comme surveillant à temps partiel d'un parking au centre-ville. Ses parents sont remplis de honte, tout le monde le regarde de travers: c'est le raté de la famille.

Quelques mois passent. Gaston gravit les premiers échelons d'une carrière qui s'annonce brillante. Il a l'étoffe d'un chef d'entreprise. Mais un jour, passant dans l'usine pour vérifier un plan, il reçoit sur la tête une énorme poutre décrochée du pont roulant. Par miracle, il survit, mais demeure irrémédiablement réduit à un état végétatif où il n'en finit plus de mourir dans un hôpital impersonnel, livré aux soins bourrus d'infirmières moustachues... Claude, lui, voit un jour une somptueuse limousine s'arrêter devant la guérite où il grelotte. En descend un richissime Américain propriétaire d'innombrables puits de pétrole au Texas. Claude ressemble comme deux gouttes d'eau au fils chéri du Texan, décédé un an plus tôt aux commandes de son avion personnel. Le milliardaire serre Claude dans ses bras, l'emmène au Texas et meurt deux ans plus tard, lui laissant toute sa fortune. Était-il bon que Gaston réussisse si bien ses études? Était-il mauvais pour Claude de traîner à la queue de la classe? Les limites de notre humanité font que nous ignorons le passé, ne connaissons du présent que des bribes éparses et sans importance et n'avons du futur aucune connaissance certaine. Nous «nageons en plein mystère» et le doute universel semble finalement l'attitude la plus réaliste. Cependant, le caractère immédiatement déplaisant de certaines émotions ne fait, lui, pas de doute. Comme la vie des humains est brève, il ne semble pas qu'il y ait quelque avantage à se sentir fréquemment, intensément et longuement anxieux, hostile, coupable, déprimé ou triste.

Restent les émotions neutres. J'en connais deux: le désir et l'amour. Ressentir ces émotions n'est ni agréable ni désagréable. Voilà qui surprendra sans doute tous ceux qui prétendent qu'il n'y a plus grand bonheur que d'être en amour. Leur étonnement (indigné?) s'explique par leur mauvaise compréhension des mécanismes émotifs présents chez les humains. J'y reviendrai plus en détail plus loin. Pour l'instant qu'il me suffise de signaler que, concernant le désir, son accomplissement est toujours automatiquement accompagné de joie alors que sa frustration entraîne la tristesse.

Notons également que la personne qui désire peut imaginer son désir satisfait et donc éprouver une joie anticipée. L'inverse l'amènera à ressentir une tristesse également anticipée.

Pour ce qui est de l'amour, il est souvent confondu avec la joie qui l'accompagne indissolublement. Si l'amour n'est ni agréable ni désagréable, la joie, elle, est puissamment agréable. Faute de faire la distinction entre l'amour et son accompagnement inévitable de joie, on peut croire que l'amour constitue une émotion agréable alors qu'il n'en est rien.

Ce sont bien les émotions qui mènent le monde. Désir, joie, tristesse, anxiété, hostilité, culpabilité, amour, haine, dépression se bousculent en nous presque sans arrêt et constituent les moteurs de nos actes. Derrière l'action apparemment la plus froidement réfléchie peuvent se cacher des sentiments aussi divers que le désir, la rage, la haine, l'anxiété. Aucun acte délibéré ne peut exister sans la présence de l'émotion; le type d'acte ou la manière dont il se fait sera cependant influencé par les circonstances concrètes de la vie de la personne qui agit. La présence de ces émotions peut échapper à la personne ou aux témoins de son acte: bien des émotions sont inconscientes ou imperceptibles. Elles n'en demeurent pas moins présentes, déterminant notre agir souvent à notre insu, tout au long de notre vie.

# Chapitre 2

*Les émotions sont causées par les idées et croyances de ceux qui les éprouvent et non par tout autre facteur interne ou externe.*

Si, pour gérer intelligemment sa vie, il est déjà utile de savoir que tous les actes humains constituent l'expression d'une ou de plusieurs émotions, il ne sera guère moins utile de comprendre les mécanismes qui régissent en nous la venue, la survie et l'éventuelle disparition de ces émotions.

À première vue, on pourrait croire qu'il s'agit là d'une pure question académique réservée à la considération de chercheurs. Et pourtant, quand on pense au caractère pénible et nuisible de certaines émotions, il saute aux yeux qu'une vie humaine raisonnablement heureuse ne peut se concilier avec la présence fréquente, intense et prolongée d'anxiété, d'hostilité, de culpabilité, de dépression et de tristesse, ces cinq émotions étant celles qui sont le plus fréquemment présentes de manière désagréable dans nos vies. Comme je l'ai souligné, ces émotions gâtent le plaisir de vivre et conduisent à des actes qui, selon toute apparence, contredisent l'objectif de bonheur commun à tous les humains. N'est-il pas sage de conclure que ce qu'il y a de mieux à faire avec ces émotions c'est, non pas de les exprimer quelque profondément que ce soit, mais bien de s'en débarrasser le plus complètement possible.

Demandez à Pierre ou à Caroline comment ils se sentent et s'ils répondent qu'ils se sentent anxieux, en colère et le reste, ils ne vous diront pas qu'ils sont heureux. Même si leur santé physique est florissante et qu'ils vivent dans des conditions matérielles d'aisance ou même de richesse, comment pourraient-ils se décrire comme heureux s'ils sont bouleversés par ces diverses émotions? On peut être millionnaire, en santé, entouré de gens agréables, avoir un conjoint séduisant, attentionné et des enfants merveilleux, habiter un château et gérer des entreprises prospères, on sera malheureux de ressentir ces émotions pénibles. Ne me dites pas que des personnes comme celles-là n'existent pas: je les ai rencontrées fréquemment au cours de ma carrière et vous les croisez tous les jours sans le savoir.

Vous conviendrez que, pour modifier un phénomène désagréable, la connaissance de sa cause est, sinon indispensable, du moins fort utile. Vous revenez à votre domicile après la journée de travail et êtes la première personne à pénétrer dans votre maison déserte pendant le jour. Dès le seuil, vous voilà saisi à la gorge par une odeur nauséabonde qui règne dans les lieux. Ça sent vraiment très mauvais. Que faire d'utile? Bien sûr, ouvrir les fenêtres, provoquer une aération, vous boucher le nez.

Toutes ces démarches ne constituent pourtant que des palliatifs qui ne vont pas régler le problème de manière efficace. On ne peut guère aérer toute la journée quand on doit s'absenter et qu'il fait -20 °C à l'extérieur ni se promener avec un masque pour passer l'aspirateur sur la moquette. La démarche intelligente consiste évidemment à découvrir la source, la cause de cette mauvaise odeur. Les poubelles que votre fils a encore oublié de «sortir» ce matin? Un reste de jambon verdissant ou un fromage d'âge mûr? Une fois que vous l'avez trouvée, vous attaquez la cause et vous vous débarrassez ainsi de son effet délétère. Voilà ce qu'on peut appeler la méthode élégante de solution de problème: celle qui vous épargne de dépenser vos efforts en ne vous attaquant qu'aux effets désagréables tout en laissant leur cause intacte. La méthode qui consiste à s'attaquer à la cause du problème peut sembler initialement plus laborieuse et pénible, mais elle est finalement plus économe de votre temps et de vos efforts. Les méthodes palliatives sont, à la longue, inefficaces et inutilement coûteuses.

Ainsi en va-t-il pour les émotions désagréables. Elles empestent votre vie et, pour vous en défaire, il vous sera souverainement utile de connaître leur cause pour arriver, si la chose est possible, à neutraliser cette cause et donc, en conséquence, à annuler ses effets déplaisants.

Il est dans ce domaine des mythes tenaces qui ont amené et amènent encore une foule incroyable de démarches coûteuses, mais stériles. Prenons l'exemple de Julien qui se présente à mon bureau. Il se plaint de divers malaises psychologiques: anxiété, manque d'enthousiasme, fatigue perpétuelle, mais surtout de se sentir timide et de s'effacer continuellement dans ses contacts sociaux. À quarante ans, il est célibataire et souffre de solitude, n'ayant jamais osé aborder les femmes. Ses collègues de travail le prennent en pitié, son patron l'exploite, ses proches le méprisent. Voilà un homme malheureux.

Au cours de notre conversation, il mentionne que je ne suis pas le premier qu'il consulte. Suit une énumération des diverses personnes qui, à différentes époques de sa vie, ont tenté de l'aider. Ses père et mère, ses tantes, ses oncles, ses cousins, le curé de la paroisse, l'aumônier des scouts, quelques amis, divers intervenants professionnels: conseillers, psychologues, psychiatres.

La liste est longue et ces interventions se sont déroulées pendant de nombreuses années. Julien ne se souvient pas d'avoir éprouvé autre chose que de la timidité dans ses rapports avec les autres. Je demande: «Et alors, toutes ces interventions de personnes sages, éclairées, dotées d'une évidente bonne volonté vous ont-elles apporté quelque résultat? Éprouvez-vous moins de timidité après toutes ces démarches longues, laborieuses, parfois financièrement coûteuses?» «Nullement — répond-il — il me semble, au contraire, que mon état s'aggrave progressivement et que je suis de plus en plus timide. Cela me déprime, me révolte et me désespère.»

Diable! voilà un homme vraiment malheureux, assailli d'émotions vraiment pénibles. «Au moins, ajoute-t-il, je sais maintenant pourquoi je suis timide.» «Merveilleux, dis-je, voilà une information qui devrait vous être d'un grand secours. Quelle est donc cette cause?» «Ne l'avez-vous pas devinée? rétorque-t-il. Quelle sorte de psychologue êtes-vous donc? Il s'agit de mon enfance. Je m'en doutais depuis quelques années, mais le psychiatre W. que je consultais récemment m'a confirmé dans mes soupçons.» «Votre enfance! Ah bon! Pourriez-vous me donner quelques détails?» «Si vous y tenez... Cela pourra vous aider à comprendre vos autres clients, même si vous ne semblez guère doué pour la profession que vous exercez. Je suis le treizième d'une famille de treize enfants. Ma naissance n'était nullement désirée par mes parents: je suis victime d'un calcul erroné de ma mère ou d'un latex éventé. Je n'étais pas plus tôt au monde que toute la famille m'a rejeté. Ma mère adorait raconter aux visiteurs comment, visitée par mon père à l'hôpital après son accouchement, elle lui avait demandé: "As-tu vu le petit à la pouponnière?" Il avait répondu: "Oui, Estelle, mais ça ne fait rien: je t'aime quand même!" Plus tard, de ma chambrette, j'ai souvent entendu mes parents se disputer et mon père finir par clamer: "Je te l'ai toujours dit, Estelle, nous aurions dû acheter un chien!" Beau début dans la vie. Mes frères me méprisaient, mes sœurs me dédaignaient. À l'école, j'étais nul. Personne ne voulait jouer avec moi. J'avais des boutons plein la figure et toutes les filles me fuyaient. Voilà mon enfance; voilà comment je suis devenu timide.» «Vous me semblez bien mal pris», risquai-je. «Et comment! Je n'ai pas besoin de vous pour me l'apprendre.» «Attention, repris-je, vous êtes encore bien plus mal pris que vous ne le croyez.» «Ah oui! ricana-t-il, voilà de bonnes nouvelles!» «Pas trop vite! Si votre théorie, confirmée par le savant docteur W., est exacte, votre timidité actuelle est causée par les événements malencontreux de votre enfance. Or, il n'existe aucun moyen sur terre de modifier le moindre aspect de ces événements. Tout cela est dans votre passé et ni vous, ni moi, ni le diable, ni le Bon Dieu ne pouvons en changer la moindre parcelle. Donc, encore une fois, si votre théorie est valable, vous resterez timide pour le reste de votre existence. Votre timidité actuelle étant le résultat d'événements impossibles à changer, il ne reste qu'à constater les dégâts que ces événements ont produits, à les déplorer, à hurler votre ressentiment envers tous les misérables qui ont ainsi détraqué votre vie, à nourrir votre amertume, mais rien ne changera votre timidité si on ne peut en changer les causes. Vous pourrez continuer à me consulter régulièrement, au rythme qui vous plaira et à des frais raisonnables: rien n'y fera. Le seul effet perceptible consistera en une émigration graduelle de votre compte en banque dans le mien. Quant à votre timidité, elle demeurera et devrait même s'accroître à mesure que vous vieillirez. Comme, selon vous, votre passé cause votre présent et que vous ne cessez de passer du présent au passé, j'en conclus que votre avenir est bouché et que toutes les démarches que vous entreprendrez pour améliorer votre sort ne vous donneront rien.»

Voilà donc une vision bien déprimante des choses. Soutenir que les événements du passé, même s'ils se situent dans un passé récent, causent les troubles émotifs du présent mène tout droit au désespoir et je ne cesse de m'étonner de la popularité infernale de cette navrante théorie.

La théorie selon laquelle des événements du passé ou du présent causent les émotions est non seulement désespérante, mais elle est aussi manifestement erronée, comme on peut facilement le démontrer. En effet, elle se heurte sans espoir à deux objections incontournables.

La première objection réside dans le fait que plusieurs personnes, exposées au même événement, ne ressentent pas forcément la même émotion, ce qui devrait logiquement se passer si cet événement était la cause de leurs émotions. Prenons comme exemple les six filles de M. Dandurand qui vient de décéder. Les voilà toutes rassemblées autour de la bière qui contient la dépouille de leur papa. La première, Annette, se sent anxieuse. Sa sœur Béatrice est en colère. Claudette, la troisième, éprouve de la culpabilité. Denise est en proie à la dépression. Estelle ne se sent que triste. Quant à Françoise, elle rayonne de joie. Si on leur demande pourquoi elles ressentent chacune les émotions qui les habitent, elles répondent toutes que c'est à cause de la mort de leur père. Selon Annette, cette mort la rend anxieuse. Pour Béatrice, cette même mort est irritante. Culpabilisante pour Claudette, déprimante pour Denise, attristante pour Estelle et réjouissante pour Françoise. Nous voilà devant un problème majeur: comment un événement unique (M. Dandurand ne meurt tout de même pas six fois!) pourrait-il causer des émotions non seulement diverses mais même opposées (tristesse d'Estelle, joie de Françoise) chez les filles de M. Dandurand? C'est un peu comme si j'affirmais que l'eau que je verse sur deux feux de bois identiques éteint le premier et ravive le second. Ne pourrait-on conclure avec certitude que ce phénomène est impossible et que quelque autre facteur caché doit intervenir pour causer les effets différents observés?

Allons plus loin. Attardons-nous à une seule des filles de M. Dandurand, Annette, par exemple, et observons les variations que subissent ses émotions avec le passage du temps. Nous avons vu qu'elle se sentait initialement anxieuse. Si cette anxiété est causée par la mort de son père, la fille devrait demeurer continuellement et perpétuellement anxieuse jusqu'à la fin de ses jours puisque l'événement qui, dit-on, cause cette émotion (la mort de M. Dandurand) demeure éternellement invariable. Cette «cause» ne connaissant aucune modification, comment se fait-il qu'Annette éprouve successivement de l'anxiété puis, plus tard de la colère, de la culpabilité, de la dépression, de la tristesse? C'est bien pourtant ce qui se passe et cette variation dans les émotions éprouvées par Annette demeure inexplicable si on maintient que leur cause réside dans l'événement unique et invariable que constitue la mort de M. Dandurand.

Je sais bien que les événements semblent causer nos émotions et qu'innombrables sont les personnes qu'on entend dire: «L'alcoolisme de mon mari me déprime», «Les bêtises de nos hommes politiques me révoltent», «Le beau temps me réjouit et le mauvais m'attriste», «Les reproches de ma mère me culpabilisent», «Les colères de mon patron me rendent anxieux». Chaque fois qu'une personne s'exprime ainsi, elle attribue à un événement quelconque la cause d'émotions qu'elle ressent. Nous nous retrouvons devant les mêmes deux objections que j'ai évoquées à propos des filles de M. Dandurand.

La solution à cette énigme est connue depuis des siècles et semble avoir été énoncée clairement pour la première fois par les philosophes de l'école stoïcienne, notamment Épictète. Il suffit de constater que les émotions que les humains éprouvent ne sont pas causées par les événements de leur vie, mais par les idées qu'ils s'en font. Comme ces idées varient d'une personne à une autre et varient également chez la même personne avec le passage du temps, voilà qui permet d'expliquer la variation des émotions d'une personne à une autre et chez la même personne. Si Annette ressent de l'anxiété devant la mort de son père, ce n'est pas à cause de cette mort, mais bien parce qu'elle pense d'une certaine manière et que sa manière de penser détermine chez elle la présence de l'anxiété. Comme Béatrice, Claudette et les autres envisagent cette mort de diverses autres manières, elles ressentent des émotions variées, causées par ces idées et ces conceptions différentes. Si, par ailleurs, Annette ne ressent pas toujours la même émotion à propos de la mort de son père, c'est que ses idées évoluent avec le temps et donc causent chez elle des émotions variées. L'événement lui-même (la mort de M. Dandurand) ne cause d'émotions à personne. Il constitue seulement l'élément à propos duquel les filles se causent à elles-mêmes les émotions qu'elles ressentent, émotions découlant de leurs manières différentes de penser à ce décès. Comme vous le voyez, la mort de M. Dandurand n'est que l'occasion des émotions ressenties par ses filles et non leur cause.

Une occasion est loin d'être une cause. Pendant que vous lisez ces lignes, vous êtes probablement assis. Vous ne me direz pas que c'est le siège sur lequel vous êtes assis qui vous a fait asseoir! C'est vous qui vous êtes assis sur ce siège. Bien sûr, en l'absence du siège, vous n'auriez certainement pu vous y asseoir. Mais, même en sa présence, n'auriez-vous pu rester debout ou vous asseoir ailleurs? Curieuse chose que l'occasion: il s'agit d'un élément dont la présence est indispensable à la réalisation d'un effet et qui n'en est pourtant pas la cause. Pensez à un bloc de bois. Que peut-on en faire? Une sculpture raffinée, des cure-dents, des copeaux pour allumer le foyer, un maillet pour enfoncer des pieux, etc. Le bloc ne fait rien de tout cela. Il est là, inerte, attendant qu'on le façonne de quelque manière. Si je fais disparaître le bloc de bois, ni la sculpture ni les cure-dents ni rien d'autre ne pourra exister. Mais c'est bien l'artiste ou l'artisan qui, du bois, tire la sculpture ou les cure-dents.

Il en va ainsi de nos émotions. Les filles de M. Dandurand tirent des émotions diverses du même événement selon la manière dont elles y pensent. Annette se dit: «Ah! pauvre de moi. Quels dangers affreux me menacent maintenant que papa n'est plus là pour me guider dans la vie par ses sages conseils. Je suis perdue!» En pensant ainsi, Annette provoque elle-même son anxiété à propos de la mort de son père. Béatrice ne pense pas ainsi, elle se dit: «Papa n'aurait jamais dû continuer à fumer ces gros cigares, c'est ce qui l'a tué...», et cette pensée la met en colère. Pour sa part, Claudette pense: «J'aurais dû aller visiter papa à l'hôpital.» La voilà qui se sent coupable, culpabilité causée par les pensées qu'elle entretient. Denise se sent déprimée: «Misérable que je suis de n'avoir pas su aimer papa mieux que je ne l'ai fait.» Estelle ne ressent que de la tristesse: «Dommage, papa me manquera, j'aimais bien nos petits déjeuners du dimanche matin», se dit-elle. Quant à Françoise, elle chantonne en souriant: «Cet héritage arrive à point.»

Si Annette se sent successivement anxieuse, en colère, etc. avec le passage du temps, c'est que sa manière de penser à la mort de son père varie avec le temps. Il lui vient successivement des idées anxiogènes, puis irritantes, culpabilisantes, déprimantes, attristantes et finalement réjouissantes à propos de cet unique événement, selon qu'elle considère les unes après les autres ses innombrables facettes.

Voilà donc solidement établi le principe selon lequel les émotions que nous ressentons sont causées non par quelque événement intérieur ou extérieur, passé, présent ou futur, réel ou imaginaire, mais bien par la manière dont nous interprétons ces divers événements, par ce que nous en faisons mentalement, par la manière dont nous y pensons.

L'événement auquel se rattache une émotion peut être littéralement n'importe quoi. On peut se rendre anxieux, hostile, coupable, déprimé, triste, joyeux, découragé ou n'importe quoi d'autre à propos de n'importe quoi. Regardez autour de vous. Tout est occasion de toute émotion. Vous êtes assis dans un fauteuil. Pourriez-vous éprouver de l'anxiété? Certainement; il vous suffit de penser: «S'il fallait qu'il s'effondre; je pourrais me blesser.» Un peu de colère aussi? Pas de problème. Pensez: «On me l'a vendu trop cher, ce fauteuil. Je me suis fait rouler par ce vendeur malhonnête.» Voulez-vous vous sentir coupable et déprimé? Il vous suffit de penser: «Je ne devrais pas passer mes journées assis dans ce fauteuil. Je ne fais pas assez d'exercice; je devrais sortir de ma léthargie... Je ne suis qu'une andouille!» Évidemment, vous vous sentez déjà triste: «Comme c'est dommage que je me sois fait rouler, que je sois si passif et si andouille. Comme ce serait dommage que je sois paralysé pour la vie!» Voulez-vous vous réjouir? Allons-y. Pensez: «Quel confortable fauteuil! Comme j'y suis bien, assis au coin du feu alors que dehors hurle la tourmente!»

Un peu de raffinement. Vous pouvez aussi vous procurer diverses émotions à propos des émotions que vous éprouvez déjà. C'est ce qu'on appelle les émotions secondes, celles dont l'occasion est constituée par une autre émotion (l'émotion première). On peut s'attrister de se sentir coupable, se culpabiliser de se sentir anxieux, s'inquiéter de sa dépression, se déprimer de la joie qu'on ressent ou se glorifier de sa tristesse. On peut même forger une chaîne et, par exemple, se sentir coupable de se sentir anxieux de se sentir hostile de se sentir joyeux, etc. Chaque émotion est causée par une idée à propos de l'émotion précédente. Ainsi, si Estelle pense: «Je ne devrais pas me sentir aussi anxieuse», elle se sentira coupable de se sentir anxieuse.

Ainsi donc, sur cette planète, tout constitue une occasion d'émotion, y compris les émotions elles-mêmes. Il suffit que surgissent en nous les pensées requises à propos de n'importe quoi pour que nous ressentions immédiatement l'émotion correspondante. Il suffit aussi que ces pensées changent ou disparaissent pour que les émotions qui les accompagnent changent ou disparaissent elles aussi instantanément. Pas de pensée: pas d'émotion. Comme notre pensée est en activité constante, il n'est guère surprenant que nous éprouvions sans arrêt des émotions, bien que toutes nos pensées ne soient la cause d'émotions spécifiques. Les pensées qui ne font que décrire ou constater un événement ne causent en effet aucune émotion. Ce sont les pensées qui expriment une interprétation, une opinion à propos des événements qui causent les émotions. Ainsi, si vous pensez: «Deux et deux font quatre», vous ne ressentirez rien. Mais si vous dites: «Deux et deux ne font que quatre, **hélas!**», vous allez ressentir une émotion, probablement une forme de tristesse. Mais si vous déclarez «Deux et deux font encore quatre, merde!», cela vous mettra en colère ou vous découragera, selon ce que contiendront le «encore» et le «merde».

Paul et Pauline sont les parents d'un enfant handicapé intellectuellement. Le fait que l'enfant soit handicapé peut leur causer bien des ennuis, mais pas une seule émotion: cela, vous le comprenez maintenant clairement. De plus, s'ils ne font que constater le fait en pensant: «Notre fils est handicapé», cette pensée seule ne leur causera aucune émotion non plus. Les faits et leur description par la pensée ne causent aucune émotion. Mais il est bien probable que les parents ne se contenteront pas de ne penser que de manière objective à la situation. Il est vraisemblable qu'ils entretiendront des pensées évaluatives à ce sujet. Ces pensées pourraient être, par exemple:

— «Notre fils est handicapé: quel dommage!» Ils se sentiront seulement tristes et seulement quand ils auront cette idée en tête.

— «Notre fils est handicapé: quel dommage et quels ennuis vont immanquablement s'abattre sur nous.» Ils se sentiront tristes et anxieux.

— «Notre fils est handicapé: quel dommage! quels ennuis inévitables vont s'abattre sur nous et comme cela est injuste!» Ils se sentiront tristes, anxieux et révoltés.

— «Notre fils est handicapé: quel dommage! quels ennuis! quelle injustice et comme nous n'aurions pas dû le procréer, compte tenu de notre hérédité.» Ils se sentiront tristes, anxieux, révoltés et coupables.

— «Notre fils est handicapé: quel dommage! quels ennuis! quelle injustice! comme nous n'aurions pas dû le procréer et quels parents ignobles nous sommes de l'avoir fait!» Ils se sentiront tristes, anxieux, révoltés, coupables et déprimés.

De tels parents pourraient-ils se réjouir du handicap de leur fils? Théoriquement, oui. Il faudrait alors qu'ils pensent que ce handicap est porteur pour eux ou pour lui de quelque avantage. Comme il est peu probable que cette idée prédomine dans leur esprit, il est probable que s'ils ressentent quelque joie à propos du handicap de leur fils, cette joie ne sera que passagère et de courte durée. Notez cependant qu'il est possible que de tels parents ne se sentent que tristes à propos de l'infirmité de leur fils. Ce n'est certes pas l'idéal, mais ne vaut-il pas mieux ne se sentir que triste plutôt que triste et anxieux et coupable et déprimé?

Faute de pouvoir ressentir une joie délirante dans la situation de Paul et Pauline, il vaut mieux pour eux ressentir moins que plus d'émotions désagréables. Ils auront besoin d'une bonne dose d'énergie pour faire face à la situation. Autant ne pas la gaspiller en s'épuisant à ressentir des émotions pénibles.

Il va sans dire que si l'idée constitue le déterminant majeur de l'émotion ressentie, d'autres facteurs entrent aussi en jeu dans la production de cette émotion. Certaines situations favorisent l'émergence de certaines idées plutôt que d'autres. Ainsi, il est plus facile de rigoler au cinéma que dans un salon funéraire. Ce n'est pas que le cinéma soit réjouissant et le salon funéraire attristant puisqu'on peut voir de longues figures au cinéma aussi.

Sur ce chapitre, il est indéniable que les événements du passé (l'enfance) exercent une influence réelle, non à titre de cause, mais bien à celui d'occasion. Si vos parents vous battaient, les occasions pour vous de ressentir diverses émotions négatives seront plus nombreuses que si vous avez grandi dans un milieu privilégié avec un papa qui vous adorait pendant que votre maman vous comblait de ses soins judicieux. De même, santé et maladie influencent indirectement nos émotions. Il est difficile de s'esclaffer quand on ressent des douleurs corporelles aiguës et il est plus facile d'être de bonne humeur quand on se sent physiquement en forme et qu'on vient d'enfiler une bonne bouteille avec de joyeux compères.

De plus, comme vous le savez, la répétition abondante d'un acte engendre l'habitude. Si nous avons, en tant qu'humains, de nombreuses habitudes d'action, nous pouvons également nous habituer inconsciemment à penser d'une certaine manière sous l'influence des divers facteurs présents dans notre milieu.

Comparons Albert et Bernard. Depuis qu'il est tout petit, Albert, fils unique de parents à l'aise et éclairés, s'entend répéter à tout propos qu'il est beau, bon, gentil, une vraie perle aux yeux de tous ceux qu'il rencontre. À l'école, il est premier de classe, excelle aux sports et est entouré de copains. Par contre, Bernard s'entend répéter depuis sa naissance qu'il n'est qu'un bon à rien, qu'il vaudrait mieux qu'il ne soit jamais né. Son père le rudoie, sa mère l'ignore. Dernier de classe et plutôt chétif physiquement, il n'excelle dans rien et quand se forment les équipes de sport, il est toujours le dernier choisi.

Il est évident qu'il sera plus facile pour Albert que pour Bernard de s'habituer à penser qu'il est un être valable; l'un et l'autre croiront facilement que l'amour et l'approbation reçus des autres constituent un signe certain de la valeur personnelle, conclusion absurde, je le sais bien, mais infiniment répandue. La logique n'est pas une caractéristique éminente des jeunes enfants (ni de bien des adultes non plus!).

À trente ans, il se peut bien qu'Albert soit devenu un personnage sûr de lui, fonceur, doté d'une haute estime de lui-même alors que Bernard sera plutôt déprimé, renfrogné, abattu. La vie émotive de l'un comme de l'autre pourra être substantiellement influencée par les habitudes de pensée qui se seront ancrées en eux par la répétition. Les occasions offertes à l'un et à l'autre ont été fort différentes et si, à trente ans, Albert est épanoui alors que Bernard vivote, ce n'est pas à cause de leur enfance respective, mais bien à cause des idées qui leur sont venues à l'occasion des événements de cette enfance et qu'ils entretiennent sans doute encore.

Vous me direz que je coupe les cheveux en quatre et qu'il s'agit là de distinctions inutilement raffinées. «Après tout, me direz-vous, mettons Albert à la place de Bernard et Bernard à celle d'Albert et, à trente ans, c'est Albert qui serait déprimé et Bernard épanoui.» Vous avez peut-être raison, mais je soutiens qu'il est d'une importance capitale de maintenir la distinction entre la cause et l'occasion sous peine d'enlever à Albert et à Bernard toute possibilité de changement. Or, vous savez bien que, malheureusement, Albert peut devenir déprimé à cinquante ans alors que, heureusement, Bernard peut finir par sortir de son marasme et accéder à une vie émotive enviable. Ce changement devient inconcevable si on prétend que le passé de ces deux personnes détermine inéluctablement leur présent et que ce sont les événements de leur enfance qui font que l'un est épanoui et l'autre déprimé.

Il est toujours impossible de changer la moindre chose aux événements du passé et leur attribuer le rôle de causes de nos états émotifs, c'est condamner les humains à demeurer perpétuellement les victimes de leurs émotions. Or, il n'en est rien, comme l'observation permet de le démontrer. Il existe des Bernard qui s'en sortent comme des Albert qui périclitent. Ce phénomène découle tout simplement du fait qu'il est possible de changer des idées même fortement ancrées par l'habitude, même si les événements qui leur ont donné l'occasion de naître ne changent jamais. Même si Albert a connu une enfance heureuse et propice à la croissance et à l'ancrage d'idées positives à propos de lui-même et du monde qui l'entoure, il est (malheureusement) possible que ses idées changent à la longue, à l'occasion de je ne sais quel événement fortuit et qu'il finisse par s'effondrer émotivement et sombrer dans la dépression. À l'inverse, il est également (et heureusement) possible que Bernard finisse par se rendre compte que son abattement est causé par les croyances habituelles qu'il alimente sans s'en apercevoir, qu'il se mette au travail et arrive, en modifiant ces croyances, à une vie émotive équilibrée et saine.

Résumons-nous. Les émotions qui s'agitent en nous et déterminent notre manière de nous comporter trouvent leur cause fondamentale dans les idées et les croyances qui nous viennent à l'esprit plutôt que dans les événements passés ou présents de notre existence. Ce n'est pas que ces événements ne jouent aucun rôle dans la production de nos émotions. Ce sont des occasions et c'est la manière dont nous y pensons qui cause finalement nos émotions et détermine leur type, leur intensité, leur durée et leur fréquence.

D'autres facteurs aléatoires influencent également nos émotions, mais finalement toujours à titre d'occasions et non de causes.

En conséquence, il demeure possible pour toute personne de travailler à modifier les idées et les croyances, même profondément ancrées par l'habitude, et d'arriver ainsi à gérer une part importante de sa vie émotive et des actions qui en découlent.

# Chapitre 3

*Si la liberté d'action existe effectivement chez les humains, la liberté de décision (libre arbitre) ne constitue qu'une fiction dangereuse.*

De quoi parlons-nous quand nous utilisons le terme *liberté*? Le mot peut revêtir au moins deux sens différents et, faute de faire les distinctions qui s'imposent, on risque de s'enferrer dans des querelles de mots stériles.

Dans un premier sens, *liberté* désigne la capacité d'une personne d'agir de telle ou telle manière. C'est ce qu'on dénommera la liberté d'action. Cette liberté, dont l'existence n'est contestée par personne, varie d'un être à l'autre et chez la même personne selon les circonstances concrètes dans lesquelles elle se trouve. Pensez à votre propre vie. N'est-il pas vrai qu'il y a beaucoup plus d'actes que vous pouvez accomplir en tant qu'adulte qu'il n'y en avait que vous pouviez réaliser quand vous étiez un jeune enfant? On ne voit guère un bébé ouvrir lui-même le réfrigérateur, se verser un verre de lait et aller le déguster dans son berceau. L'animal humain débute dans la vie dans un état total de dépendance du bon vouloir de ceux qui l'entourent et, laissé à lui-même, le petit d'homme ne survit pas longtemps. Vous avez grandi et commencé à apprendre une foule de choses plus ou moins utiles à votre existence. Vous savez lire, écrire, marcher, avaler des liquides sans vous étouffer, éviter de vous mettre en bouche des produits nocifs, regarder à droite et à gauche avant de traverser la rue, etc. Tout cela, vous l'avez appris plus ou moins difficilement et ces connaissances ont augmenté votre liberté d'action.

Les circonstances peuvent venir diminuer ou accroître notre liberté d'action. Si vous êtes un citoyen moyen, doté de ressources financières même modestes, rien ne vous empêche habituellement d'aller boire un pot avec les copains après le travail. La situation serait différente si vous étiez incarcéré. Malgré votre vif désir d'aller au bar *Chez Toto,* vous n'y parviendrez pas si vous êtes enfermé derrière les murs d'une prison.

Votre liberté d'action se confond donc avec votre capacité d'agir selon vos désirs. Ses limites sont fixées à la fois par votre nature d'être humain, la manière dont vous êtes constitué et les circonstances concrètes de votre vie personnelle. Ainsi, la nature permet aux poissons de tirer de l'eau l'oxygène nécessaire à leur survie. Les poissons sont, à cet effet, munis de branchies. L'être humain, étant muni de poumons, consomme l'oxygène uniquement sous forme gazeuse et meurt rapidement si on le plonge dans l'eau tout comme le poisson hors de l'eau ne survit pas longtemps. Sur ce point, tout le monde s'entend et si vous affirmez que vous avez une certaine liberté d'action, personne ne vous contredira. Votre liberté d'action, c'est ce que vous êtes concrètement capable de faire à un moment donné de votre existence, dans les circonstances particulières qui sont les vôtres à ce moment.

Les choses se corsent quand on commence à se demander si les humains sont dotés d'une liberté de décision, d'un «libre arbitre», s'ils se déterminent eux-mêmes à agir d'une manière ou d'une autre, s'ils prennent des décisions et font des choix. À cette question, presque tout le monde répond par l'affirmative. En effet, si je suis actuellement vêtu d'une chemise à carreaux et d'un jean, il me semble bien que personne ne m'a forcé à endosser ces vêtements, que c'est bien moi, en dehors de toute contrainte, qui ai décidé librement de m'habiller ainsi. J'écris ces lignes: personne ne me fait écrire que moi-même. C'est bien moi qui décide d'écrire ce que j'écris et rien ne m'y contraint.

Vous savez que les êtres humains peuvent agir de deux manières, soit sous l'influence d'une émotion soit sans cette influence. Les actes de cette seconde catégorie sont tous accomplis de façon fortuite. Par exemple, au sortir du lit, je pose d'abord sur le parquet le pied gauche. J'enfile un pantalon en commençant par la jambe droite. Je mets dans mon café une certaine quantité de sucre. Je tire trois boules noires et deux blanches d'un sac contenant un nombre égal de boules noires et de boules blanches identiques quant à leur forme. De tels actes sont déterminés par ce que nous appelons le hasard. Entendons-nous bien: *hasard* n'est rien d'autre que le terme que nous utilisons pour désigner l'enchaînement infiniment complexe des causes et des effets qui amènent, dans leur succession, un événement à se produire. Louis Bricault a fort habilement illustré ce phénomène dans un article récent dont je cite ici un bref extrait:

«Laval-Ouest, avec de jeunes amis: nous jouons au célèbre jeu de la "cachette" et, ayant été débusqué à mon tour, je me précipite à toutes jambes vers le lieu de départ du "dépisteur" où je dois le précéder afin d'annuler ma "captivité". Cette course endiablée m'amène à traverser un amoncellement de planches laissées de côté par mon père bricoleur lors d'une rénovation récente. Certaines d'entre elles sont hérissées de clous. Vous devinez la suite: blessure profonde au pied gauche, malencontreusement posé au mauvais endroit. Cela eût-il pu être évité? Théoriquement, bien sûr: j'aurais pu poser mon pied ailleurs, après tout. Mais, qu'en est-il dans les faits? Eh bien! mon pied s'est simplement posé — sans que je le veuille — là où il devait se poser, ce pas constituant l'aboutissement inéluctable de tous ceux qui l'avaient précédé. Mon ignorance du risque encouru, la vitesse de la course, l'ampleur de mes enjambées successives, l'emplacement précis de la planche au milieu de cet amoncellement de vieux bouts de bois hétéroclites et, sur celle-ci, la position exacte du clou, la trajectoire que j'empruntais jusqu'au geste du menuisier enfonçant vingt ans auparavant ce clou dans l'une de ces planches: tous ces facteurs, et quelques millions d'autres qu'il serait un peu long d'énumérer ici, ont objectivement contribué à ce que cet "accident", qui n'est rien d'autre que le juste résultat de tout ce qui a précédé, se produise. Voilà ce qu'on appelle le jeu des circonstances ou du hasard dans lequel chaque événement objectif est le lieu de rencontre provisoire et sans cesse changeant d'une multitude infinie de chaînes de causes et d'effets.» (Bricault, L. «S'accepter soi-même», *Confrontation,* nº 20, été 1995, p. 6-7.)

Ainsi donc, affirmer, comme certains se plaisent à le faire, que le hasard n'existe pas constitue une déclaration pour le moins surprenante. Le hasard fait partie de chacun de nos actes, qu'ils procèdent du seul enchaînement des circonstances ou que s'y ajoute le jeu des émotions. Ainsi, le fait que j'écrive actuellement ces lignes découle bien de mon désir (émotion fondamentale) d'agir ainsi. Mais, que dire de tous les autres éléments fortuits qui m'ont amené en ce jour et en ce lieu à écrire ces lignes? Il a fallu d'abord que, il y a plus de soixante ans, mon père et ma mère réussissent à me projeter dans l'existence. Cette fois-là, ça a marché! Il eût suffi de presque rien pour que je n'y sois pas: migraine de ma mère, spermatozoïde de mon père un peu lambin, distraction inopportune (cris d'un de mes frères?) empêchant papa d'atteindre son orgasme, etc. Et cela n'est encore rien. J'écris à mon bureau dans une petite ville de la banlieue de Montréal. Pour que je puisse y parvenir, il a fallu qu'un nombre considérable de circonstances soient réunies, allant de la fondation de Montréal en 1642, elle-même amenée par l'exploration de l'Amérique par Colomb et les autres, les rapports politiques complexes entre les pays d'Europe à cette époque et des milliards d'autres éléments qui finissent par tisser une toile qui fait que je suis actuellement en train d'écrire ce que vous lisez. Nul n'échappe à ce tissu enchevêtré et, dans chacun de nos actes, le hasard joue un rôle déterminant dont nous allons voir bientôt qu'il est encore plus substantiel qu'il n'y paraît d'abord.

«D'accord, dites-vous, je concède que le hasard détermine une part de mes actes. Mais les autres actes, ceux que je fais exprès d'accomplir, ne découlent-ils pas de ma volonté libre, des choix que j'opère, de mes décisions? Vous écrivez parce que vous le voulez: nul ne vous contraint à le faire et, au lieu d'écrire, vous auriez pu décider de jardiner, de vous prélasser ou de vous livrer à une foule d'autres activités.» Ah oui? Eh bien! pas du tout, comme je vais maintenant vous l'expliquer.

Je vous concède que mon acte d'écrire découle au moins en partie de mon désir d'écrire. Comme vous le savez, le désir (ou volonté) n'est autre chose qu'une émotion présente en moi. Nous savons déjà que les émotions sont déterminées et créées par les idées et les croyances de ceux qui les éprouvent. Ainsi, pour désirer écrire, il est indispensable que j'aie en tête qu'il en va de mon avantage. Il faut que je pense: «Bonne affaire pour moi d'écrire ce matin.» Si j'avais pensé: «Bonne affaire pour moi de jardiner ce matin» et si mon idée ne s'était modifiée par la suite, je serais en train de jardiner plutôt que d'écrire actuellement. Vous me suivez jusqu'à maintenant? Voici le point crucial.

Cette idée: «Bonne affaire pour moi d'écrire ce matin», c'est bien moi qui l'ai pensée, mais je ne me suis pas fait la penser. Cette pensée m'est venue, comme nous viennent toutes nos pensées. C'est mon cerveau qui pense, mais je ne me fais penser aucune de mes idées, pas plus que vous. Mes pensées me viennent, tenez-vous bien, par hasard, selon les circonstances qui m'amènent à penser d'une manière plutôt que d'une autre. Tenez! Ne cherchons pas les exemples trop loin. Il y a un instant, je viens justement d'aller faire un tour dans mon jardin et constater que trois nouvelles roses venaient d'y éclore. J'écrivais. J'en étais quelques lignes plus haut, à «je serais en train de jardiner plutôt que d'écrire actuellement». Je deviens conscient d'une tension dans mon poignet droit: je tiens mon stylo de la main droite. Me vient en tête: «Faisons une pause... Je vais aller boire un verre d'eau.» L'eau est dans la cuisine, voisine (par hasard) du jardin. Pendant que je bois, je vois le jardin par la fenêtre. L'idée me vient: «Allons faire un petit tour... Cela va me reposer.» Ça y est: me voilà au jardin, inspectant les fleurs et les arbustes. Les idées croisent à toute vitesse dans mon esprit: «C'est l'automne... Tiens, une nouvelle fleur de pavot... C'est assez frais, ma foi... Allons voir les roses... Tiens: deux nouvelles... non, trois... Il va falloir les tailler et les abriter bientôt...» Ma promenade me ramène (par hasard) à l'escalier qui, du jardin, monte à la cuisine. «Bon... au travail...»

Et me revoilà en train d'écrire, n'ayant rien décidé, n'ayant pris aucune décision, complètement guidé et déterminé par les pensées qui me viennent, engendrent mes émotions et se traduisent par mes actes. Je ne suis pas plus libre d'écrire qu'une machine à faire des saucisses l'est de produire autre chose. Dans la machine à saucisses, on introduit les ingrédients des saucisses désirées. On tourne le bouton: la machine produit mécaniquement les saucisses prévues. Pour moi, c'est la même chose. Les idées me viennent au hasard, conditionnées par mes perceptions sensorielles ou le déroulement aléatoire de mes souvenirs. Ma «machine à saucisses» fabrique des émotions qui s'accompagnent d'actes que j'accomplis de façon automatique. Je fais ce que je veux mais, ce que je veux, je ne me le fais pas vouloir. Mes désirs arrivent par hasard et, si rien d'extérieur ne vient m'empêcher d'agir et que mes idées ne changent pas, j'agis. Dans tout cela, aucune trace de liberté de décision, de libre arbitre ou d'autodétermination.

D'ailleurs, il n'y a pas que l'émotion *désir* qui se trouve à la source de nos actions. L'anxiété, l'hostilité, la joie et combien d'autres émotions peuvent amener une personne à accomplir des actes tout aussi déterminés les uns que les autres. M. Dupont grève son budget pour acheter des cadeaux de Noël à ses enfants. Quelles sont les émotions présentes? Le désir de leur plaire, sans doute. Mais aussi, peut-être, l'anxiété, la culpabilité ou quelque mélange subtil de rivalité avec sa femme (il est divorcé), de fuite de tristesse anticipée.

Les déterminants émotifs de l'action sont souvent d'une extrême complexité et échappent le plus souvent quasi totalement à celui qui agit. Pour s'en rendre compte, il faudrait être conscient de toutes les idées qui nous passent par la tête. Pour ce faire, il faudrait que nous pensions à ce que nous pensons, et tout le temps: cela n'en finirait plus. Nous nous contentons habituellement de penser sans porter notre attention aux contenus cognitifs. L'idée nous vient rarement de penser à nos pensées et, en conséquence, nous ne le faisons pas.

Cependant, ces pensées qui échappent à notre attention donnent naissance à nos émotions et à nos actes, que nous le sachions ou non. Le mécanisme est réglé par notre nature et se passe fort bien de notre assentiment. Après tout, quand je digère mon repas, ma digestion se déroule sans que j'intervienne. Mon cœur bat tout seul, je respire sans le vouloir. De même pour mes activités cognitives, pour mes pensées. Elles se déroulent presque complètement à mon insu, sans que j'intervienne dans ce déroulement ou, si je le fais, uniquement à la suite d'une idée qui me vient toute seule («*Il vaut mieux que je pense à autre chose.*»).

Vous savez qu'un artilleur tirant un obus avec un canon peut prévoir de façon fort exacte l'endroit où cet obus va atterrir. En tenant compte de la charge, de l'inclinaison du canon, des conditions atmosphériques (vents, etc.), il vise la cible. S'il ne se trompe pas dans ses calculs, l'obus tombera exactement où l'artilleur l'avait prévu. C'est que la trajectoire du projectile est déterminée par les lois physiques qui s'appliquent. Si l'artilleur rate sa cible, c'est lui qui s'est trompé et non les lois physiques qui se sont détraquées. De même pour nos actes. S'il nous était possible d'observer les idées qui passent par la tête d'une autre personne, nous pourrions prévoir avec certitude les émotions qu'elle va ressentir et les actes qu'elle va accomplir.

Seulement voilà, nous n'y arrivons pas. Les autres n'expriment pas tout ce qu'ils pensent, d'abord parce qu'ils n'en sont que très partiellement conscients et aussi parce qu'ils dissimulent, mentent ou font une lecture erronée de leurs propres idées. D'où certains étonnements un peu naïfs: «Mais qu'est-ce qui a bien pu lui passer par la tête pour qu'il agisse comme il l'a fait?» Réponse: il lui est passé des idées qui ont engendré des émotions qui se sont traduites par les actes dont vous êtes témoin. Certains de nos propres actes ou de ceux des autres peuvent nous sembler inexplicables, étranges, bizarres, anormaux, mais c'est que nous ne saisissons pas les idées qui ont présidé à leur production. En ce sens, comprendre les autres ou se comprendre soi-même équivaut à identifier les idées et les émotions qui déterminent automatiquement nos actes et les leurs.

Proclamer que la liberté de décision n'existe pas, que les humains ne décident rien et qu'ils sont menés par les idées qui leur passent par la tête ne plaît pas à tout le monde. La principale objection que j'ai entendue se résume à peu près à ceci: Si les humains ne sont pas libres, ils ne méritent rien, ni récompenses ni châtiments. En effet, le mérite n'est associé qu'aux actes dits libres. Si votre acte découle d'un automatisme ou d'un pur réflexe, ça ne compte pas!

Ainsi, il devient absurde de récompenser le brave pompier qui risque sa vie pour secourir les habitants d'une maison incendiée, et qui subit lui-même de graves brûlures. De même, le cruel sadique qui met à mort de malheureuses victimes ne peut non plus être logiquement blâmé et puni de ses crimes. Ni l'un ni l'autre ne pouvait se comporter autrement, étant déterminé à agir comme il l'a fait par les idées qui lui sont venues à l'esprit sans qu'il le veuille.

Selon cette manière de voir, il n'existe plus ni héros ni mécréants, mais seulement des machines à penser dont les actions sont rigoureusement déterminées. C'est la fin de toute morale, du paradis comme de l'enfer. À leurs parents qui leur expliquent les sacrifices auxquels ils ont consenti pour les éduquer convenablement, les enfants répliqueront sèchement qu'ils ne pouvaient s'y prendre autrement puisque c'est ce qu'ils croyaient devoir faire. Le criminel traîné devant le juge reconnaîtra ses méfaits, mais s'en excusera en prétendant qu'il ne pouvait éviter de les commettre et qu'il avait en tête toutes les idées qu'il lui fallait pour les accomplir et aucune de celles qui l'auraient amené à s'en abstenir.

Il est facile de répondre à cette objection. Je maintiens que le brave pompier et le cruel sadique ont agi automatiquement en fonction des idées que chacun avait en tête. Cela ne m'empêche pas de trouver que le comportement du pompier est, de loin, socialement préférable à celui du criminel. Je trouve plus agréable et profitable de vivre dans un monde peuplé de pompiers héroïques que dans un univers où pullulent les criminels sadiques. Ainsi donc, si je rencontre un brave pompier, je suis tout disposé à lui décerner des honneurs, des médailles, à ériger des monuments à sa gloire, à lui verser des sommes appréciables ou toute autre chose qui lui plaira. Je sais bien qu'il ne mérite rien de tout cela. En agissant ainsi, je l'encourage, lui et ceux qui sont témoins de ses actes, à continuer à agir de la même façon. J'augmente les probabilités que d'autres pompiers, voyant leur confrère honoré, entretiennent l'idée que c'est le devoir d'un bon pompier de tenter de sauver les citoyens menacés, même au péril de sa propre vie.

Ma vision est égoïste. Si jamais je me retrouvais coincé dans un immeuble en flammes, je serais bien aise que, parmi les pompiers au travail, il s'en trouve un pour penser qu'il lui revient de me sauver. Je suis donc d'accord pour qu'on encourage la vertu sous toutes ses formes puisqu'elle constitue pour moi un avantage qui pourrait être précieux. Si le vice est contagieux, la vertu l'est aussi. Quand on décore un pompier ou un policier pour récompenser des gestes héroïques, je ne me dis pas: «Bravo pour lui» mais «Bravo pour moi!».

Il y a plusieurs années, alors que je roule la nuit, affrontant une des premières tempêtes de neige de la saison, ma voiture dérape sur une plaque de glace. Il s'ensuit un tête-à-queue qui se termine sur une rambarde de la route où l'arrière de ma voiture se retrouve accroché, les deux roues arrière ne touchant plus à la route.

Je m'extirpe de mon siège en maugréant et fais le bilan de la situation. Nuit noire, route déserte, heure tardive. Je vais devoir me taper quelques kilomètres dans une giboulée glaciale pour trouver du secours. Voici venir une autre voiture, roulant avec prudence. Elle s'arrête derrière moi. Le conducteur, accompagné d'une jeune femme, se rend probablement à quelque festivité. Il porte des vêtements soignés et semble de belle humeur. J'abrège. Il exhibe une pelle qu'il manie d'une main vigoureuse et, grâce à ses muscles puissants, décroche ma voiture de son inconfortable position. Me voilà de nouveau sur quatre roues, sans autre dommage. Je me confonds en remerciements, offre de le dédommager pour ses bons offices ou, du moins, pour ses vêtements, sérieusement trempés dans cette aventure. Il refuse tout, me serre la main et poursuit sa route.

Cela s'est passé il y a plus de vingt ans. J'y pense encore, comme vous pouvez le constater et, à ce jour, quand il m'arrive de croiser sur ma route un automobiliste qui semble en difficulté, je suis plus porté à m'arrêter et à lui offrir mon assistance. En aidant les autres, j'augmente les probabilités qu'ils m'aident moi-même, ce qui me convient tout à fait. Il est donc très intelligent de glorifier et de récompenser les actes socialement utiles, non pas à cause de quelque fuligineuse notion de mérite, mais bien parce que, en agissant ainsi, on favorise la récurrence de tels actes.

Revenons maintenant au criminel sadique et imaginons qu'il se retrouve devant un juge bien au fait de la nature humaine et conscient du mécanisme des idées, des émotions et des actions. Si ce criminel reconnaît son crime ou qu'on arrive à faire la preuve «hors de tout doute raisonnable» qu'il en est bien l'auteur, le juge pourrait lui tenir le discours suivant: «Monsieur, nous avons clairement établi que vous êtes l'auteur du crime dont on vous accuse. Nul ne peut logiquement vous le reprocher et moi moins que tout autre. Nous savons tous que vous ne pouviez faire autrement puisqu'il vous plaisait d'agir ainsi et que vous y étiez déterminé par les idées qui vous sont venues. Mais, voilà, cela nous ennuie considérablement que vous ayez de telles idées et, comme nous ne pouvons être certains qu'elles ne vous reviendront pas, nous allons vous placer dans un endroit où vous ne pourrez plus commettre de tels actes. Nous vous y laisserons jusqu'à ce que nous puissions croire que votre esprit n'est plus dominé par de telles idées. À l'endroit dont je parle, nous vous soumettrons à un régime de vie déplaisant, croyant ainsi que, lors de votre éventuelle libération, vous garderez un mauvais souvenir de cet endroit. Nous espérons ainsi que si jamais l'idée vous venait de reprendre vos activités criminelles, l'idée du traitement désagréable dont elles pourraient bien être suivies vous incitera à vous livrer à d'autres activités, peut-être moins satisfaisantes pour vous, mais plus sécuritaires pour les autres.»

Ma femme a un fils nommé Brian. À douze ou treize ans, cet enfant avait l'esprit aventureux. Ses économies plus une contribution de ses parents lui avaient permis d'acheter une espèce de petite motocyclette avec laquelle il se déplaçait sur des sentiers forestiers ou à travers bois. Cet engin produisait sous sa conduite des pétarades impressionnantes. Un jour, revenant à la maison après le travail, Brian m'informe qu'un peu plus tôt, se promenant avec sa moto dans les bois à proximité d'une maison voisine, il a été assailli par le propriétaire qui, en hurlant, l'a giflé à quelques reprises et a légèrement endommagé sa monture. Voilà qui me déplaît! Je prétends me réserver le privilège de gifler moi-même nos enfants si le cœur m'en dit et n'entends concéder ce droit à personne d'autre.

J'appelle la police. Deux agents se présentent peu après, prennent note de la déposition de l'enfant et me demandent si je porte plainte. J'affirme que oui, pour assaut, formellement interdit, non par la nature, mais par le code criminel. Les agents nous quittent pour se rendre, comme je l'ai appris plus tard, chez l'agresseur. Une heure plus tard, ce dernier téléphone et me demande si je consentirais à retirer ma plainte. Je demande à réfléchir et lui propose d'entrer de nouveau en contact avec moi le lendemain, la nuit portant conseil. Quand il le fait, je consens à retirer la plainte à condition qu'il présente des excuses à sa victime et nous verse conjointement la somme de trois cents dollars. Il annonce qu'il passera chez moi le soir même.

En effet, il survient à la brunante, accompagné d'un conseiller juridique, présente des excuses verbales et aligne sur la table de la cuisine trois billets de cent dollars. Entrevue courte et peu chaleureuse, comme vous pouvez le penser. Il ne s'agit pas de punir le «gifleur»; après tout, ses émotions (colère, sans doute) l'ont amené à frapper le fils et, avec les idées qui lui sont venues, il ne pourrait ressentir aucune autre émotion. Lui reprocher ses gifles serait aussi aberrant que de reprocher au putois d'arroser de ses sécrétions nauséabondes ceux dont il se croit menacé. Mais j'entends le dissuader de s'en prendre physiquement à un enfant; je recommande pourtant à ce dernier de pratiquer son sport en quelque autre endroit, éloigné des habitations. En effet, Brian trouve que les gifles sont rentables. Afin de le dissuader de faire ce qu'il faut pour les récolter, je lui annonce que les prochaines, s'il en est, seront entièrement à ses frais et je perçois, de la somme reçue, une part substantielle (pour mes services de défenseur de la veuve et de l'orphelin), lui abandonnant le reste. Il s'empressa d'utiliser sa part du butin pour acquérir un énorme radio-cassettophone avec lequel il me cassa ensuite les oreilles.

La reconnaissance de l'absence de liberté des humains n'introduit donc aucun désordre social. Il demeure possible de mettre en place des mécanismes qui rendent plus probables les actes adéquats et moins probables les gestes nuisibles à la collectivité. Il s'agit surtout de faire usage de renforcement positif et négatif, sans condamner ni glorifier les êtres qui ne peuvent, au moment où ils agissent, se comporter autrement que leurs idées les ont infailliblement amenés à le faire.

La liberté de décision des humains constitue une fiction dangereuse. Je m'explique. En croyant que M. Dupont aurait pu agir autrement et ne pas commettre les gestes qui me déplaisent et m'incommodent, je n'ai qu'un pas à franchir pour arriver à prétendre que, puisqu'il aurait pu se comporter autrement, il aurait dû le faire et que, s'il ne l'a pas fait, il est un être méprisable, vicieux, condamnable et digne des plus rigoureux châtiments. Le mythe de la liberté de décision ouvre la porte à toutes les fureurs, désirs de vengeance, guerres punitives auxquelles l'humanité s'est livrée avec tant d'allégresse depuis des millénaires avec les résultats qu'on connaît. L'idée que l'autre aurait dû se comporter comme il ne l'a pas fait ou qu'il n'aurait pas dû se comporter comme il l'a fait constitue la source directe de l'émotion d'hostilité. L'autre est alors considéré comme un ennemi (latin: *hostis*) qu'il faut punir de ses méfaits.

Quand les antagonistes sont habités tous deux de cette même idée, on assiste à une escalade de la violence dont les dégâts ne sont limités que par la puissance des armes dont chacun dispose. On évoque ici souvent la loi du talion: «Œil pour œil, dent pour dent», énoncée dans la Bible (Exode, 21,25) comme exemple des excès de la vengeance. En fait, il s'agit du contraire. Cette loi recommande de n'infliger à l'agresseur que des sévices équivalents à ceux qu'il a lui-même fait subir. «Œil pour œil» et non «Tête pour œil»; «Dent pour dent» et non «Les deux bras pour une dent». Il ne s'agit pas de vengeance, mais d'une démarche dissuasive destinée à décourager l'agresseur de recommencer.

Constater cette absence de liberté de décision nous amène à remettre en question une démarche chère à bien des humains et qui leur permet de se glorifier: le pardon. En effet, comment pardonner à un être humain son attitude ou les gestes qu'il accomplit quand je constate qu'il ne pouvait agir autrement? La démarche de pardon n'a plus de sens. Autant pardonner à l'écureuil qui, au jardin, vient déterrer mes jeunes plants ou aux oiseaux qui laissent tomber leur fiente dans ma piscine. Je me dis: «Ainsi sont faits les écureuils et les oiseaux.» Le pardon ne peut se comprendre que s'il y a d'abord eu présence d'hostilité et de reproches.

Je soupçonne aussi celui qui affirme pardonner de se hisser sur quelque pavois, dominant ainsi le «misérable» auquel il délivre gracieusement son pardon. Pour bien des gens, il y a une noblesse particulière à pardonner; c'est le signe, dit-on, d'un grand cœur, d'une générosité honorable, d'une élévation de sentiments témoignant de l'indubitable valeur personnelle de celui qui pardonne. Ce n'est pas pour rien que celui à qui on pardonne magnifiquement grince souvent des dents et lorgne d'un œil torve celui qui s'érige ainsi au-dessus de lui. Quand j'étais enfant, j'ai un jour déclaré à mon frère Toto que je lui pardonnais d'avoir détruit «méchamment» l'un de mes jouets favoris. Je devais revenir du catéchisme. Je pense que si ma mère n'était intervenue à temps, Toto, qui était de six ans mon aîné, m'aurait arraché la tête.

Tout ce fatras disparaît avec la constatation de l'absence radicale de liberté de décision des humains. Plus de liberté, plus de vengeance, plus de pardon, plus de mépris. Au contraire, compréhension, pitié parfois et commisération pour mes propres erreurs et celles des autres, mise en place de procédures efficaces non corrompues par la rage et le ressentiment. Dans un passage des *Entretiens,* Épitecte a éloquemment illustré ce point:

> «Quoi, ce voleur, cet adultère ne devraient pas être mis à mort? — Ne parle pas ainsi; dis plutôt: "Cet homme qui est dans l'erreur et qui se trompe sur les sujets les plus importants, qui a perdu la vue, non point la vue capable de distinguer le blanc et le noir, mais la pensée qui distingue le bien du mal, ne devrait-il pas périr?" Et si tu parles ainsi, tu verras combien tes paroles sont inhumaines; c'est comme si tu disais: "Cet aveugle, ce sourd ne doit-il pas

périr?"... Homme, s'il faut absolument que le mal chez autrui te fasse éprouver un sentiment contraire à la nature, que ce soit la pitié plutôt que la haine... Réfléchis en effet: tu as de beaux vêtements et ton voisin n'en a pas; tu as une fenêtre et tu veux les mettre à l'air; ton voisin ne sait pas ce qui est le bien pour l'homme; il s'imagine que c'est d'avoir de beaux vêtements, et toi aussi, tu te l'imagines. Alors, ne va-t-il pas venir te les prendre? Si tu montres un gâteau à des gourmands et si tu l'avales tout seul, voudrais-tu qu'on ne te l'arrachât pas? Ne les excite pas, n'aie pas de fenêtre, ne mets pas tes vêtements à l'air.» (Livre I, XVIII).

# Chapitre 4

*Il est possible d'arriver à modifier des idées, même celles qui sont fortement ancrées, par une démarche qui consiste à confronter ses idées avec la réalité.*

Ainsi donc, mes émotions déterminent mes actes. À leur tour, mes émotions apparaissent automatiquement sous la poussée des idées qui me viennent sans que je puisse en contrôler la venue. En conséquence, si une personne constate qu'elle éprouve des émotions pénibles et nuisibles pour elle à propos des événements de sa vie, il ne lui reste que deux manières de modifier ces émotions: changer les événements qui donnent aux idées l'occasion de naître ou changer ses idées elles-mêmes.

La première manière est la moins élégante et donc la moins efficace: elle consiste pour la personne à tenter de modifier les événements qui donnent l'occasion à ses idées et à ses émotions de se déclencher ou encore, à fuir ces événements. Cette méthode présente diverses difficultés.

D'abord, tout événement passé, même s'il s'est passé il y a une seconde, demeure impossible à modifier. On ne peut faire disparaître un événement qui s'est déjà produit, qu'il se soit produit il y a trente ans ou dans la minute précédente. Rien à faire: ce qui est arrivé est arrivé pour toujours. Il est souvent possible, cependant, de modifier le déroulement d'un événement au moment où il se produit dans le présent. C'est ainsi que je peux donner un coup de volant et maîtriser ma voiture qui se dirigeait vers le fossé. Si j'ai ressenti de l'anxiété en constatant que ma voiture dérapait, cette anxiété disparaît quand je donne le coup de volant. J'ai modifié mon émotion en changeant l'événement qui lui donnait l'occasion de naître.

En d'innombrables situations, l'événement-occasion est complètement terminé, ne se poursuit pas dans le présent et ne peut donc nullement être modifié. M. Dupont se dit déprimé parce que, affirme-t-il, son père ne l'a pas aimé quand il était enfant. Or, le père est décédé depuis dix ans. S'il vivait encore, M. Dupont pourrait tenter de l'amener à l'aimer, encore que le résultat de ses efforts en ce sens demeurerait incertain.

D'autres fois encore, l'événement-occasion se prolonge dans le présent et peut donc être changé, du moins en partie, mais à un coût plus ou moins élevé. Claudette se plaint que son mari Claude la déprime par ses incessantes critiques à son endroit. Si Claudette se sent déprimée, ce sont bien ses propres idées qui produisent cet effet à l'occasion des comportements ou des paroles de Claude. Elle peut se séparer de Claude, mettant entre lui et elle une distance supérieure à la portée de sa voix. Il lui suffit peut-être de passer dans une autre pièce, de se boucher les oreilles ou d'aller faire une promenade quand Claude se met à ronchonner. Tout cela n'est pas très difficile. Mais, si Claude la poursuit, la harcèle, l'accompagne dans ses promenades, la situation devient plus complexe. Elle peut vouloir divorcer ou se séparer de lui de manière plus ou moins permanente. Dans certains cas, cette démarche est peut-être la plus réaliste parce que les coûts demeurent modestes: jeune couple sans enfants, sans grande fortune, etc. Il en est tout autrement quand il s'agit d'un couple de vingt ans ayant accumulé des biens, des enfants et d'autres bagages communs. La séparation peut alors être source d'ennuis plus graves. Si le patron de Germaine lui fournit diverses occasions d'anxiété, d'hostilité et de dépression, elle peut bien quitter son emploi et se mettre à la recherche d'un autre. Cependant, dans un contexte de chômage abondant, une telle démarche pourra être plus hasardeuse et ses conséquences plus lourdes à porter.

Cette première méthode, qui consiste à modifier l'occasion des émotions, comporte un autre inconvénient. Comme les émotions sont causées par les idées, le changement de l'occasion ne change pas leur cause. Il est donc possible que les mêmes émotions apparaissent de nouveau quand des circonstances nouvelles se présenteront. Le changement d'occasion s'avérerait alors vain et inefficace. Serge se sent souvent déprimé à l'occasion de son travail. Il croit que c'est le travail qui le déprime mais, en fait, ce sont les idées qu'il nourrit sans s'en rendre compte qui produisent cet effet. Il se compare défavorablement à ses collègues de travail, se traite de diminué, de demeuré, d'incompétent. On (son thérapeute?) lui recommande de prendre des vacances pour «se changer les idées». Voilà Serge voluptueusement étendu sur le sable chaud. Les palmiers constituent un changement considérable avec le paysage de la rue des Érables et le bureau où il gratte du papier. Pendant quelques heures ou quelques jours, la magie des lieux opère un changement qu'on dirait miraculeux. Pendant que Serge contemple les nymphes qui défilent devant lui en oscillant du popotin, il ne pense pas à son travail. Il se sent bien, joyeux, enthousiaste. Mais cela ne dure pas. La machine à fabriquer des idées déprimantes a pris l'avion avec lui et se trouve toujours solidement vissée sur ses deux épaules.

Il est malheureusement possible que Serge recommence son manège dépressif en remarquant d'autres mâles, dotés de puissants pectoraux, connaissant un succès indéniable auprès des nymphes déjà mentionnées alors que, quand il se regarde, Serge ne peut que constater sa poitrine creuse, ses membres décharnés et les vilains boutons qui lui poussent dans la figure. Le voilà qui recommence à déprimer, cette fois-ci sous les palmiers, à des frais de loin supérieurs à ceux qu'il aurait encourus s'il était resté sur la rue des Érables.

De même, Claudette peut changer de travail, de mari, de quartier, de pays et quand même continuer à éprouver les émotions qu'elle tente si désespérément de fuir. J'ai rencontré un jour un couple (Jean et Jeanne) qui me raconta toutes les démarches qu'il avait entreprises pour cesser d'éprouver de la culpabilité à propos de la mère de Jeanne. Jeanne affirmait que sa mère la culpabilisait en ne cessant de lui téléphoner pour lui raconter ses ennuis, ses tracas, ses maladies et se plaindre abondamment de son mari, le père de Jeanne. La bonne dame pouvait téléphoner quinze ou vingt fois par jour et recommencer interminablement ses jérémiades. Jeanne se sentait coupable, se reprochait son manque d'amour pour sa mère. Elle en profitait pour se culpabiliser encore quand Jean, que les manœuvres de sa belle-maman agaçaient prodigieusement, reprochait à Jeanne de se «laisser avoir» par sa mère.

Pour fuir ce que l'un et l'autre croyaient être la cause de leurs ennuis émotifs (les plaintes de la mère), ce couple s'était embarqué pour rien de moins que l'Afrique, comme coopérants pour un organisme d'aide internationale. On déménagea tout: travail, enfants d'âge scolaire, biens matériels. Avec quels effets? Nuls. D'abord, la mère se mit à téléphoner en Afrique, à frais virés bien entendu. De plus, Jeanne se mit à se reprocher d'avoir déraciné sa famille, d'avoir placé son mari et ses enfants dans des difficultés considérables, de manquer de caractère pour tenir tête à sa mère. Tout cela, en plus des frais de téléphone astronomiques.

La fuite de l'occasion ne constitue donc pas habituellement à elle seule une démarche appropriée et efficace. Dans certains cas toutefois, elle coûte peu et rapporte de bons résultats secondaires. Ainsi, il vaut mieux pour René, qui tente de combattre son alcoolisme, éviter les compagnons habituels de ses beuveries et, s'il habite un appartement situé au-dessus d'une buvette, déménager ses pénates en quelque autre lieu. Il n'est que plus raisonnable pour lui de ne pas présumer de ses forces et de mettre les chances de son côté. Il lui restera cependant à travailler à changer les causes psychologiques de son alcoolisme, le plus souvent des émotions de dépression découlant d'idées malencontreuses.

La seule démarche qui consiste à tenter de changer les événements constituant l'occasion des émotions n'est donc, finalement, guère recommandable. Non seulement elle est parfois impossible, mais même quand on peut y arriver, elle présente l'inconvénient de ne pas attaquer la véritable cause cognitive des émotions désagréables et nuisibles et laisse ainsi leur propriétaire vulnérable à une récurrence de ces émotions.

La démarche plus élégante, donc moins coûteuse tout en étant plus efficace, consistera à s'en prendre directement aux idées qui engendrent les émotions. En effet, leur éventuelle modification entraînera du même coup la disparition ou du moins l'amoindrissement de leurs effets nocifs. Cette démarche suppose cependant l'actualisation de plusieurs conditions.

D'abord, il faut que la personne sache que ses émotions sont causées par ses idées. Comment pourrait-elle attaquer ces idées si elle persiste à croire que ce sont les événements qui la troublent émotivement? Cette condition est plus ou moins difficile à satisfaire. Comme nous l'avons vu, il est loin d'être clair que les humains, en général, se rendent compte du jeu causal de leurs idées par rapport à leurs émotions.

Celui qui recommande à une autre personne, affligée d'émotions pénibles, de se «changer les idées» semble attester qu'il saisit le mécanisme idées-émotions-actions. Il en est de même pour celui qui déclare, devant une personne en proie à la fureur où à la panique, qu'elle a «perdu la tête». Mais cette saisie n'est souvent que partielle et inchoative. De plus, se «changer les idées» ne veut souvent dire que penser à autre chose. Il ne s'agit que de remplacer temporairement un contenu mental par un autre sans pour autant travailler à modifier en profondeur des convictions enracinées. Une telle démarche n'est évidemment suivie que de résultats transitoires, comme c'est le cas pour Serge sous les palmiers.

Une fois la personne consciente du fait que ses émotions sont causées par ses idées, la partie est encore loin d'être gagnée. En effet, cette compréhension se perd souvent presque aussitôt qu'elle est acquise, à cause de l'habitude ancrée par les années pendant lesquelles la personne a cru que ses émotions étaient créées par les événements. De plus, comme à peu près tout le monde pense que c'est ce qui se passe, la nouvelle compréhension se trouve battue en brèche à la fois par les habitudes de la personne et celles de son entourage. Je ne sais plus combien de fois j'ai expliqué à des personnes, individuellement ou en groupe, le mécanisme causal des idées par rapport aux émotions. J'ai constaté qu'à peu près tout le monde déclarait comprendre facilement comment ces choses se passent vraiment. Rien de surprenant: le mécanisme semble facilement compréhensible. Il ne comporte que trois volets (occasioncause-effet) et, tant qu'on en reste au niveau théorique, tout le monde est d'accord. Il suffit d'introduire un exemple plus personnel pour que la personne perde cette compréhension et cesse de distinguer l'occasion de la cause.

Je viens encore, pas plus tard qu'hier, de constater ce glissement. Lors d'une conférence à un groupe d'hommes et de femmes d'affaires, j'explique (encore une fois!) que les émotions sont causées par les idées et non par les événements. J'émaille ma démonstration d'exemples; les auditeurs suivent attentivement et, quand je leur demande s'ils comprennent, ils déclarent tous que, comme c'est si simple (trop simple, disent certains), ils n'ont pas de problème à saisir, se considérant comme intelligents et éveillés. Je pose alors ma question de vérification classique: «Si un lion entrait maintenant dans cette salle, cela pourrait-il vous faire peur?» Je vois les têtes osciller de haut en bas. Voilà! Ils n'ont rien compris, tout en croyant comprendre. Le lion (événement-occasion) ne peut évidemment causer la moindre émotion à quiconque. Sans doute mes auditeurs ressentiraient-ils une vive frayeur si un félin s'introduisait dans la salle, mais leur peur serait causée par des idées comme: «Quelle horreur! Il va m'attaquer, me blesser, me dévorer comme apéritif.» Ces idées ne seraient pas les mêmes si on leur apprenait qu'il s'agit d'un lion apprivoisé, accompagné de son dompteur et dont la tâche principale dans la vie consiste à inaugurer les films de la MGM.

Une deuxième difficulté réside dans la ténacité des idées et des croyances qui causent de nombreuses émotions désagréables. Ces idées sont habituellement en place depuis des années et se sont trouvées renforcées par d'innombrables répétitions inconscientes. De plus, elles sont partagées par les personnes qui forment l'entourage de leur propriétaire. Presque tout le monde pense qu'il y a des bons et des méchants, que les premiers méritent récompense et les seconds châtiments, que les humains ont de nombreux besoins tous plus impérieux les uns que les autres, qu'une foule d'éléments sont irremplaçables et que leur perte constitue un drame. Toutes ces idées sont totalement ou partiellement fausses, comme je le démontrerai sous peu, mais leur popularité est redoutable.

La plupart des humains ont commencé à penser ainsi dès leur enfance, soit qu'ils se sont imaginé des sottises à la faveur de l'ignorance et de la naïveté qui caractérisent cette période de la vie, soit qu'ils aient avalé ces couleuvres sous l'influence de leurs parents et des autres adultes qui, sans même s'en apercevoir, leur ont proposé des principes de vie aberrants parce qu'ils en étaient eux-mêmes convaincus. Tout le monde ne peut être le fils d'Épictète! Les humains, semble-t-il, pensent le bon sens avec difficulté et la bêtise avec facilité et, comme ils se transmettent leurs préjugés les uns aux autres à chaque génération, le travail est sans cesse à reprendre, sans qu'on puisse constater quelque progrès véritable dans ce domaine depuis que les humains existent, pensent et déconnent une bonne partie du temps.

De plus, dans un tel contexte, la personne qui s'efforce de modifier des idées délétères mais reçues dans son milieu se trouvera facilement la cible des sarcasmes de ses congénères. On l'estimera bizarre, elle se retrouvera marginale par rapport à ceux qui continuent inlassablement d'énoncer les mêmes erreurs. Voilà qui est dérangeant pour beaucoup de monde et peut comporter, aux yeux de bien des personnes, l'«horrible» danger d'être rejeté. «À Rome, on fait comme les Romains», affirme le dicton. Dans un milieu où presque tout le monde divague, tenter de penser logiquement expose la personne à la hargne de tous ceux qui prendront son avis différent pour un reproche déguisé. D'où les remarques ironiques à l'endroit de celui qui «se croit plus fin que les autres».

Compte tenu de ces obstacles, il faudra que la personne souffre suffisamment des effets émotifs de ses idées pour qu'elle consente à se mettre au travail ardu de les modifier. Elle aura habituellement épuisé sans profit les autres démarches: plaintes, changement des occasions, demandes de support et de sympathie de la part des autres (ou d'un thérapeute complaisant), anamnèses sans fin, analyses plus ou moins raffinées, pèlerinages sans fin dans l'enfance. Travailler à changer ses propres idées n'est ordinairement séduisant pour personne: le labeur est ardu, les résultats se font attendre, le travail est sans cesse à reprendre et il existe de nombreux et populaires moyens d'endormir la douleur ressentie:

alcool, drogue, érotisme, fuite dans le travail, divertissements divers, compensations variées.

Pour arriver à modifier les idées qui causent chez elle les émotions pénibles, il faudra de plus que la personne arrive à les identifier correctement en reconnaissant leur présence en elle. Cette première étape, qui est essentielle pour tout le reste de la démarche, est loin d'être aussi aisée qu'elle semble au premier abord. En effet, les idées s'agitent en nous sans que nous soyons clairement conscients de leur présence et de leur nature. Pour identifier les idées qu'on a en tête, il faut penser à ce qu'on pense. Pas facile quand l'esprit est bousculé par des tempêtes émotives qui brouillent une lucidité d'ailleurs toujours fragmentaire, même dans les meilleures conditions.

L'aide d'une personne extérieure expérimentée peut être ici d'un grand secours. Cette personne, n'étant pas bouleversée par les émotions qui agitent l'autre, se trouve mieux placée pour identifier les contenus cognitifs qui engendrent les émotions, à condition, évidemment, qu'elle ne glisse pas maladroitement dans la sympathie. Si c'est le cas, elle se retrouve aussi perturbée que la personne qu'elle tente d'aider et sa capacité à identifier les idées de l'autre se trouve limitée. La relation d'aide se transforme alors en un duo émotif dans lequel les deux participants se retrouvent envahis par les mêmes émotions, sans la lucidité nécessaire pour sonder leurs causes cognitives.

La situation est encore pire quand la personne qui tente d'aider partage, à son insu, les idées qui troublent l'autre personne. Même si elle arrive alors à identifier les idées qui causent telle ou telle émotion, elle ne pourra guère inciter l'autre à attaquer des idées qu'elle-même croit vraies et réalistes. Ici comme ailleurs, la bonne volonté ne suffit pas, non plus qu'un vif désir d'aider ni même un dévouement total à l'autre personne. Après tout, qu'est-ce qui vaut mieux? Si ma voiture tombe en panne, je préfère la confier à un mécanicien brusque, impoli ou même brutal, mais qui connaît bien la mécanique automobile qu'à un autre intervenant suave, élégant et raffiné, mais qui ignore tout des moteurs. Je ne confierais pas non plus ma voiture à un mécanicien dont le propre véhicule roulerait tout de travers en pétaradant dans des nuages de fumée bleue. Je penserais logiquement qu'il ne peut guère m'aider s'il est si maladroit pour s'aider lui-même. Nul ne peut «apprendre à vivre» d'un «thérapeute» lui-même bousculé par de puissantes émotions issues d'idées farfelues et dont la vie quotidienne s'apparente aux montagnes russes.

Celui qui tente en une première démarche d'identifier les idées qui causent ses émotions ne trouvera donc pas facilement quelqu'un pour l'aider dans cette recherche. Heureusement, comme je l'ai signalé, les émotions malencontreuses et les idées qui les causent sont finalement en nombre restreint. Ainsi, leur identification se trouve facilitée, à condition que les émotions de la personne n'aient pas atteint un tel niveau d'intensité que sa capacité d'introspection soit abolie.

Ce qui est difficile demeurant tout de même possible, tenons pour acquis que la personne arrive, avec ou sans aide, à identifier l'une ou l'autre des idées qui la troublent émotivement. Elle pourra alors commencer à confronter cette idée avec la réalité. La confrontation n'est rien d'autre qu'une démarche de comparaison entre deux éléments. On confronte, par exemple, un texte manuscrit avec sa version imprimée pour arriver à identifier les éventuelles différences entre ces deux éléments. Je vous entends me dire que cela ne sera guère aisé puisque nous ne connaissons pas tous les aspects de la réalité. Je vous le concède, mais je vous fais remarquer qu'il n'est pas nécessaire de connaître tout pour arriver à déceler des erreurs manifestes, des éléments qui divergent de ce que nous connaissons du réel. Après tout, s'il se fait entendre, pendant que je roule, un son étrange sous le capot de ma voiture, je n'ai pas besoin de connaître en détail le fonctionnement du moteur et encore moins le nombre exact des étoiles qui peuplent notre galaxie pour conclure que ce bruit n'est certainement pas produit par un petit oiseau perché sur le cardan ou un esprit frappeur qui manifeste ainsi sa présence. Même si je ne sais pas ce qui produit ce bruit, je peux déjà exclure des explications certainement erronées.

La confrontation entre l'idée identifiée et ce qu'on peut connaître de la réalité (ce qui est) ne peut aboutir qu'à l'une des trois conclusions suivantes. Dans un premier cas, l'idée et la réalité coïncident étroitement. On dira alors que l'idée est vraie, réaliste, fondée, appuyée par des arguments logiquement défendables. La terre est ronde puisqu'on peut en faire le tour et revenir à son point de départ. De même, les «méchants» n'existent pas puisque, les actes d'un être découlant de sa nature, de tels «méchants» ne pourraient poser que des actes méchants. Or, même ceux qu'on qualifie ainsi posent une foule d'actes non méchants, indifférents ou même bons. Et comme on ne peut être méchant une partie du temps et bon le reste, j'en conclus que tout être peut agir d'une manière méchante sans pour autant être un méchant.

Admettons que la personne arrive à démontrer que l'une de ses idées est irréaliste et lui cause des émotions pénibles se traduisant par des actes nuisibles pour elle. Il est évident que si elle abandonne cette idée, les émotions qu'elle provoquait vont disparaître ainsi que les actes qui accompagnaient cette idée-là. Mais voilà, pour abandonner une idée, il va s'agir de mettre à sa place une nouvelle idée, réaliste celle-là. Alors commence un combat qui peut être long et ardu. L'idée identifiée comme irréaliste est souvent en place depuis des années. Elle a été renforcée par d'innombrables répétitions inconscientes et s'exprime souvent par un langage intérieur puissant, un cri interne, une exclamation convaincue. Il s'agit souvent d'une idée «chaude»: «Ah! non... Tout de même... Jean-Paul est un vrai salaud! Il n'avait absolument pas le droit de me tromper et il est un monstre d'ingratitude.» Opposer à une telle idée «chaude» (mais absurde) une idée vraie, logique, mais exprimée de manière timide, gauche, hésitante ne suffira pas à déloger la première. Plus le gibier à abattre est gros et féroce, plus le calibre de l'arme du chasseur devra être gros lui aussi. Pour abattre un moineau, il suffira d'utiliser une sarbacane ou une fronde garnie d'un petit caillou. Cette arme deviendra inefficace si je me trouve en présence d'un éléphant déchaîné. Pour arriver à lui faire céder la place, il faudra donc que la personne oppose à une idée irréaliste «chaude» et virulente une idée réaliste exprimée en un langage également puissant et engagé.

«Non! Jean-Paul n'est aucunement un salaud. Il n'existe en cet univers aucun salaud. Il avait totalement le droit de faire ce qu'il a fait et il ne me devait rigoureusement rien.»

C'est dans cette erreur que tombent beaucoup de personnes qui commencent à s'appliquer au travail de transformation de certaines de leurs idées ancrées. Elles attaquent leurs éléphants avec une sarbacane chargée de pois secs. La bête agite un peu ses vastes oreilles et continue de ravager leur bananeraie intérieure. Les préjugés ancrés ne disparaissent pas après une chiquenaude, fut-elle logique et raisonnée.

De plus, bien des idées, comme les éléphants, ont la vie dure. Souvent, il ne suffit pas d'une seule décharge même de gros calibre pour trucider l'animal. Il se contente souvent de battre en retraite temporairement pour revenir plus tard avec une rage accrue, quand le chasseur sera moins vigilant ou se trouvera assailli par d'autres bêtes également agressives et décidées. Il s'agira donc de ne pas se lasser trop vite.

Quand je m'examine ou que j'accompagne d'autres personnes dans l'exploration de leur jungle intérieure, il me semble bien que certaines idées ne meurent jamais complètement. Elles s'absentent souvent pour de longs mois pour réapparaître avec une désappointante vigueur quand les circonstances s'y prêtent, lorsque la personne est plus fatiguée ou plus bousculée par les événements. C'est dire que la chasse aux idées irréalistes ne se termine peut-être, pour certaines d'entre elles, qu'avec le décès du chasseur et donc celui des bêtes qui le hantent sans cesse puisqu'il leur donne lui-même naissance sans le vouloir.

D'autre part, il convient de remarquer que l'utilisation fréquente et prolongée de la confrontation engendre chez la personne une habileté sans cesse accrue. Si on peut s'entraîner à penser des bêtises, comme chacun de nous le fait quand il est enfant, il est aussi heureusement possible de s'entraîner à penser avec justesse et réalisme. Certaines personnes, placées en d'heureuses circonstances (durant leur enfance, par exemple) ont acquis cette habileté tôt dans leur vie. Il existe de jeunes «sages» et de vieux «fous». Mais, même les premiers peuvent se retrouver émotivement ébranlés à l'occasion d'événements leur offrant des occasions particulièrement propices de déraisonner. Pour la plupart d'entre nous, soumis dès le début de notre vie à l'influence de personnes déclamant diverses sottises avec une tranquille assurance, nés dans l'ignorance et dotés d'une congénitale aptitude à déformer la réalité qui nous entoure, le combat est plus ardu et prolongé.

Vous vous demandez peut-être comment un humain peut combattre les idées absurdes qui l'assaillent si la liberté humaine n'est qu'un mythe. Comment un être déterminé par les idées qui lui viennent pourrait-il travailler à modifier certaines de ces idées? Vous vous rappelez que j'ai soigneusement fait la distinction entre la liberté d'action et la liberté de décision. Il est indéniable que les humains ont, pour la plupart, la capacité d'identifier certaines de leurs idées et de s'entraîner à les changer, puisque c'est ce qui se passe en fait.

Les humains peuvent changer leurs idées, mais à condition que leur vienne l'idée que c'est pour eux une bonne idée de se livrer à ce labeur. Tant que cette idée n'apparaît pas dans l'esprit de la personne, la transformation de ses idées ne demeure que possible. Si cette idée apparaît et persiste assez longtemps, la personne se mettra au travail. Si elle accomplit ce travail assez adroitement (cible bien identifiée, calibre approprié) et assez longuement, ses idées commenceront à se modifier, entraînant *ipso facto* la modification de ses émotions et de ses actions. Mais, pour arriver à ce résultat, il est vrai qu'il faut que l'idée initiale («Il est avantageux pour moi de travailler à changer certaines de mes idées») apparaisse dans l'esprit de la personne.

Dans mon travail d'aidant, j'ai rencontré d'innombrables fois cette situation. Mme Dugas dit qu'elle se rend compte que ses troubles émotifs sont causés par ses idées, qu'il serait utile pour elle de travailler à les modifier. Pourtant, quand je la vois deux semaines plus tard, elle n'a encore rien entrepris et se contente de me raconter combien elle souffre, combien ses émotions l'importunent, etc. J'essaie, dans la mesure de mes moyens, d'attirer son attention sur les efforts indispensables qu'elle devra fournir pour se libérer de ses idées nocives, je la presse de se livrer à ce travail, d'y procéder d'une manière organisée, de lui réserver une période suffisante dans le déroulement de ses journées, de ne pas attendre que cela change tout seul. Elle trouve tout cela logique, raisonnable et potentiellement efficace. Deux semaines plus tard, elle n'a pas encore entrepris la chasse ou s'y est livrée de manière sporadique avec une arme chargée à blanc.

Je recommence inlassablement la démonstration. L'idée ne lui est pas encore venue ou, si elle est apparue dans son esprit, elle en a été chassée par d'autres, plus tenaces et virulentes. Le manège peut durer des mois et n'aboutir finalement à rien d'utile. Un jour, Gérard, qui me consultait régulièrement depuis des mois, m'annonça qu'il allait cesser sa «thérapie». Comme, pendant tous nos contacts, il ne s'était contenté que de me raconter ses malheurs émotifs tout en protestant, à chaque rencontre, de son vif (mais inefficace) désir de se mettre au travail de transformation de ses idées irréalistes, nombreuses et touffues, je lui répondis qu'il lui était impossible d'interrompre une «thérapie» qui n'avait pas encore commencé.

Faire état de ses émotions à un aidant, fût-ce avec un luxe effréné de détails, ne constitue aucunement une «thérapie». Il vaut mieux réserver ce terme au travail accompli par la personne pour se «guérir» elle-même de ses malencontreuses habitudes de pensée et d'action. Tout le reste ne constitue finalement qu'un bavardage plus ou moins coûteux, mais totalement inefficace.

Le travail qui mène à la modification des idées demeure donc possible pour de nombreuses personnes. Il est cependant conditionné par l'apparition et la persistance suffisamment prolongée dans l'esprit de ces personnes de l'idée qu'il est avantageux d'entreprendre et de poursuivre ce travail. Comme personne ne peut mettre une idée dans la tête d'une autre personne, l'aidant demeure souvent le spectateur impuissant des malheurs émotifs de l'autre, attendant avec impatience de pouvoir collaborer au travail que seul ce dernier peut entreprendre, s'il lui en vient l'idée.

# CHAPITRE 5

*Toutes les idées qui expriment une exigence absolue sont absurdes et nocives.*

Le moment est venu de passer à l'examen des principales idées capables de causer des émotions troublantes et d'en examiner la validité et le réalisme. À la tête du cortège de phrases qui les expriment apparaissent d'abord celles qui énoncent une exigence: «J'aurais dû...», «Il aurait dû...», «Je n'aurais pas dû...», «Il n'avait pas le droit...», «Ça ne devrait pas arriver...», «Il faut absolument...», «On ne doit jamais...», «Nul n'est autorisé à...»; autant de façons de s'exprimer pour déclarer que l'univers ou un de ses aspects devrait être différent de ce qu'il est.

Il est clair que de telles pensées se trouvent à l'origine des émotions de colère, de culpabilité et d'anxiété et se traduisent par une pléthore d'actes d'intolérance, de vengeance, par des conflits plus ou moins sanglants allant de la dispute dans un couple aux guerres internationales.

Disons tout de suite que, dans bien des cas, la personne qui s'exclame, par exemple: «J'aurais dû me lever plus tôt pour arriver à temps à ce rendez-vous que j'ai raté» veut tout simplement dire qu'il aurait été avantageux et préférable pour elle d'agir autrement qu'elle l'a fait. Elle se sentira seulement triste si son expression revêt ce sens, sans pour autant se sentir coupable. De même, celle qui pense: «Jean-Luc aurait dû mettre moins de sel dans la soupe» ne se sentira pas en colère contre Jean-Luc si, au fond, elle ne veut que dire qu'elle aurait préféré une soupe moins salée.

Il n'en est pas toujours ainsi: dans bien des cas, la personne croit vraiment ce qu'elle affirme, déclare avec conviction (idée «chaude») que non seulement elle déplore l'acte d'un autre ou l'un de ses propres actes (ce qui ne la rendrait que triste), mais que de plus ce geste était interdit et n'aurait pas dû être fait (ce qui la rendra hostile envers l'autre ou envers elle-même dans le cas de la culpabilité).

Un moment de réflexion suffit à démontrer l'inanité de toute exigence. Nous vivons tous dans un monde structuré selon un ensemble de lois, dites lois de la nature, auxquelles rien ne déroge jamais. Les humains ne proclament pas ces lois: ils les découvrent par l'observation et l'expérimentation. La terre tourne sur un axe incliné et dans une direction donnée, ce qui nous donne les saisons ainsi que le lever du soleil à l'est et son coucher à l'ouest. L'organisme humain, pour survivre, doit absorber les quantités requises d'eau et d'oxygène sous forme gazeuse. Le castor peut métaboliser la cellulose et donc se nourrir de branches d'arbre, mais ni le renard ni l'humain ne le peuvent. Somme toute, ces lois énoncent la manière dont notre monde est fait, les façons dont il est bâti. Les lois de la nature sont universelles, immuables, transcendent le temps et l'espace et sont toutes inviolables.

Par ailleurs, les humains se sont appliqués depuis longtemps à proclamer des lois de tous genres destinées à régler les rapports qui s'établissent entre eux. Ces lois innombrables visent un grand nombre de situations depuis celles qui régissent les rapports entre les nations jusqu'à celles qui énoncent les règlements d'un sport ou l'obligation pour l'automobiliste d'arrêter sa voiture devant un panneau octogonal portant la mention «stop».

Toutes ces lois (dites lois humaines) sont variables selon les lieux et les époques, souffrent de nombreuses exceptions et sont, de plus, toutes «violables» par quiconque est habité du désir de le faire, comme il est facile de le constater.

Seules les lois de la nature possèdent un caractère objectif et impersonnel. Les lois humaines découlent de l'opinion de diverses personnes ou groupes de personnes (les législateurs) qui prétendent que ce qui les accommode ou leur apparaît profitable à la collectivité doit être respecté par les autres. Elles sont donc complètement subjectives et leur observance est finalement laissée au bon vouloir de ceux qui s'y conforment.

Si, devant le panneau octogonal portant la mention «stop», j'arrête (souvent) ma voiture, ce n'est pas parce que je le dois, mais bien parce que je le veux, croyant qu'il est avantageux de me comporter ainsi. Je ne le fais pas toujours, comme vous probablement, mais seulement quand me vient l'idée de le faire. Quand, au contraire, me vient l'idée qu'arrêter ma voiture est inutile tout en demeurant sécuritaire, je continue ma route, ce que je ne pourrais faire s'il s'agissait d'une loi de la nature. Devant un épais mur de pierre, je dois stopper et c'est bien ce qui se passe, mais un inoffensif panneau de métal ne m'arrêtera jamais. Si quelque policier tapi dans l'ombre se met alors à ma poursuite et me remet une contravention, il le fait parce que j'ai violé la loi. Cette loi ne m'interdit pas de rouler comme je l'entends et ne m'oblige pas à stopper. Son représentant me remet un bout de papier qui est une facture que je peux ou non acquitter. Voilà combien il en coûte pour violer cette loi humaine. Quand le représentant des forces de l'ordre est absent, ma violation de la loi est gratuite à moins qu'une loi de la nature ne vienne s'appliquer, par exemple si une autre voiture vient percuter la mienne.

Un acte peut donc être illégal selon la loi humaine (le code de la route) tout en demeurant autorisé par la structure du monde, les lois de la nature. Les lois de la nature étant inviolables, les actes qu'elles interdisent sont impossibles à réaliser. Pour un humain, respirer dans l'eau est interdit alors que les poissons y sont autorisés. De même, la nature permet aux oiseaux et aux papillons de s'envoler en agitant leurs membres supérieurs. Cette même performance demeure interdite aux humains, même à ceux dotés de la plus impressionnante musculature.

Devant l'énoncé d'une loi, il est donc capital de se demander si on se trouve devant une loi universelle, objective, naturelle ou s'il ne s'agit que de l'expression personnelle ou collective d'une opinion. La distinction est facile à faire: les lois inviolables n'étant jamais violées et seules les lois de la nature étant inviolables, si j'observe qu'une loi vient d'être violée ou pourrait l'être, je me trouve indubitablement devant une loi humaine.

Violer une loi humaine est toujours possible, mais pas forcément intelligent, fructueux ou avantageux. La nature ne m'interdit pas de décocher un fulminant coup de pied aux fesses d'un policier occupé à glisser une contravention sous mon essuie-glace. La cible est à ma portée, je ne suis pas rivé dans un fauteuil roulant, aucun objet ne s'interpose entre le postérieur du sbire et la course de mon pied. Voilà pourtant un acte dont, jusqu'à maintenant, je me suis soigneusement abstenu, non que l'idée ne m'en soit venue, comme vous pouvez le constater. Mais je n'ai encore jamais pensé qu'il serait finalement avantageux pour moi de le faire. Par contre, je sais que j'éprouverais sans doute un plaisir à agir ainsi: j'imagine la réaction de surprise et d'indignation de ma victime et cela ne me déplaît pas. Cependant, ma connaissance générale de la nature humaine et de celle des pandores en particulier me déconseille de savourer ce plaisir, vif mais bref, qui serait sans doute suivi d'ennuis marqués et prolongés. Je crois (sans preuve pourtant) que ce policier n'est probablement pas habité d'idées claires et précises. Si peu d'entre nous le sommes! Je serais surpris qu'il réagisse de manière pondérée et lucide, me déclarant: «Vous exprimez votre désaccord avec mon geste de façon percutante, comme la nature vous le permet et comme vos idées vous contraignent à le faire. Comment auriez-vous pu ne pas me botter le derrière puisque vous en avez eu l'idée, que cette idée a engendré votre désir et que celui-ci s'est traduit par le geste qui me meurtrit le séant. Loin de moi de vous en vouloir: je demeure calme et serein devant l'application des lois de la nature et du hasard qui ont mis mon cul sur la trajectoire de votre pied alors que vous aviez en tête les idées qui ont déterminé votre geste. Cependant, votre action me déplaît. Je vais donc vous amener au poste, comme la loi de la nature m'y autorise, et porter plainte contre vous, pour tenter ainsi de vous dissuader de répéter ce geste à mon endroit ou à celui de mes bien-aimés collègues.» Je persiste à croire que de tels policiers sont extrêmement rares et que la probabilité que celui-ci soit du nombre est infime. Je m'abstiens donc, non parce que je le dois, mais parce que le geste m'apparaît comporter des risques inutiles.

Si les lois de la nature obligent à divers actes et en interdisent d'autres, elles demeurent muettes sur de nombreux sujets. La nature m'oblige à respirer pour vivre et m'interdit de voler comme le papillon, mais elle ne me dit rien quant à bien d'autres de mes actes. Je peux voler, violer, tuer, frapper ma femme et lancer des déchets sur la pelouse de mon voisin. La nature ne me contraint à rien de cela, mais ne me l'interdit pas non plus, du moins pas encore. J'y suis autorisé par la structure du monde dont je constitue une partie minuscule. La nature autorise toutes les mères à gifler leur fille; cette autorisation n'est refusée qu'aux mères manchotes, paralysées, impotentes ou dont la fille se trouve à une distance supérieure à la longueur du bras de sa mère. Toutes les autres le peuvent, en ont pleinement le droit naturel et le feront automatiquement si les conditions physiques et psychologiques (émotion appropriée: désir, colère, anxiété) sont présentes.

Parmi les éléments à propos desquels la nature demeure muette, n'ordonnant ni n'interdisant rien, on retrouve un nombre important de désirs humains. Nul d'entre nous ne peut lucidement affirmer que ses désirs et préférences doivent être satisfaits quand, où et comment il le souhaite. Si c'était le cas, tous nos désirs trouveraient automatiquement leur satisfaction. Or, nous savons bien qu'il n'en est rien. Florence aurait préféré que son mari Jules n'invite pas son patron à souper sans l'avertir. Elle déclare qu'il aurait dû l'avertir ou qu'il n'aurait pas dû inviter le patron. Elle érige en exigences ce qui ne constitue au fond que ses préférences. Tout se passe comme si elle adhérait à deux principes absurdes:

1. «Ce que je désire doit arriver même si cela n'arrive pas. Par ailleurs, ce qui me déplaît ne doit pas arriver, même si cela arrive.»

2. «Jules, animé par le désir d'inviter le patron, n'aurait cependant pas dû le faire puisque cela m'incommode.»

Le premier principe est contredit par les faits. Ce qui doit arriver arrive toujours et les événements qui, de par les lois de la nature, ne doivent pas arriver n'arrivent jamais.

Le second principe suppose que Jules aurait pu ne pas inviter le patron ou qu'il aurait pu, à tout le moins, en avertir Florence.

Les deux comportements (ne pas inviter, avertir) demeurent théoriquement possibles, mais concrètement impossibles si on tient compte des idées qui sont venues ou ne sont pas venues à Jules et dont la présence ou l'absence a déterminé ses émotions et ses actes. Il était concrètement impossible que Jules n'invite pas le patron puisqu'il croyait qu'il était, par exemple, avantageux, prudent ou opportun pour lui de le faire. Quand on a de telles idées en tête, on invite le patron. Quant à avertir Florence, ou bien il n'y a pas pensé ou, si cette idée lui est venue, elle n'a pas survécu assez longtemps dans son esprit pour qu'il avertisse sa femme. Florence commet donc une double erreur: elle affirme deux idées illogiques («Il n'aurait pas dû inviter le patron» et «Il aurait dû m'avertir») et, de plus, elle engendre maladroitement chez elle une dose d'hostilité et de ressentiment à l'endroit de Jules qui vient s'ajouter à la tristesse qu'elle éprouve dans cette situation. De plus, son ressentiment envers Jules pourrait bien l'amener à avoir envers lui des gestes (reproches, bouderies, etc.) qui lui fourniraient à lui l'occasion d'avoir des idées, des émotions et des actes contraires aux préférences de Florence, qui, à son tour... et ainsi de suite. Voilà comment les guerres commencent!

Il est donc immensément plus judicieux de se soumettre à la réalité. Ainsi, dans l'exemple qui précède, il est doublement logique pour Florence d'accepter que son mari avait le droit d'inviter son patron à souper et n'était nullement tenu de l'avertir. Elle obtient ainsi un double gain. D'abord, elle demeure dans la vérité, ce qui pourrait lui apporter une certaine satisfaction intellectuelle et, de manière plus immédiatement agréable, elle évite d'éprouver ressentiment et hostilité (et toutes leurs retombées possibles dans l'action) en plus de la tristesse et du désappointement qu'elle vit déjà devant la présence inopinée du patron à la table familiale.

Vous me direz que cette soumission à la réalité des choses n'est pas toujours opportune, que la révolte peut amener des changements (sociaux, par exemple) souhaitables et qu'à force d'accepter sans mot dire ce qui se passe, on finit par se transformer en carpette sur laquelle les autres s'essuient impunément les pieds.

La première partie de votre objection présente une certaine valeur alors que la seconde ne témoigne que de votre ignorance des mécanismes humains. Il est vrai que la révolte peut, par accident, être suivie de résultats positifs. C'est le cas pour toutes les émotions désagréables. Il arrive que leur présence et leur expression amènent des résultats apparemment désirables. Me rendant à l'aéroport en taxi, j'entame avec le chauffeur une âpre discussion sur un sujet futile. La discussion dégénère en dispute. Je prétends que le pape se rase avec un rasoir à lame alors qu'il soutient que le pontife utilise un rasoir électrique. Nous nous échauffons l'un et l'autre et, finalement, le chauffeur outré m'expulse de son taxi à trois kilomètres de l'aéroport. Je rate mon avion de justesse, mais c'est pour le voir s'écraser en bout de piste en une boule de feu qui consume tous les passagers. Heureuse dispute qui m'a permis d'éviter ce sort cruel! Sans doute, mais un tel résultat exceptionnel ne pourra servir de prétexte pour recommander à tous les passagers d'un taxi de se disputer amèrement avec le chauffeur à propos de vétilles. Habituellement, de telles disputes demeurent nuisibles et ce n'est que par accident qu'elles sont suivies de bons résultats.

De même pour la révolte et l'hostilité. Le propriétaire de Jeanine lui annonce qu'il double le loyer de son appartement. Jeanine fait une scène au personnage, crie, hurle, tempête, le menace de mille morts. Il se peut que cela impressionne assez le proprio pour qu'il abandonne son projet. Il se peut également que cette décharge d'hostilité lui donne l'occasion de s'irriter lui-même et le conduise à évincer Jeanine de son appartement.

Si Jeanine reconnaît le droit naturel du propriétaire d'augmenter son loyer comme il le fait, elle demeurera calme, sans ressentiment ni colère. Il serait donc faux de prétendre qu'elle refoule sa colère: on ne peut refouler une émotion absente. Elle demeurera cependant frustrée et ennuyée de cette situation et il lui demeure possible de faire appel, par exemple, à la Régie du logement pour faire casser la décision illégale (mais non naturellement interdite) du propriétaire.

Il est donc possible, sans se mettre en colère, de poursuivre des objectifs avec acharnement et détermination. Il est d'ailleurs fréquent qu'une personne se mette en colère en prétendant que ceux qui la frustrent ne devraient pas le faire et ne fait pourtant aucun geste qui la rapproche de son objectif. Cette colère est souvent refoulée et n'est suivie d'aucun résultat positif. Combien de fois ai-je entendu des gens me raconter avec amertume les mauvais traitements dont ils étaient victimes de la part de leur mari, de leur patron, de leurs enfants, de leurs parents. Mais c'est à moi qu'ils racontaient ces choses et exprimaient leur colère. Comme, ordinairement, je ne peux ni ne veux intervenir dans la vie privée des gens qui me consultent, il eût probablement mieux valu que mes interlocuteurs expriment leur colère à ceux qui leur donnaient l'occasion de la faire naître. Cela aurait peut-être pu dissuader ces gens de continuer à les persécuter. Mais quand Geneviève se plaint à moi que son mari la bouscule ou que ses enfants l'exploitent, cela ne lui donne rien que le soulagement temporaire de partager avec une autre personne, plus ou moins sympathique, les tracas de son existence. Se plaindre au mari et aux enfants lui serait peut-être plus utile.

Il ne s'agit pas cependant de la méthode idéale. La colère, même exprimée, constitue un poids désagréable pour la personne qui l'éprouve et peut également donner l'occasion aux autres de devenir à leur tour hostiles et vindicatifs et de lui faire payer cher l'expression de sa colère, comme dans le cas du policier botté. Reste alors la possibilité de réclamer avec clarté et énergie, mais sans colère, un changement dans les comportements déplaisants des autres. Si Geneviève déplore que son mari lui coupe sans cesse la parole ou que ses enfants exploitent sa bonne volonté, elle peut souvent leur exprimer son ennui devant leurs comportements et réclamer de leur part un changement d'attitude. C'est ce que les psychologues, dans leur jargon, appellent «s'affirmer». Je pénètre un jour dans un supermarché pour y acheter deux cents grammes de beurre et un pain. Avec ces deux produits, je me dirige vers les caisses. Comme bien des supermarchés, celui-ci offre une caisse dite «rapide» destinée aux acheteurs qui ne se procurent que quelques denrées. Une affiche identifie clairement cette caisse et annonce que ne doivent s'y présenter que les clients porteurs de moins de six articles. Quelques personnes font la queue à cet endroit et la dernière pousse devant elle un chariot contenant au moins une vingtaine de produits. C'est son droit naturel; elle n'a peut-être pas vu l'affiche, ne sait pas lire ou, plus probablement, désire comme moi quitter les lieux le plus rapidement possible. Voilà pourquoi elle s'est présentée à cette caisse, même si le règlement de l'établissement le lui interdit. Il s'agit bien d'une loi «violable» puisque Mme X s'apprête à la violer. Quel choix d'actions s'offre à moi? Je pourrais me placer derrière elle en maugréant intérieurement contre tous ceux qui ne savent pas vivre et ne respectent rien. J'écarte cette solution comme inefficace: elle me troublerait émotivement (colère) et ne me rapprocherait pas de mon objectif de passer à la caisse le plus rapidement possible. Je pourrais me mettre derrière elle sans maugréer, en supportant stoïquement les avanies de la vie. J'évite le premier inconvénient de la solution précédente (inconfort émotif), mais pas le second (temps perdu). Je pourrais lui manifester ma colère verbalement ou non verbalement en espérant qu'elle me cède la place sous l'empire de la peur. Cette solution me fait encore supporter les inconvénients psychologiques de la colère. Son efficacité n'est d'ailleurs pas assurée. Je risque de me fatiguer pour rien. Je pourrais poliment lui demander de me laisser passer devant elle mais, une action valant mille mots, je finis par me placer devant elle sans rien dire. Il sera toujours temps de m'expliquer. Sa réaction ne se fait pas attendre: «Que faites-vous?» demande-t-elle d'un ton indigné. Sublime question! «Comme vous le voyez, je me place devant vous.» «Il n'en est pas question, rétorque-t-elle. Prenez votre place au bout de la queue.» «Madame, vous n'avez sans doute pas remarqué que cette caisse est destinée aux acheteurs qui se procurent moins de six articles. Le règlement de cet établissement m'autorise donc à passer devant vous, comme je le fais.» (Inutile de lui parler de la loi de la nature, etc.) Elle tempête, fulmine et réclame la présence du directeur du magasin. Ce dernier se présente et demande à connaître la cause du tumulte. Pendant ce temps, les acheteurs qui me précèdent quittent le magasin. Tout le monde rigole, sauf la dame, qui est devenue cramoisie. Le directeur, étant l'auteur du règlement sur lequel j'appuie ma prétention, me donne évidemment raison. S'il ne l'avait fait, j'aurais cédé la place, mais non sans lui demander son nom en vue de porter plainte au bureau-chef de la compagnie propriétaire du magasin. Enfin, je quitte l'établissement avec mon beurre et mon pain, sous les invectives de la dame. Je pars sans son estime, c'est vrai, mais pour l'obtenir ou, du moins, me préserver de sa réprobation, il aurait fallu que je lui plaise aux dépens de mon propre plaisir. Or, je n'ai que faire de l'affection de cette dame (non que je la méprise) et sa haine ne me nuit nullement. J'ai mon beurre et mon pain et je pars heureux, sans être privé d'un produit superflu. Je n'aurais évidemment pas agi ainsi si, au lieu de cette dame, j'avais eu affaire à quelque corpulent et agressif personnage. Mon objectif demeure de retourner chez moi rapidement, sans faire un détour prolongé par l'hôpital

Une telle méthode ne sera guère valable si je prétends conserver des rapports harmonieux et rentables avec l'autre personne. Dans le cas du supermarché, comme je n'avais, de ma vie, vu cette dame et comme je ne prévoyais nullement la revoir, il n'était pas utile pour moi d'adopter des procédures pour conserver son affection ou du moins éviter le rejet que ma démarche risquait d'entraîner. Quand la situation est différente, la solution adoptée peut aussi être très différente et on pourra alors s'y prendre autrement, toujours sans colère exprimée ou refoulée.

Prenons le cas de Benoît, un jeune homme de vingt-six ans, qui me dit qu'il courtise assidûment Élise, une jeune fille belle comme le jour. Ils se voient plus ou moins clandestinement, car les parents d'Élise, de vieux conservateurs selon Benoît, refusent obstinément de favoriser les amours de leur fille et de mon client. Selon eux, Benoît, qui porte les cheveux longs et revêt habituellement un jean plutôt délavé, ne constitue pas un parti convenable pour leur fille. Benoît rage contre ces parents absurdes (toujours selon lui) et déclare que rien ne l'empêchera de fréquenter l'élue de son cœur, que les difficultés augmentent son amour et qu'il projette d'affronter les parents d'Élise et de leur dire sa façon de penser en termes non équivoques. Je lui suggère plutôt de s'immiscer dans leurs bonnes grâces, de se faire tailler les cheveux et de laisser pour un temps le jean dans un tiroir. «Mais ils me jugent sur ma chevelure et mes vêtements; quels imbéciles!» proteste-t-il. «Peut-être, mais voilà les idées qu'ils ont sans pouvoir, pour l'instant, en avoir d'autres. Ne vaut-il pas mieux opérer un repli stratégique pour éventuellement remporter la victoire plutôt que de guerroyer sans profit contre des préjugés ancrés?» Benoît finit par se résoudre à adopter cette tactique; les parents d'Élise découvrirent qu'il était un charmant garçon et l'accueillirent dans leur foyer. Il finit par épouser Élise, se laissa de nouveau pousser les cheveux longs et retrouva avec émotion son jean chéri. Les parents d'Élise, maintenant rassurés et convaincus que tous les personnages aux cheveux et porteurs de jeans ne sont pas forcément des chenapans, se bornèrent à quelques taquineries sans conséquence. Il n'est guère indiqué de faire preuve d'intolérance envers l'intolérance des autres.

Une autre de mes clientes, Mariette, était une jeune intervenante sociale exerçant sa profession au sein d'une agence gouvernementale. Elle se plaignait amèrement de la nouvelle directrice de l'agence, Fernande. Mariette avait connu d'heureuses années auparavant sous la gouverne de Sonia, une directrice décontractée qui lui faisait confiance et supervisait son travail sans la harceler ni exiger qu'elle justifie en détail chacune des procédures que Mariette appliquait auprès de sa clientèle. Fernande arrive et, comme bien des personnes qui occupent pour la première fois un poste de direction, éprouve une anxiété qui la pousse à exiger du personnel qu'elle dirige de nombreuses vérifications superflues. «Je la déteste... Elle m'horripile... C'est une folle... Elle va me rendre marteau...», déclamait Mariette. Elle songeait à démissionner de son poste (qu'elle adorait pourtant) pour chercher ailleurs un patron plus amène. C'était possible, mais il existait peut-être une solution moins coûteuse pour elle. Pourquoi ne pas tenter de neutraliser Fernande en lui offrant de multiples occasions de calmer l'anxiété qui l'amenait à adopter envers Mariette de si ennuyeuses attitudes? Je recommandai à Mariette de flatter adroitement Fernande, par exemple en lui demandant son avis à propos de situations qu'elle aurait pu facilement régler elle-même. Mariette objecta que, si elle se livrait à ce manège, elle mentirait en prétendant se trouver démunie alors qu'elle ne l'était nullement. Je ne cesse de m'étonner du nombre de personnes qui sont prêtes à sacrifier des avantages notables sur l'autel de la vérité. Encore une fois, mentir n'est pas interdit, même si ce n'est pas toujours recommandable. On déclare souvent qu'il est «permis» de mentir pour une bonne cause, par exemple pour épargner à une personne une occasion de se déprimer ou de s'attrister inutilement. Je visite une vieille dame timide qui a facilement la larme à l'œil. Elle m'offre des biscuits qu'elle a elle-même confectionnés, mais qui sont durs comme la roche et ont un goût que je n'aime pas. J'en croque plusieurs et j'en réclame même d'autres. Je demande à en emporter chez moi où, sans nul doute, je les mettrai à la poubelle. Il serait absurde et cruel de lui dire la vérité. Tout le monde (sauf les entêtés) s'accorde pour conclure que, pour une telle cause, mon mensonge est justifié. Mais est-il une meilleure cause que la mienne et pourquoi m'interdirais-je de dissimuler mes propres sentiments pour la défendre et la promouvoir, surtout en ces cas où je ne nuis nullement à l'autre personne?

Mariette finit par accepter l'expérience. Elle mutiplia ses demandes d'aide à Fernande: «Fernande, as-tu une minute? J'aimerais connaître ton avis dans le cas de la famille Berthiaume.» Cette dernière, flattée de partager son expérience avec une praticienne plus jeune qu'elle, lui prodiguait des conseils dont Mariette n'avait nul besoin. Mariette s'exclamait à l'occasion devant la sagacité de Fernande, déclarant qu'elle n'aurait pas pensé à cela toute seule, etc. En conséquence, Fernande assouplit rapidement son style de supervision envers Mariette et cessa d'exiger d'elle d'ennuyeux rapports détaillés pour ses moindres interventions. Résultats: la patronne était rassurée et l'employée délivrée de ses ennuis. La colère qui, auparavant, brouillait le jugement de Mariette s'était évaporée et les principes idiots qui l'empêchaient de recourir à une démarche de neutralisation de son patron avaient disparus. Mariette parvint à atteindre les objectifs dont ses idées déraisonnables l'écartaient, et ce à un coût infime: quelques compliments. Que peut-on souhaiter de mieux?

«Mais, pourquoi est-ce toujours à moi de fournir ces efforts?» s'exclament ici certains de mes interlocuteurs. Je leur réponds toujours que rien ne les y contraint, qu'ils sont bien libres de les fournir ou non mais que, si je gèle au coin d'un feu expirant alors que personne d'autre ne semble disposé à l'alimenter, il peut être utile, lucide, opportun, profitable pour moi d'aller chercher des bûches. Il ne sert à rien de prétendre indéfiniment que les autres devraient se comporter comme il me conviendrait quand ils n'ont pas en tête les idées qui les amèneraient à agir ainsi. Comme je ne peux changer les idées et les émotions des autres, il me reste la possibilité de modifier les occasions qui s'offrent à eux de devenir anxieux. C'est mon avantage que je poursuis alors lucidement, sans me laisser entraîner par des considérations superflues concernant mon droit ou mes principes plus ou moins inadaptés. «Mieux vaut un lapin vivant qu'un lion mort», répétait souvent l'un de mes vieux professeurs. Je n'ai guère envie d'être un martyre et, si on m'ordonne de brûler de l'encens à Jupiter ou, si je refuse, de monter moi-même sur le bûcher, je demande tout de suite où est l'encens. Si vous préférez mourir pour défendre vos principes, libre à vous. Cependant, il m'apparaîtrait inconvenant que vous vous plaigniez des ennuis que la fidélité à vos principes vous apporte. C'est bien votre droit de vous mettre en colère, de blâmer les autres, de pester contre les «injustices» de ce monde et de vitupérer contre tous ceux qui, par pure méchanceté, dites-vous, s'opposent à votre bonheur. Mais tout cela vous sera-t-il de quelque utilité? Mourir dans la gloire après une vie pénible ne me séduit guère et il ne me servira à rien d'avoir laborieusement revendiqué mes droits quand je serai mort et enterré.

J'arrive donc avec vous à la conclusion que toute exigence absolue, que toute proclamation qu'un événement qui se produit ne devrait pas se produire ou qu'un autre qui n'a pas lieu devrait avoir lieu constitue une absurdité nocive pour celui qui y croit. Certaines erreurs et absurdités n'entraînent que peu ou pas d'inconvénients pour une personne. Croire que Tokyo est la capitale de la Corée ou que le lapin de Pâques existe vraiment ne vous causera guère d'ennuis sauf, par exemple, lors d'un concours où une mauvaise réponse pourrait vous empêcher de gagner un lot intéressant. Il n'en est pas ainsi de l'erreur qui consiste à croire que l'univers ou une de ses parties (le geste du policier, les préjugés des parents, les vérifications inutiles, etc.) devrait être différent de ce qu'il est. Cette prétention donne naissance à l'hostilité ou à la culpabilité, deux émotions souvent dévastatrices qui se traduisent par des actes personnellement et socialement nuisibles.

# CHAPITRE 6

*Sous les besoins se cachent souvent les exigences absolues.*

L'exigence se glisse dans notre esprit sous de multiples formes et revêt souvent les oripeaux du besoin. Il existe, à propos de cette notion, une confusion incroyable, source d'ennuis interminables. Le terme a connu, depuis quelques années, une popularité redoutable, en partie sous l'influence de psychologues comme, entre autres, Abraham Maslow, auteur de la célèbre pyramide des besoins, théorie proposée il y a déjà presque trente ans, dont on retrouve des vestiges abondants même dans des manuels scolaires destinés aux jeunes élèves du primaire. Certaines aberrations ont la vie dure.

Quand une personne emploie le terme besoin, elle peut vouloir dire deux choses fort différentes (d'où la confusion possible). Si je déclare que j'ai besoin d'un marteau, tout le monde me demandera d'abord pourquoi. Cette question permet déjà d'évacuer la notion absurde de besoin absolu. Il n'y a aucun sens à affirmer tout court que j'ai besoin d'un marteau. Tout besoin est relatif à une utilité, un usage quelconque. Je réponds que j'ai besoin du marteau pour enfoncer un clou dans une pièce de bois. Il est clair qu'en effet, le marteau est remarquablement adapté à cet usage. Il est également clair que si je n'arrive pas à mettre la main sur un marteau, je peux quand même atteindre mon objectif (enfoncer le clou) en utilisant un autre outil ou objet. Nous sommes en présence d'un besoin remplaçable. Pour enfoncer un clou dans une pièce de bois, un marteau est certes utile, sans être nécessaire.

Il en va autrement si je dis que j'ai besoin de manger pour vivre. Ici, aucun produit de remplacement. Absorber des aliments est non seulement utile à ma survie: c'est nécessaire et irremplaçable. J'aurais beau aspirer de grandes goulées d'air frais ou écouter Pablo Casal jouer divinement du violoncelle pendant des heures, je finirai par mourir si je ne m'alimente pas du tout. Voilà un besoin, non pas absolu, puisqu'il est relatif à ma survie, mais irremplaçable pour atteindre cet objectif. Il faut vraiment que je mange pour survivre alors qu'il ne me faut pas rigoureusement un marteau pour enfoncer le clou.

Faute d'opérer cette distinction et donc, en conséquence, en prenant des besoins remplaçables pour des besoins irremplaçables, on tombe dans la confusion, source d'émotions pénibles au premier rang desquelles se range l'anxiété ainsi que tous les désordres qui l'accompagnent. À ce propos, je raconte souvent à mes étudiants le bref apologue suivant.

Nadine ne se sent pas très bien depuis quelque temps: chaleurs, vapeurs, étourdissements, vagues douleurs en des points inusités de son corps. Elle consulte le D^r^ Bienportant qui, après avoir écouté le récit de ses symptômes, la soumet à une batterie de tests et d'analyses diverses et lui fixe rendez-vous deux semaines plus tard pour l'informer des résultats. Nadine se présente donc au cabinet du médecin au jour dit. Ce dernier lui tient alors ce discours: «Chère Nadine, j'ai deux nouvelles à vous apprendre: une bonne et une mauvaise.» «Commençons par la mauvaise, dit Nadine, ainsi, ce sera fait.» «J'ai l'immense regret, poursuit le toubib, de devoir vous apprendre que vous êtes atteinte du mal de Plouc, une maladie affreuse et incurable, qui conduit à la mort après des années de souffrances atroces contre lesquelles les plus puissants cocktails d'analgésiques ne sont d'aucun secours. De toutes les maladies connues, le mal de Plouc est la seule, de plus, à s'accompagner d'une immortalité provisoire et donc à rendre impossible le suicide ou l'euthanasie de ceux qu'il frappe. On met trente ou quarante ans à mourir du mal de Plouc et chacune des secondes de ces années est peuplée de tortures inouïes qui feraient comparer celles de l'enfer au Club Med.» Quelle sera, pensez-vous, la réaction émotive de Nadine à cette nouvelle? Une intense dose d'anxiété, de terreur, une panique aiguë. «Attendez, de dire Bienportant, il y a aussi une bonne nouvelle. Mon confrère, le savant professeur Moromicrobes, a, il y a quelques années, découvert un médicament qui, sans guérir du mal de Plouc, prévient l'apparition des douloureux symptômes. Vous voyez ces petites pilules roses? Eh bien! il vous suffit d'en prendre une de temps en temps pour vous prémunir contre les douleurs que je mentionnais. On trouve ce médicament dans toutes les pharmacies au monde pour une somme dérisoire.» Comment se sentira alors Nadine? Immensément soulagée, euphorique, pleurant de joie. «Cependant, ajoute le médecin, je m'en voudrais de ne pas mentionner un détail qui a peut-être son importance. Le médicament découvert par le professeur Moromicrobes perd son efficacité avec le temps et doit donc être renouvelé régulièrement. Par ailleurs, Moromicrobes est le seul à connaître le secret de sa composition et, plutôt misanthrope, il a souvent déclaré qu'il emporterait le secret avec lui dans la tombe. Or il est âgé de quatre-vingt-treize ans et les journaux rapportaient récemment qu'il avait le cœur malade.»

Comment pensez-vous que Nadine va se sentir? Encore et de nouveau anxieuse. Elle croit, et avec raison, qu'elle a un besoin irremplaçable du médicament de Moromicrobes, pour échapper aux affreuses douleurs entraînées par le mal de Plouc. Or, Moromicrobes peut mourir n'importe quand, emportant avec lui son remède et condamnant ainsi Nadine à ces douleurs. Quand Nadine, après la première intervention du médecin, ignorait encore l'existence du médicament, elle se sentait affreusement anxieuse. Maintenant qu'elle sait que ce médicament existe, mais qu'elle peut en être privée n'importe quand, elle se sent tout aussi anxieuse. Voilà les effets de la croyance en un irremplaçable besoin, quand l'objectif à atteindre importe vraiment à la personne. Quand elle croit que ce besoin est insatisfait, elle éprouve de l'anxiété. Quand elle croit qu'il est satisfait, mais de manière incertaine, elle se sent encore anxieuse. Comment ne pas se sentir anxieux tout le temps, puisque tout peut nous être enlevé?

Maintenant, attardons-nous au cas de Louise, qui croit avoir un urgent et irremplaçable besoin de l'amour de Denis pour connaître quelque bonheur sur cette terre. Louise répète souvent: «Denis est tout pour moi... Avant de le connaître, ma vie était terne et sans joie... Son amour me fait vivre... Sans lui, je ne serais qu'une épave à la dérive sur un océan de malheur.» Louise se délecte de chansons d'amour, entendues à la radio et sur son baladeur. Ces chansons la confirment sans cesse dans sa croyance: l'amour de Denis est unique, irremplaçable; sans lui, la vie ne serait qu'une torture insupportable et l'antichambre d'une mort libératrice. Louise pense souvent qu'elle se tuerait si elle apprenait que Denis la trompe, lui préfère une autre fille, etc. L'anxiété qui hante Louise est créée par l'idée qu'elle se fait de l'amour de Denis; pour elle, cet amour est essentiel à son bonheur et rigoureusement nécessaire. Comment jouir d'un bonheur même modeste quand on redoute sans cesse de le perdre? Je reviendrai sur ce sujet plus tard en parlant du rôle que peut jouer l'amour dans votre vie.

L'idée du besoin irremplaçable constitue donc une autre expression de l'exigence. Heureusement, cette idée est presque toujours fausse. S'il est vrai d'affirmer que j'ai besoin de m'alimenter pour vivre, il est manifestement faux de déclarer qu'il faut que je mange un steak ce soir, que j'ai besoin de ce steak et que ma survie ou mon bonheur sont sérieusement compromis si j'en suis privé. Sur ce point, la nature a bien fait les choses. Les humains ne sont finalement intéressés qu'à une seule chose: leur bonheur. Ils le tissent de mille manières, selon leurs goûts et selon les circonstances de leur vie. Si un plaisir n'est pas disponible ou qu'il cesse de l'être (Denis cesse d'aimer Louise alors que cet amour plaisait à Louise), il est possible pour celle-ci de remplacer l'amour de Denis par une foule d'autres «produits». Cependant, elle ne le fera que si elle n'a pas erronément défini cet amour comme irremplaçable et nécessaire à son bonheur. Cette idée l'empêcherait de chercher (et de trouver peut-être) une autre source de bonheur; en effet, comment chercher à remplacer un élément préalablement déclaré irremplaçable? Au supermarché du bonheur, Louise se retrouve devant une tablette vide: l'amour de Denis pour elle n'est plus disponible. «Comme c'était bon et agréable», gémit-elle. Sans doute, mais il n'y en a plus, Denis livrant maintenant ses produits amoureux à un autre supermarché ou ayant tout simplement fait faillite. Que faire? L'option la moins intéressante consiste pour Louise à s'éterniser douloureusement devant la tablette vide en se remémorant interminablement les plaisirs que le produit épuisé lui apportait. Autour d'elle, d'autres tablettes sont chargées de produits délectables, qu'elle n'a peut-être jamais tenté de déguster puisqu'elle s'était intoxiquée de l'amour de Denis et ne consommait presque exclusivement que ce produit («vivre d'amour et d'eau fraîche»). L'idée qu'elle a en tête: «J'ai besoin, pour être heureuse, de l'amour (exclusif, complet, total, permanent, sans cesse croissant) de Denis» lui a non seulement causé de l'anxiété pendant que Denis l'aimait, mais a entraîné maintenant chez elle le désespoir depuis que Denis l'a quittée. De plus, cette croyance absurde la rive dans l'inactivité, l'empêchant de remplacer un bonheur disparu par un autre, différent sans doute, mais peut-être encore plus savoureux. Voilà comment on se met en boîte soi-même, à cause d'une croyance folle mais hélas! combien répandue.

L'exigence s'exprime encore par un emploi immodéré des «il faut», «on doit», «il est essentiel» qui parsèment trop souvent le langage intérieur de tant d'entre nous. Certaines personnes semblent frappées de ce que j'appelle la «ilfautite» aiguë. À les entendre, le moindre de leurs désirs doit être immédiatement et complètement satisfait pour éviter des conséquences redoutables. Tout leur est nécessaire et ceux qui s'opposent à leurs exigences sont immanquablement décrits comme d'abominables individus dignes de leur juste colère. Le phénomène serait plutôt rigolo s'il n'était suivi de désordres émotifs aussi pénibles. «Il faut absolument que mon fils réussisse ses études», proclamait Robert, père d'un adolescent plus amoureux de la guitare que des équations. Et alors? L'échec éventuel du petit serait-il le prélude inéluctable d'une abominable fin du monde? Entend-on en sourdine les anges s'exercer à la trompette pour annoncer le cataclysme final? Et même pour ce qui ne concerne que la vie de Robert, cette vie se déroulera-t-elle fatalement dans un malheur total s'il arrive que son fils loupe ses examens? Or, si le fils néglige ses études et rate son entrée à l'université, cela doit arriver, cela doit se produire, c'est ce que l'univers a décrété dans l'entrelacement inextricable des causes et des effets, c'est ce que les idées et croyances du fils, intervenant par hasard dans son esprit, ont amené comme résultat et Robert aurait beau hurler, maudire les dieux et taper du pied, cela ne changera pas un iota à la situation. Les feuilles de certains arbres jaunissent et tombent à l'automne, les marées montent et descendent à un rythme déterminé par la lune et il arrive que certains enfants, s'intéressant plus à la guitare qu'aux équations, soient recalés. Vous voudriez que l'univers fasse pour vous une exception, qu'il ne pleuve que quand cela vous convient et que la foudre tombe partout autour de vous sans jamais frapper votre domicile? Mais pour qui vous prenez-vous? Pensez-vous avoir quelque droit d'être épargné, que la nature suspende ses éternelles lois pour vous accommoder et que votre fils réussisse à son baccalauréat après avoir passé des années à gratter sa guitare sans jamais étudier? Ce qui doit arriver arrive, et toutes vos protestations indignées n'y changeront rien.

Parlons un peu de vos présumés droits. Le journal de ce matin reproduit un article d'un juriste bien connu affirmant que le rétablissement de la peine de mort dans notre pays serait non seulement inefficace, mais s'opposerait de plus à la «loi naturelle» (*La Presse,* 25 septembre 1995, p. B-3). Voilà une déclaration plus sincère que bien avisée. L'auteur écrit que «la vie étant un droit acquis de naissance, la peine capitale restera toujours un crime contre la loi naturelle». Je ne sais quelle idée se fait l'auteur de la loi naturelle, mais il semble bien que si, par ce terme, on désigne la manière dont le monde que nous habitons est fait, il est clair que cette loi n'interdit ni la mort ni la mise à mort puisque ces deux événements se produisent, le premier pour tous les humains et le second pour certains d'entre eux. Quant à prétendre que la vie constitue un droit, on s'attendrait qu'un juriste comprenne que le droit découle de la loi. Ainsi, j'ai le droit d'arroser ma pelouse deux fois par semaine: voilà ce qu'a décrété la municipalité où j'habite. Les autres jours, je n'en ai pas le droit. Si je me réfère à la «loi naturelle», je constate que celle-ci ne me reconnaît nullement le droit de vivre, du moins éternellement, mais plutôt que l'ordre de l'univers me condamne à mort dès ma naissance. Ne vous y trompez pas: je ne suis pas en faveur de la peine de mort. Non pas parce que cette mesure violerait une quelconque «loi naturelle», mais à cause de son inefficacité pour réduire le crime et des abus possibles (erreurs judiciaires, vengeances, etc.) que son emploi risque de provoquer.

Les humains n'ont d'autres droits que ceux que leur confère la nature et ceux que leur reconnaissent les diverses lois humaines. Ainsi, quand Guillaume proclame qu'il a bien le droit d'être, dans sa vieillesse, bien traité par ses enfants auxquels il a prodigué ses soins pendant leur jeunesse, il déclare que ses enfants devraient le traiter comme il le souhaite. Or, rien dans la nature n'ordonne un tel traitement. Les enfants traitent leurs vieux parents comme ils jugent à propos de le faire, selon les idées qui leur viennent. La nature ne leur interdit pas de les entourer d'affection, mais ne leur interdit pas non plus de les rejeter comme de vieilles savates. Cela est peut-être malheureux, ennuyeux, pénible et désagréable et, si la chose m'arrive, je souhaiterai peut-être que la nature ait prévu un autre ordre des choses. Mais je ne pourrai jamais logiquement prétendre que mon sort est injuste. Pour qu'il le soit, je devrais démontrer que je mérite un traitement particulier. Or, nous ne méritons rien, ni le bien, ni le mal, ni d'être traités comme nous le désirons, ni l'inverse.

Je présente souvent à mes étudiants mes deux personnages Albert et Bernard. Albert, honorable père de famille, accomplit ses «devoirs» de père et d'époux avec constance et application. Il est un excellent père, époux et citoyen. Il fait don de ses économies aux œuvres de charité, visite des malades et des aliénés pendant ses rares heures de loisir, il ne boit pas, ne fume pas et ne fréquente pas le casino. Il élève ses enfants dans l'amour et le respect des autres, leur répétant sans cesse:«On ne bâtit pas son bonheur sur le malheur des autres» ou encore: «Tout être humain, si repoussant soit-il, est un frère que nous devons chérir.»

Son voisin, Bernard, ne saurait être plus différent. Ivre du matin au soir, battant sa femme et ses enfants, commettant l'inceste sur les garçons et les filles, volant tout ce qu'il peut, trafiquant les drogues les plus nocives. Il répète souvent à sa famille: «Attaque le premier avant qu'on te passe sur le dos» et «Tous les autres ne sont que des moutons bons à tondre».

Lundi matin. Albert sort de chez lui fort tôt puisqu'il se rend à son pénible travail à pied. Il épargne ainsi le coût du transport en commun, ce qui lui permet d'offrir parfois un géranium à sa vieille maman. Passant près de la pelouse de son voisin Bernard, il remarque que le vent y a poussé un petit bout de papier qui vient s'ajouter aux immondices qui la recouvrent d'ailleurs. N'écoutant que son bon cœur, Albert se penche, attrape le bout de papier et va le déposer dans la corbeille disposée à cet effet par la municipalité. Ce geste altruiste le retarde de treize secondes dans son itinéraire habituel. Par conséquent, onze minutes plus tard, passant sous la fenêtre de sa vieille maman, il reçoit sur la tête, du haut de trois étages, l'énorme pot de géraniums qu'il lui avait offert le dimanche précédent et que le chat vient de bousculer en tentant d'atteindre un oiseau qui venait, après un long voyage, de se poser sur une branche du grand orme. Fracture du crâne, dommages irréversibles. Le voilà à l'hôpital, privé de ses sens et de l'usage de ses membres, réduit à l'état de légume. Sa femme est désespérée et se suicide trois mois plus tard. La vieille maman meurt de chagrin, ses enfants tombent dans le vice, devenant des associés de Bernard dans le crime organisé.

Albert méritait-il ou non son sort? Il le méritait certainement. Chacun des pas qu'il avait accomplis depuis sa naissance le menait à ce rendez-vous avec le pot. S'il avait été moins vertueux, il aurait probablement négligé le bout de papier sur la pelouse de Bernard et le pot serait tombé derrière lui. S'il avait été plus vertueux, il aurait cueilli deux ou trois autres papiers sur la même pelouse (ce n'est pas ce qui manquait). Le pot serait alors tombé devant lui. Non, il a été tout juste assez vertueux pour que le pot lui fracasse le crâne. La loi de la nature s'exprime ainsi: «Les pots de géraniums frappent le crâne de ceux qui se trouvent sous le pot au moment de sa chute.» Les actes vertueux antérieurs d'Albert, son style de vie, sa mentalité, tout cela le conduit au pot sans qu'on puisse le savoir d'avance. Il est la victime du hasard, c'est-à-dire de cet enchaînement inextricable de causes qui amènent les effets constatés. Il est donc tout à fait juste qu'Albert ait le crâne fracassé pendant que Bernard continue impunément à jouir sauvagement de la vie et à martyriser sa femme et ses enfants. Tout ce qui arrive est juste, conforme aux lois de la nature ou, si vous préférez, rien de ce qui arrive n'est injuste ni ne constitue une violation de ces lois.

Voilà qui n'est pas facile à avaler pour bien des gens. En tant qu'humains, nous semblons avoir une tendance innée à inventer des bêtises et, entre autres, à prétendre que ce qui nous blesse, nous frustre, nous déplaît, ne devrait pas exister. Les ennuis nous tombent quand même sur la tête, bien que nous protestions, nous plaignions et faisions tout un sabbat. Cela ne sert qu'à nous épuiser émotivement et à consommer en pure perte des forces qu'il vaudrait mieux consacrer à nous défendre contre les coups du sort ou contre les machinations ou les erreurs des autres.

# Chapitre 7

*Comme tous les êtres, les humains n'ont aucune valeur innée.*

L'un des plus sûrs moyens de se déprimer et d'entretenir des sentiments d'abattement consiste encore pour une personne à se dire qu'elle est une mauvaise personne, un déchet, un raté, un bon à rien. C'est ce que, avec un sourire en coin, je recommande à mes interlocuteurs s'ils désirent éprouver une vraie bonne dépression.

Cette pensée s'introduit souvent dans l'esprit à la suite d'un échec quelconque. Gaston n'accède pas au poste qu'il convoitait: on lui préfère un autre employé. Il est évidemment frustré et automatiquement triste. Il se peut aussi qu'il pense alors qu'il n'est qu'un bon à rien, ce qui va certainement le déprimer. Hélène est délaissée par son mari ou son amant au profit de Solange. Elle aussi est d'abord frustrée et triste, mais, si elle se raconte qu'elle n'est qu'une pauvre épave alors que Solange est une merveilleuse personne, elle va, elle aussi, se déprimer. Notez bien que ce ne sont pas les échecs et les rejets qui causent les sentiments dépressifs, mais bien l'évaluation négative que la personne fait d'elle-même à l'occasion de ces événements.

Quand Gaston et Hélène se parlent ainsi, que veulent-ils signifier? Évidemment qu'ils se croyaient dotés d'une valeur personnelle avant de subir l'échec ou le revers et que cette valeur a, depuis, connu une chute brutale ou a même atteint le point zéro. Ils étaient, pensent-ils, «bons» avant et les voilà «mauvais». Presque tout le monde croit fermement qu'il y a des bons et des méchants; les films d'Hollywood n'ont rien inventé, mais ne font qu'exprimer des préjugés généralement répandus chez les humains.

Les humains valent-ils quelque chose en eux-mêmes? Curieuse question quand on y pense. En effet, ce que nous appelons la valeur, par exemple d'un objet, est déterminé par le rapport qui s'établit entre la chose en question et les désirs (ou besoins) des divers «consommateurs» qui peuvent s'intéresser à elle. Si aucun consommateur ne se pointe à l'horizon, la chose conserve une valeur potentielle: elle pourrait valoir quelque chose un jour, dans la mesure où quelqu'un voudra se l'approprier, s'en servir ou en jouir. En attendant, elle n'a, en elle-même, aucune valeur perceptible. On pense ici à la fameuse question qui demande si un arbre qui tombe dans une forêt complètement inhabitée de tout humain ou de tout animal fait du bruit en tombant. La réponse est négative puisque le bruit se définit comme l'effet d'une onde sonore sur un tympan. Pas de tympan, pas de bruit. De même, pas de consommateur, pas de valeur. Il semble donc contradictoire de penser que nous sommes, en tant qu'êtres humains, dotés de quelque valeur intrinsèque reliée à notre nature, comme je l'ai moi-même affirmé pendant maintes années avec plus d'éloquence que de logique. Toute valeur attribuée à un être ne peut être qu'extrinsèque, déterminée par ce rapport entre ses caractéristiques et les goûts de ceux qui s'intéressent à elles. La valeur intrinsèque devient alors une pure création de l'esprit sans consistance interne et sans réalité objective.

La valeur d'un être varie évidemment d'une personne à l'autre et chez la même personne, selon les circonstances qui mettent sur son chemin des consommateurs plus ou moins avides de ses caractéristiques. Une même personne pourra être déclarée de haute valeur dans un contexte donné et de valeur nulle dans un autre. Le chirurgien expert qui me sauve la vie grâce à une opération d'une rare complexité ne me sera d'aucun secours pour réparer ma voiture ou mon ordinateur. Le chirurgien n'a pas changé: il est toujours le même, mais, dans des circonstances différentes, la valeur qui lui sera attribuée sera autre. Il en est ainsi pour tout ce qui existe. Un verre d'eau fraîche n'a pas la même valeur pour un Bédouin altéré que pour un habitant d'un pays abondamment arrosé. C'est nous qui attribuons une valeur aux choses et aux gens; ces choses et ces gens en sont totalement dépourvus en eux-mêmes.

Ainsi, quand Gaston et Hélène déclarent qu'ils ne valent rien, ils ne se trompent pas, s'ils parlent de leur valeur personnelle. Rien ne vaut rien à moins qu'un amateur ne lui attache ou attribue une valeur. Ce qui n'est désiré par personne ne vaut rien.

Je vous vois sursauter. En effet, les humains attachent, en général, beaucoup d'importance à leur fictive valeur personnelle. Ils croient facilement qu'elle peut croître ou décroître et qu'elle est différente d'un être à un autre. Ainsi, ils se croient supérieurs aux animaux et aux choses. Pourtant, ils choisiront tous un cheval vigoureux pour tirer la charrue plutôt que la plus aguichante et gracile des filles. Voyons, par exemple, Paul qui se croit supérieur à Pierre. Il tire cette conclusion de prémisses stupides. Paul est riche, vigoureux, jeune, en bonne santé et expert en informatique. Pierre tire le diable par la queue, vacille sur des jambes flageolantes, est courbé par les ans, perclus de rhumatismes et incapable de multiplier deux par deux. Bien des gens disent que Paul est une vraie vedette alors que Pierre ne vaut rien. Cependant, Pierre joue du violon à merveille et fait danser les couples d'amoureux sous les tonnelles. C'est lui qu'on invite aux noces et non Paul.

«Mais, me direz-vous, en général, Paul est supérieur à Pierre.» Je ne sais ce que vous voulez dire. Nous ne vivons jamais «en général» et toute notre existence se déroule dans le particulier. Pour arriver à déterminer la «valeur générale» d'une personne, il faudrait pouvoir arriver à une somme d'éléments disparates, incomparables les uns aux autres et ne pouvant être réduits à aucune équation. Pierre le violoniste est acclamé aux noces, mais rejeté par IBM. Voici un autre exemple: direz-vous que la valeur d'un être humain peut être mesurée par le degré d'utilité sociale de son action? Ainsi Pasteur et Mère Teresa se retrouvent en tête du peloton alors que Staline et l'affreux bonhomme qui viole les petites filles dégringolent à la queue. Les découvertes de Pasteur ont sauvé temporairement des millions de vie. Entre autres choses, elles ont permis à des «monstres d'inhumanité» d'échapper à la mort précoce qui en aurait délivré la planète. Sans les travaux de Pasteur, Staline aurait peut-être disparu, emporté par le croup à trois ans. Je sais bien que Mère Teresa est partout louée comme un modèle de compassion. Elle aussi sauve bien des vies; est-ce bon, mauvais, profitable ou nuisible à l'humanité? L'un des bébés qu'elle arrache à la mort sera peut-être un nouveau Staline. Le problème réside clairement dans le fait que nous n'avons aucun moyen de savoir si l'acte d'une personne est profitable ou nuisible tant pour elle que pour ses congénères.

Je sais bien que les humains continueront à s'évaluer les uns les autres et à s'évaluer eux-mêmes. Quand ils croiront que certaines personnes sont dotées d'une haute valeur, ils les admireront (sans forcément tenter de les imiter: qui veut déambuler en sandales dans les rues de Calcutta?). Quand, au contraire, ils leur attribueront une valeur basse ou nulle, ils les mépriseront et les condamneront. Si vous procédez à cette évaluation envers vous-même, vous passerez votre temps à vous glorifier et ensuite à vous déprécier, expérimentant ainsi le charme des montagnes russes émotives. Voilà qui est bien fatigant et complètement absurde. En effet, il n'existe ni bons ni mauvais êtres humains puisque personne n'est doté d'une valeur autre que celle que lui décernent les autres ou qu'il s'attribue lui-même, toujours à partir d'un raisonnement ridicule. Ce raisonnement consiste à conclure que ce qui me plaît est en lui-même bon et que ce qui me déplaît est mauvais. Ainsi, j'appelle bon le vin qui me plaît et mauvaises les carottes que je n'aime pas. Ce n'est pas grave lorsqu'il s'agit de vin et de carottes; la situation est autre quand je commence à appliquer ces qualificatifs à d'autres humains ou à moi-même. «Yves est un bon diable alors que Claude n'est qu'un beau salaud» m'amène à admirer Yves et à mépriser Claude. Ces deux émotions peuvent entraîner des actes néfastes pour moi. Je puis également adopter la même méthode envers moi-même et prétendre alternativement que je suis un héros ou un mécréant, avec les conséquences émotives de glorification ou de dépréciation qui s'ensuivent.

Évidemment, pendant que je m'amuse bêtement à m'évaluer moi-même et à évaluer les autres globalement, la nature continue à suivre son cours. Les humains agissent en fonction des émotions qui les envahissent à cause d'idées qui leur viennent au hasard. Car, ne nous y trompons pas, c'est par hasard que Pasteur s'est orienté vers la biochimie plutôt que de passer sa vie comme chiffonnier et il aurait suffi de bien peu de choses pour que Mère Teresa dirige un camp d'extermination plutôt que de soulager les miséreux de Calcutta. Quelques circonstances changées, deux ou trois idées différentes et la face du monde n'est plus du tout la même.

Évaluer mes actes et ceux des autres demeure une démarche apparemment plus logique, encore que non complètement sécuritaire. Si, en deux semaines, je fracasse trois voitures à la suite d'erreurs de manœuvre, je peux probablement conclure que je connais mal le maniement des voitures (et non pas que je suis un mauvais conducteur: je suis toujours un être humain). Mais, cela est-il bon ou mauvais pour moi? Impossible de le savoir. Ce que je qualifie de trois maladresses sont peut-être, sur un autre plan, trois suprêmes adresses. Elles m'auront peut-être permis d'éviter des ennuis encore plus douloureux que ceux que j'ai subis à la suite de ces «maladresses». Si je n'avais pas dérapé trois fois et atterri dans le fossé, que serait-il arrivé? N'ayant pas dérapé, j'aurais sans doute continué ma route pour, peut-être, être happé deux kilomètres plus loin par un rapide à un passage à niveau. Heureuse «maladresse»? Malheureuse «maladresse»? «Maladresse»? Qui sait?

Ainsi donc, si l'évaluation de ma personne ou de celle des autres constitue une démarche absurde, même l'évaluation de mes actes ou de ceux des autres ne peut arriver à aucune conclusion démontrable. Je ne sais jamais si ce que je fais est bon ou mauvais, profitable ou, au contraire, nuisible pour moi et les autres. De toute manière, je ne décide rien; tous les actes que j'accomplis sont déterminés par le hasard extérieur et/ou par celui de la venue des idées dans mon esprit. Je viens de planter des fleurs et des arbustes devant la maison que j'habite. Pourquoi? Parce que ça me plaisait; j'ai eu l'idée que cela enjoliverait les abords de la demeure et constituerait pour mes yeux un agréable spectacle. Mais ce parterre fleuri donnera peut-être l'occasion à quelque cambrioleur d'avoir l'idée qu'un tel extérieur témoigne d'un intérieur cossu. En conséquence de cette funeste (?) idée, il s'introduira chez moi pour y causer divers dommages. Et, si cela arrive, est-ce que ce sera bon ou mauvais pour moi? Je pourrai croire que c'est mauvais (sans preuves) et maudire l'idée qui m'a fait planter des fleurs et des arbustes. Je pourrai me qualifier d'imbécile et de maladroit alors que je ne puis être ni l'un ni l'autre, n'étant au fond qu'une machine au contrôle de laquelle est assis le hasard, une marionnette dont les fils sont tirés par l'univers qui m'entoure et dont je ne suis qu'un infime rouage.

Voilà finalement la seule «évaluation» que je puisse logiquement porter sur moi-même, mes actes, les autres et leurs actes. Nous ne sommes tous que des fragments de ce grand tout qu'on appelle l'univers, y jouant un rôle déterminé dont la nature nous échappe d'ailleurs totalement. Je ne louerai donc ni moi-même ni les autres, n'admirerai ni ne mépriserai personne ni moi-même. Je me réjouirai de ce qui me plaît et m'attristerai de ce qui me déplaît, encore que cette tristesse puisse être modulée si je me rappelle qu'au fond, je ne sais jamais si ce qui m'arrive m'est profitable ou nuisible. Si jamais je me révolte contre l'ordre des choses, il conviendra que je me souvienne que cette révolte elle-même est déterminée et fait partie de cet ordre. Nul d'entre nous n'échappe à l'ordre de la nature et même nos «désordres» sont ordonnés.

Je vous entends vous exclamer: «À quoi servent toutes ces élucubrations? Pourquoi se compliquer la vie à se poser toutes ces questions et à élaborer ces laborieuses réflexions? Vivons, que diable; je n'ai que faire de tout ce charabia.» Bon! Pensez comme vous voulez mais laissez-moi cependant attirer votre attention sur les possibles avantages de telles considérations. Si vous cessez de vous évaluer et d'évaluer les autres, ou si, du moins, vous vous livrez à cette activité plus rarement, vous vous délivrerez des sentiments dépressifs et du mépris qu'entraîne fatalement l'évaluation négative de soi et des autres. Votre vie émotive sera ainsi plus agréable. «Qu'à cela ne tienne, répliquez-vous, je m'appliquerai à m'évaluer positivement; je me dirai que je suis bon, honnête, une brave personne, un bon père, une bonne mère, un employé consciencieux, un fils respectueux et dévoué, un citoyen intègre, etc. Cela me fera chaud au cœur et quand sur moi pleuvront les reproches et le mépris des autres, je me consolerai en me disant qu'au fond, je suis un brave type.»

Je vous réponds: «Bonne chance!» J'ai déjà comparé l'évaluation de soi à un pantalon dont on enfile successivement les deux jambes. Si la première jambe, symbolisant l'évaluation positive de soi, est doublée de satin, la seconde, l'évaluation négative, est âpre, doublée de laine d'acier, un vrai cilice. Vous me dites que vous vous évertuerez à ne mettre du pantalon que la première jambe. Difficile, sinon impossible, à cause de vos regrettables habitudes antérieures. Ne vaudrait-il pas mieux que vous cessiez complètement de revêtir ce pantalon, dont la première jambe est aussi absurde que la seconde?

Car, ce n'est pas l'évaluation négative de soi qui est redoutable, mais bien toute évaluation de soi, tant positive que négative, la première menant presque fatalement à la seconde en plus de constituer une aberration logique. «Mais je me priverai ainsi du vif plaisir qu'entraîne une évaluation positive de soi-même. Il y a un grand réconfort à se dire qu'on est bon, honnête, valable, etc.» Sans doute, mais il s'agit d'un plaisir pervers que vous paierez presque certainement en monnaie de dépression quand votre tendance à vous évaluer glissera vers l'évaluation négative. Ne pourriez-vous trouver d'autres plaisirs moins périlleux? Le seul agrément de votre vie consisterait-il à vous adresser des compliments pour vous éviter d'entendre les voix intérieures qui vous chuchotent des reproches? Ne pourriez-vous vous amuser à faire des choses toutes simples: écouter de la musique, regarder les vaches brouter dans le champ ou le sourire émerveillé d'un enfant devant un hochet de dix sous, contempler les feuilles virer à l'écarlate, manger un hot-dog bien garni, résoudre des mots croisés astucieux, vous gratter l'oreille quand elle vous pique, prendre une douche rafraîchissante après avoir travaillé ou tenter de déchiffrer des hiéroglyphes: tous ces plaisirs, et des millions d'autres, ne vous causeront aucun trouble émotif. Vous n'aurez pas besoin de recourir à l'imbécile réflexion vous amenant à plastronner ridiculement et à vous réjouir d'une valeur personnelle, pourtant inexistante.

# Chapitre 8

*Les événements terribles, affreux, intolérables, inacceptables et catastrophiques n'existent que dans l'esprit de ceux qui les fabriquent.*

La manie de transformer mentalement des événements ennuyeux en horreurs et catastrophes constitue sans doute l'une des plus déplorables et coûteuses habitudes des humains. En effet, si Catherine pense que la perte de son emploi n'est pas seulement un événement désavantageux et frustrant (ce qu'elle ne sait pas), mais qu'il s'agit d'une infraction intolérable à ses «droits» ou d'une horreur insupportable, les émotions désagréables qu'elle éprouvera à l'occasion de cet événement seront certainement plus marquées et pénibles à supporter que si elle s'était contentée de décrire ces événements comme seulement désagréables.

Un événement ne peut jamais être plus que très pénible, extrêmement déplaisant. On ne peut logiquement monter plus haut sans déborder dans l'irréalisme. Le déplaisir est toujours au moins constitué par la présence de l'émotion «tristesse», plus ou moins marquée. Cette émotion désagréable intervient automatiquement grâce au mécanisme de la frustration que je vais maintenant explorer avec vous.

Pour bien des gens, la frustration constitue une émotion, désagréable d'ailleurs. Ces personnes confondent la frustration avec la tristesse qui l'accompagne immanquablement. En fait, la frustration (ou privation) constitue seulement un état de fait dans lequel une personne se trouvera placée si les deux conditions suivantes se réalisent. Première condition: il faut, pour être (et non se sentir) frustrée, que la personne soit habitée par un désir quelconque, conscient ou inconscient. Le désir est bien, lui, une émotion ni agréable ni désagréable, sans doute la plus répandue et la plus courante dans la vie des humains. Pour que Philippe désire une chose, il est requis et il suffit qu'il se représente cette chose comme bonne, avantageuse, profitable pour lui. Le caractère éternellement douteux de cette idée (nous ne savons jamais ce qui constitue vraiment notre avantage) n'empêche pas celle-ci d'apparaître quand même sans arrêt dans notre esprit. Voilà donc Philippe qui désire, disons, un morceau de tarte aux pommes. Dès cet instant, le voilà exposé à la frustration. En effet, une personne qui ne désirerait rien (et donc pas même de ne pas désirer) ne pourrait jamais être frustrée. Celui qui ne désire rien ne peut non plus être privé de rien. Cet état demeure théoriquement concevable, mais comme les idées germent au hasard dans notre esprit, tout être humain se trouve, au moins occasionnellement, habité par l'idée que tel ou tel événement lui serait profitable. Alors peut intervenir la seconde condition nécessaire à la concrétisation de la frustration. Il est alors requis et il suffit que l'élément désiré ne puisse être atteint pour que la personne se retrouve dans un état de frustration. Poussé par son désir de tarte aux pommes, Philippe ouvre la porte du réfrigérateur pour constater qu'il ne reste de la tarte que des miettes et l'assiette qui la contenait, laissée là par ses enfants qui, animés du même désir que lui (heureusement? malheureusement?), sont passés avant lui et ont englouti la tarte. Voilà Philippe plongé dans un état conscient de frustration. Remarquez bien que Philippe ouvre la porte du frigo à onze heures. Depuis quand est-il, à son insu, dans l'état de frustration? Tout dépend de l'heure à laquelle il a commencé à désirer la tarte. Disons dix heures. Eh bien! à neuf heures, Philippe est devenu (à son insu) vulnérable à la frustration: la tarte qu'il va désirer à dix heures n'est déjà plus disponible. Dix heures: Philippe commence à désirer la tarte, mais occupé à autre chose, il ne passe pas immédiatement aux actes. Dès cet instant, il est frustré sans le savoir; en effet, les deux conditions nécessaires à l'apparition de la frustration sont réunies à cette heure. À neuf heures, il en manquait une (son désir de la tarte). À dix heures, il désire une tarte qui n'existe plus, sans qu'il le sache. Le voilà inconsciemment frustré. À onze heures, il constate la disparition de la tarte et devient conscient de la frustration qui existe, en fait, depuis dix heures. Remarquez que la frustration n'est pas une émotion car, alors, Philippe aurait ressenti cette émotion à dix heures, heure à laquelle se sont trouvées réunies les conditions nécessaires à l'apparition de la frustration (désir, absence de tarte). Si vous éprouvez quelque difficulté à saisir ce mécanisme, remplacez le terme «frustration» par le mot «privation» et les choses devraient s'éclaircir. On ne peut être privé d'une chose qu'on ne désire pas. Or, la tarte disparaissant à neuf heures dans le ventre des enfants et le désir de tarte se manifestant à dix heures dans l'esprit de Philippe, il s'ensuit que Philippe a, dans les faits, été privé de tarte à dix heures.

La frustration-privation constitue donc un événement de la vie de Philippe, qu'il en soit conscient ou non. Il en est ainsi pour de nombreux événements de notre vie. On peut être malade (état) et l'ignorer. Une femme peut être enceinte sans le savoir. Après tout, quand elle consulte le médecin à la suite de l'interruption de ses règles et de l'apparition de divers autres symptômes, le médecin lui confirme qu'elle est enceinte depuis un certain nombre de jours ou de semaines, sa grossesse ayant effectivement commencé au moment de la fécondation de son ovule. On peut également être riche sans le savoir. L'oncle millionnaire de Denise meurt à San Antonio, laissant un testament qui en fait sa légataire universelle. Denise devient riche au moment où l'oncle Victor trépasse, même si elle ne l'apprend que des semaines ou des mois plus tard.

Revenons à Philippe devant l'assiette vide. Le voilà consciemment frustré et, dès lors, il lui devient possible d'interpréter cet événement que maintenant il connaît ou croit connaître. En effet, il est possible que les enfants n'aient pas encore mangé la tarte, mais ne l'aient qu'emportée dans leur repère pour la consommer à midi. Philippe ne serait pas alors effectivement frustré: la tarte serait encore disponible sans qu'il le sache. Peu importe que Philippe soit frustré ou qu'il croie l'être, la frustration (réelle ou présumée) devient pour lui un événement (réel ou fictif) qu'il va immanquablement interpréter. Les émotions qui l'habiteront alors dépendront directement de l'interprétation qu'il fera de cet événement, des idées qui lui viendront en tête à cette occasion.

De ces diverses pensées, une seule est inévitable. En effet, Philippe désirait la tarte. Il avait donc en tête l'idée qu'il serait bon, avantageux pour lui de la déguster. C'est cette idée qui créait son désir et l'aurait amené à ressentir de la joie devant la présence de la tarte au frigo. Il est donc inévitable que Philippe pense qu'il est mauvais, désavantageux pour lui que la tarte ne soit plus là. Cette idée est la contrepartie inévitable de la première idée («Bon pour moi que la tarte soit disponible... Mauvais pour moi qu'elle ne soit plus là»). Voilà pourquoi il est inévitable que Philippe ressente de la tristesse quand il constatera la disparition de la tarte. L'idée que l'obtention d'une chose est bonne est finalement identique à celle selon laquelle l'absence ou la privation de cette chose est mauvaise. Voilà Philippe frustré et le sachant: il est inévitablement habité par la tristesse tout comme il aurait été habité par la joie s'il avait pu se mettre la tarte sous la dent.

Mais Philippe peut aller plus loin. Diverses autres idées peuvent apparaître dans son esprit et engendrer d'autres émotions qui viendront s'ajouter à son inévitable tristesse. Il pourrait se dire qu'il a un urgent et irremplaçable besoin de cette tarte: il se sentirait alors anxieux. Il pourrait affirmer que quiconque a mangé la tarte n'aurait pas dû le faire. Il ressentirait alors de la colère. Il pourrait se dire qu'il aurait dû la manger tout de suite quand il y a pensé à dix heures: il se sentirait alors coupable. Il pourrait même se dire qu'il n'est qu'un pauvre imbécile de ne pas l'avoir mangée la veille: cette pensée le déprimerait. Il pourrait se dire que plus jamais il ne savourerait une telle tarte: désespoir. Il pourrait également penser qu'il est intolérable, affreux, insupportable et catastrophique que cette tarte lui soit inaccessible. Cette pensée ne causerait en lui aucune émotion spécifique, mais augmenterait l'intensité des émotions déjà présentes. Il se sentirait très triste ou anxieux ou en colère, etc. La pensée «catastrophisante» s'ajoute aux idées précédentes et survolte les émotions qui en découlent: comment s'attirer des ennuis émotifs encore plus marqués que ceux qui existent déjà?

Les choses terribles, affreuses, catastrophiques existent-elles dans les faits? Quand je pose cette question à des groupes de mes étudiants, ils répondent presque toujours par l'affirmative. Ils me disent, par exemple, qu'un tremblement de terre est une catastrophe. «D'accord, dis-je, choisissez mentalement un tremblement de terre et dites-moi combien il a fait de victimes.» «Mille», répondent-ils. «Fort bien; si ce tremblement de terre n'avait fait que cinq cents victimes, serions-nous alors en présence d'une demi-catastrophe? Et s'il en avait fait deux mille, serait-ce une double catastrophe?» «Pas du tout: ce serait quand même une catastrophe.» «Continuons: cinquante victimes. Est-ce encore une catastrophe? Cinq victimes: encore une catastrophe?» Ils commencent à hésiter. Je poursuis: «Voici un très faible tremblement de terre au Sahara. Un Bédouin perché sur son chameau passait par là. La secousse le fait glisser au bas de l'animal et le dépeigne légèrement. Y a-t-il là quelque catastrophe?» Tous sont d'accord pour dire qu'il n'y en a pas. «Mais alors, cette catastrophe, où commence-t-elle? Au Bédouin dépeigné? À une, deux, cinq, cinquante victimes?»

En fait, elle ne commence nulle part. Le tremblement de terre, lui, existe aussitôt que la terre tremble. Ses effets peuvent être plus ou moins dévastateurs, mais il est complètement arbitraire de penser qu'il peut être une catastrophe. Il s'agit là d'une opinion et non d'un fait. Tout événement peut être jugé catastrophique par quiconque. Une célèbre comédienne se casse un ongle avant d'entrer en scène. «Catastrophe!» s'écrie-t-elle. En fait, il ne s'agit ni plus ni moins que d'un bris d'ongle. Le fils de Mme Dupont est recalé à l'examen. S'agit-il d'une horreur? Ce n'est qu'un échec aux conséquences impossibles à mesurer. Joseph trompe Marie: c'est un adultère et non un affreux événement. Le dictateur s'enfuit en emportant la caisse: c'est un départ (précipité et plus ou moins coûteux, peut-être finalement moins coûteux que s'il était resté en poste; comment le savoir?).

Pour les inviter à dédramatiser les événements désagréables de leur vie, j'invite souvent les personnes qui me consultent à dresser une échelle de la «pénibilité» des événements. Je commence par leur suggérer de penser à l'un des événements les moins pénibles susceptible de les affecter: une microscopique tache sur le pantalon. Nous affectons une valeur de 1 à cet événement. «Passons maintenant, dis-je, à l'événement le plus cruellement désagréable qui pourrait vous advenir. Prisonnier d'une tribu d'anthropophages, on vous met à bouillir tout vivant dans la grande marmite (souffrances physiques intenses et prolongées) pendant que tous ceux que vous croyiez vos amis ont été rassemblés autour du chaudron et vous invectivent sans arrêt, déclarant que la seule chose qui les chagrine, c'est que vos tourments ne soient pas éternels (souffrances psychologiques intenses et prolongées). Il semble que nous ayons là une situation totalement désavantageuse sans l'ombre d'un bénéfice. Affectons une valeur de 100 à cet événement qui prend ainsi place au faîte de l'échelle de «pénibilité».

«Maintenant, leur dis-je, de quoi parlions-nous? De votre échec amoureux quand Geneviève vous a rejeté. Vous disiez que cet événement était terrible et affreux. Dans l'échelle de «pénibilité» que nous venons de dresser, où allez-vous placer cet événement? Vers le haut? Vers le bas? Au milieu? Si vous me dites que vous voulez le placer presque en haut, ne pensez-vous pas que vous allez manquer de place pour insérer tout ce qui aurait pu vous arriver de plus douloureux encore lors du rejet de Geneviève? Elle vous a poliment mis à la porte sans témoin. Elle aurait pu le faire de façon grossière, en vous attaquant physiquement, en publiant dans tous les journaux que vous n'êtes qu'un triste individu et un amant pitoyable, etc.» La plupart de mes interlocuteurs comprennent où je veux en venir et placent alors l'événement à un niveau plus réaliste, bien éloigné de la marmite des anthropophages. Tout événement désagréable pourrait l'être encore plus; le qualifier d'horrible, d'affreux et d'intolérable, c'est affirmer qu'il ne saurait être plus pénible, qu'il est pénible à 101 p.100, ce qui est absurde.

La frustration et son fatal accompagnement de tristesse demeurent inévitables pour chacun d'entre nous. Pour parvenir à ne jamais éprouver cette tristesse, il faudrait ou bien ne rien désirer ou bien obtenir la satisfaction de tous nos désirs, ce qui demeure impensable dans un cas comme dans l'autre. Il reste la possibilité de s'entraîner à serrer de près la réalité, sans la minimiser («Ce n'est rien!») ni la dramatiser («C'est terrible!»). Les émotions ressenties devraient alors être plus facilement supportables et engendrer moins d'actes destructeurs: guerres, suicides, agressions diverses, dépressions carabinées, etc.).

J'entends votre objection. «Si je procède ainsi et me garde de dramatiser, il est vrai que je diminuerai alors l'intensité de mes moments de tristesse. Mais n'est-il pas vrai que j'appauvrirai aussi mes moments de joie? Je deviendrai un être flegmatique, m'attristant peu, mais me réjouissant peu aussi, délivré du désespoir, mais également privé de l'enthousiasme et de ces exubérantes joies qui font le charme de l'existence. S'il est faux que ce qui me frustre est terrible, il est aussi faux que ce qui me gratifie est fantastique, mirobolant, exaltant, merveilleux. Quelle existence terne, sans relief, monochrome, vécue dans un demi-jour émotif dont les grandes joies comme les grandes peines sont également absentes!»

Vous avez raison. Le prix à payer pour être délivré des grandes tristesses, peut, en effet, consister en une disparition ou du moins une raréfaction des moments d'exaltation extrême. Cela est tout simplement dû au fait que nous sommes conditionnés par nos habitudes. Je ne vois pas comment une personne pourrait s'habituer à dédramatiser les facettes désagréables de sa vie sans, du même coup, s'habituer à dédramatiser les événements agréables de cette même vie. J'ai longtemps cru et prétendu qu'il nous était possible de faire l'un sans tomber dans l'autre, mais je me rends compte maintenant qu'il s'agit d'une même démarche intérieure (la dédramatisation) comportant deux têtes dont je ne peux couper l'une sans faire disparaître l'autre. Que préférez-vous: grandes exaltations payées de tristesses profondes ou tristesses modérées payées de joies modestes? L'une des attitudes ne va pas sans l'autre et ne me demandez pas laquelle des deux est préférable: je n'en sais rien, pas plus que quiconque. Si vous cultivez l'exagération, il est possible, après tout, que vous vous amusiez finalement plus que si vous aviez adopté une attitude plus modérée. Il se peut également que vous payiez très cher de rares moments de joie exubérante. C'est le hasard qui tranchera, comme toujours. Voilà l'une des limites de notre existence humaine.

# Chapitre 9

> *Tout humain n'agit qu'en fonction de ce qu'il croit être son intérêt personnel. Tout acte est essentiellement égoïste et accidentellement altruiste.*

Nous avons vu que les actes humains sont déterminés par les émotions qui découlent de la présence aléatoire des idées dans l'esprit de chaque personne. Les émotions qui déterminent initialement les actes peuvent être variées. On peut agir par désir (aussi appelé volonté), par anxiété, colère, culpabilité, dépression, tristesse, joie, etc. De toutes ces émotions, c'est le désir (volonté) qui constitue la plus fondamentale et celle qui, en dernière analyse, fait agir, les autres émotions ne constituant que des intermédiaires qui finissent par aboutir au désir. Voyons comment les choses se passent.

Trois heures du matin. Le bébé de Caroline et Charles hurle dans la nuit, tirant ainsi ses deux parents du sommeil. Caroline se lève pour se rendre au chevet de l'enfant. Se lève-t-elle parce qu'elle le veut? Indubitablement. Pour le plaisir qu'elle trouve directement à cet acte? Peu probable: la chambre est glaciale et obscure, le parquet est glissant, Caroline peut y déraper et glisser. Beaucoup d'ennuis, pas de plaisir immédiat. Sort-elle du lit parce qu'il le faut bien, étant la mère de l'enfant? Rien ne saurait être plus faux. Aucune nécessité extérieure ne peut faire lever une personne, fût-ce une mère, de son lit, ainsi que le démontre le fait que Charles ne bouge pas et fait même semblant de ronfler. Où alors, est-ce pour le bien de l'enfant? Bien des gens le prétendront et loueront Caroline de son geste tout en blâmant Charles de sa voluptueuse inertie.

Demandons-nous comment Caroline se sentirait si elle ne se levait pas et continuait benoîtement à écouter les cris du bébé. Ennuyée? Si c'est le cas, elle évite le désagrément qu'elle prévoit subir si elle ne fait pas taire le poupon. Son acte est donc égoïste. Se lèvera-t-elle parce qu'elle est anxieuse? Peut-être, mais alors elle le fait pour éviter d'éprouver une émotion désagréable dont la présence, de toute façon, l'empêcherait de dormir. L'acte de Caroline est donc encore égoïste. Ce n'est pas un mince avantage que de se défaire d'une émotion pénible. Il se peut encore (à Dieu ne plaise) que Caroline se lève sous l'empire de la colère, pour aller gifler l'enfant. Son geste est encore égoïste puisqu'elle croit, probablement erronément, que la tape qu'elle s'apprête à donner va soit la soulager, soit amener le marmot à se taire. Caroline se lève-t-elle sous l'emprise de la culpabilité qu'elle est convaincue de ressentir si elle ne volait pas au secours du bébé? Si c'est le cas, c'est toujours son propre intérêt qu'elle poursuit, ce qui n'exclut pas forcément celui de l'enfant. Et la dépression? Sans doute, ne fait-elle sortir personne du lit, ce serait plutôt le contraire. Mais pour éviter de se traiter plus tard de mauvaise mère et d'affreuse marâtre, et pour défendre sa valeur personnelle qui n'est pourtant nullement démontrable, il se peut bien que Caroline égoïstement se lève encore.

En somme, Caroline se lève parce qu'elle le veut bien, pas parce qu'elle a forcément un avantage direct à cet acte (faire taire l'enfant, profiter du reste de la nuit). Elle peut aussi considérer qu'il y va de son avantage d'éviter la présence d'émotions inévitables comme l'anxiété et la culpabilité, les regrets et la dépression qu'elle éprouverait si elle restait couchée.

Les êtres humains ne connaissent finalement qu'une seule motivation: la poursuite de ce qu'ils conçoivent être leur propre avantage. De même, ils n'ont tous qu'un seul but: avoir le meilleur temps possible sur cette planète et éviter les ennuis entraînant une diminution de plaisir. Les actes humains sont donc tous radicalement déterminés par cette quête du plaisir dont rien ne peut détourner la personne. J'ai déjà comparé les humains à ces chiens dotés d'un odorat particulièrement développé qu'on lance sur la piste d'une personne disparue ou d'un évadé. On fait sentir au chien une chaussette appartenant à l'évadé. Le chien, le nez au sol, s'élance alors sur la piste du fugitif, sans jamais en dévier, guidé par les odeurs.

Voilà comment les humains vivent: le nez au sol, ils suivent fatalement la piste de ce qui leur semble avantageux (sans savoir si ça l'est vraiment) sans jamais dévier de cette quête, bien qu'ils prétendent souvent agir pour le bien des autres.

«Mais, dites-vous, Caroline ne peut-elle se lever tout simplement parce qu'elle aime son bébé, même si elle a horreur de poser les pieds sur le parquet glacial et de cheminer à l'aveuglette dans la maison obscure?» Je ne veux pas analyser l'amour, préférant parler de ce sujet plus loin. Qu'il me suffise de dire, sans le démontrer tout de suite, que l'amour est étroitement relié à la joie et que, dans le cas qui nous occupe, il m'apparaît inconcevable que Caroline ressente quelque joie quand les cris de l'enfant la réveillent en sursaut en pleine nuit. Il serait probablement plus approprié de parler de pitié, un sentiment très différent s'apparentant à la tristesse et dont la présence porte à une foule d'actes souvent qualifiés d'altruistes alors qu'en fait, il ne s'agit que d'actes destinés à éviter une dévalorisation personnelle provoquée par une abstention. La personne qui, sous l'empire de la pitié, commet des actes coûteux, mais probablement avantageux pour l'autre, en profite souvent pour se glorifier ou du moins se rassurer quant à sa valeur comme personne. Il est plus facile de se regarder dans le miroir le matin, après une nuit passée au chevet d'un enfant malade. Malgré des yeux bouffis, on peut alors se dire qu'on est une mère dévouée, attentive, soucieuse du bien des enfants et, comme tout le monde le sait, de telles mères possèdent une valeur bien supérieure à celle des mères dénaturées qui ne bronchent pas quand elles entendent l'enfant pleurer.

La majorité des gens déclarent que de tels gestes sont inspirés par des sentiments «nobles»: l'amour, la générosité, la joie plutôt que par des émotions «viles» comme le désir égoïste, l'anxiété ou la culpabilité. C'est le moment de vous rappeler qu'aucun sentiment n'est plus noble qu'un autre, que cette «noblesse» ne découle que d'une opinion sans fondement dans les faits et que, ni la personne qui agit sous l'impulsion d'une émotion «noble» ni celle qui agit sous l'influence d'une émotion «vile» n'ont de valeur personnelle.

Je maintiens donc, jusqu'à ce qu'on me démontre le contraire, que les humains ne font que ce qu'ils veulent, soit parce qu'ils y trouvent directement un plaisir, soit parce que, ce faisant, ils croient pouvoir éviter un déplaisir, souvent constitué par une émotion désagréable ou la désapprobation des autres. Des expressions comme: «J'ai souvent fait tout autre chose que ce que je voulais», «On ne fait pas toujours ce qu'on veut», sont donc finalement vides de sens sauf, dans le cas de cette seconde expression, quand on peut faire la preuve que la personne a été empêchée d'atteindre le but de ses désirs par un obstacle extérieur infranchissable. Ainsi, il est exact d'affirmer que je ne puis me rendre du Canada en Australie par voie terrestre, même si la chose me plairait beaucoup. Mon désir (aller en Australie à pied) ne peut être satisfait si je demeure au Canada. Dans d'innombrables situations, on peut constater que, malgré ses dénégations, la personne a tenté d'atteindre ce qui lui semblait le plaisir le plus substantiel. Pour y parvenir, elle a pu emprunter de nombreux détours qui ont donné aux spectateurs de ces manœuvres l'occasion de s'étonner. La piste du plaisir personnel est souvent accidentée et ses méandres nombreux et complexes. L'étonnement des spectateurs provient du fait que tout le monde ne trouve pas son plaisir au même endroit ou n'est pas habité par les mêmes émotions qu'il s'efforce de fuir. Ainsi, Armande qui a pris l'habitude inconsciente de croire que l'amour constant de ses enfants constitue pour elle un bien inestimable et que toute diminution de cette affection représente une catastrophe sera bien plus portée à gâter ses enfants que Béatrice qui n'entretient pas de telles idées et supporte sans grande anxiété ni désarroi que ses enfants, frustrés par elle, la détestent occasionnellement. De même Hector, dont on dit qu'il a bien du courage, n'a peut-être au fond que très peur de ressembler à un lâche, d'être déconsidéré, rejeté et condamné. Quant à Gilbert qui se plaint qu'il n'a jamais un moment de libre, qu'il travaille sans cesse, au bureau et à la maison, il fuit peut-être tout simplement l'ennui qui, prévoit-il, l'assaillirait s'il prenait quelque loisir. Les actes qu'on qualifie de névrotiques constituent, dès lors, une adaptation plus ou moins réussie de la personne à sa vision du monde et d'elle-même, à ce qui lui apparaît avantageux ou, au contraire, répugnant et pénible.

De la compréhension de cette structure humaine et de la claire conception que les humains ne recherchent que ce qui leur semble avantageux découlent de nombreuses conséquences pratiques. Je note de suite l'une d'entre elles en termes généraux. Il est absurde de demander à une autre personne de faire un geste quelconque si on ne se préoccupe en même temps de lui permettre d'en concevoir quelque avantage personnel. Croire qu'une personne va se dévouer à la poursuite de mes seuls intérêts témoigne d'une grande méconnaissance de la nature humaine. Des principes comme: «Les enfants doivent aider leurs parents puisque les parents font tant de choses pour eux» ou «Il faut être reconnaissant du bien que les autres nous font» ou encore «Tout effort mérite sa récompense» constituent autant de sornettes et de banales platitudes. En fait, si des parents désirent que leurs enfants les soulagent d'une partie de leur fardeau, il conviendra que ces parents s'ingénient à présenter aux enfants un quelconque avantage à se comporter ainsi. La nature a, en effet, prévu que, parmi les enfants, seuls ceux qui verront un avantage à aider leurs parents le feront. Le parent éclairé ne présumera donc pas qu'il lui suffira de demander ou d'ordonner la collaboration des enfants pour qu'elle se produise. Par ailleurs, remercier abondamment une personne qui me rend service est souvent adroit (jamais obligatoire). Les remerciements témoignent aux yeux de cette personne de mon appréciation de son geste et de mon affection pour elle. Comme des foules d'êtres humains croient avoir besoin de cette affection ou, du moins, croient, quand ils en sont l'objet, qu'elle rehausse leur valeur personnelle («Je suis un brave type»), exprimer ma gratitude est à la fois fructueux et peu coûteux, si cela porte la personne visée à répéter des gestes qui m'accommodent.

De tels calculs répugnent souvent à diverses personnes qui les qualifient de basses machinations et déclarent leur préférer des élans gratuits de générosité, marque, selon elles, d'un grand cœur alors que les susdites machinations révèlent un esprit mercantile, sans grandeur, âpre au gain: une mentalité de boutiquier. Notons en passant que les «boutiquiers» ne sont pas des êtres de moindre valeur que les «héros» de l'altruisme, si tant est que les uns ou les autres soient dotés de quelque valeur. Les uns et les autres sont d'ailleurs déterminés à agir comme ils le font. Il reste que les présumés héros me laissent froid et que les envolées mystiques m'indiffèrent. Par ailleurs, le «boutiquier» ne manque pas d'attraits. Il semble avoir une plus juste notion de la nature humaine et ne s'attend pas à recevoir quelque chose sans d'abord investir. Il ne réclame rien gratuitement des autres et ne se plaint pas quand il n'obtient pas d'eux ce qu'il désire. Il cherche alors comment les séduire d'une manière plus efficace. De plus, il semble agir consciemment alors que le «héros» le fait, lui, sans s'en rendre compte. On n'échappe pas à la nature des choses et, finalement, le «héros» n'est qu'un ignorant. Les mécanismes qu'il reproche au «boutiquier» d'utiliser, il les utilise lui-même sans le savoir. Je ne vois pas en quoi il est noble de se confiner aux étages supérieurs en ignorant ce qui se passe au sous-bassement et, dans le plus somptueux des châteaux, le châtelain grelottera de froid dans sa chambre aux lambris magnifiques si personne ne se préoccupe de faire fonctionner le chauffage central et la plomberie.

Il reste cependant que l'égoïsme a mauvaise presse. Qui se fait traiter d'égoïste reçoit presque toujours cette déclaration comme un reproche. Cette situation est sans doute due au fait que bien des personnes pratiquent une forme d'égoïsme à court terme, par lequel ils recherchent, peut-être maladroitement, leurs propres intérêts immédiats sans égards pour ceux des autres. Gilbert, qui cède un siège libre à une vieille dame dans le bus, se comporte de manière aussi égoïste que Victor qui la bouscule pour occuper le siège quand ce dernier devient inoccupé. Gilbert, d'une certaine manière, contribue à édifier une société dans laquelle les jeunes aident les vieux, ce qui pourra finir par lui être profitable un jour.

Quant à Victor, il satisfait un désir immédiat en occupant le siège et hypothèque son avenir.

On dira que Gilbert a plus de conscience sociale que Victor, que ses capacités empathiques sont plus développées et qu'il lui est donc plus facile de se «mettre dans la peau des autres». Victor, quant à lui, est plutôt un champion du plaisir immédiat. «Après moi, le déluge» pourrait-il dire. Lequel des deux se comporte de la manière la plus réaliste? On ne peut conclure tant est complète notre ignorance des conséquences concrètes de nos actes. On peut cependant conclure que Gilbert n'est pas admirable ni Victor méprisable, chacun agissant d'une manière entièrement déterminée par les idées qui se trouvent dans leur esprit. Vous préférez Gilbert? Libre à vous, mais il vaut mieux vous garder de penser que vos préférences constituent une norme de l'agir ou confèrent à ceux que vous préférez une valeur personnelle supérieure à celle de ceux que vous méprisez ou condamnez. Autant dire qu'un agneau est un animal gentil qui se laisse tendrement caresser alors que le jeune tigre, si vous agissez de la même manière avec lui, vous griffera cruellement. La nature n'a donné aux agneaux ni le tempérament ni les griffes dont elle a doté les tigres. Ces bêtes obéissent à leurs instincts comme les humains agissent en fonction des idées qui leur viennent à l'esprit au hasard. Vous trouverez peut-être utile d'aider les faibles et les opprimés plutôt que de les exploiter. Vos actions seront alors tout aussi égoïstes que celles de ceux qui voient ailleurs leur avantage.

# Chapitre 10

*L'amour constitue une émotion sans caractère agréable ou désagréable qui découle automatiquement de la présence d'idées particulières dans l'esprit de la personne qui aime.*

Les gens qui ont parlé d'amour ne se comptent plus. J'ai lu un grand nombre de leurs œuvres et discuté du sujet avec des centaines de personnes. J'ai fini par conclure que, de tous ces guides, bon nombre ne savaient pas de quoi ils parlaient, se contredisant à l'infini ou alignant des banalités avec un mépris total de la logique. Il y a plusieurs années, conduisant pour me rendre au bureau, j'écoute à la radio une émission classique du matin: nouvelles, prévisions météorologiques, le tout entrecoupé de pièces musicales et des commentaires de l'annonceur. Ce dernier déclame soudain: «La pensée du jour, de Spinoza, pour tous les amoureux: "L'amour est la joie accompagnée de l'idée d'une cause extérieure". Passons maintenant au dernier succès de X...»

Le texte cité se trouve effectivement dans l'œuvre de Spinoza, plus exactement dans l'*Éthique* (3e partie, définition des sentiments, proposition VI). Il est infiniment douteux que cette citation ait éclairé de nombreux auditeurs. Elle n'en constitue pas moins le germe d'une compréhension lumineuse de l'amour que je vais maintenant vous présenter, tout en reconnaissant pleinement ma dette envers ce penseur prodigieusement subtil du XVIIe siècle. Rien de ce que j'ai lu ou entendu sur les émotions ne m'a autant instruit que l'œuvre de Spinoza et j'espère qu'il en sera de même pour vous. Voici donc un peu de Spinoza digéré par Auger.

Que se passe-t-il en vous quand vous dites que vous aimez une personne ou une chose? D'abord, il est indispensable que vous ressentiez ou ayez déjà ressenti de la joie au contact de cet élément. Si vous avez ressenti cette joie, c'est que vous avez pensé qu'il était bon, avantageux pour vous d'entrer en contact avec cette personne ou cette chose. C'est là l'idée qui cause la joie. Vous voilà donc joyeux. Si vous attribuez cette joie à la personne ou à la chose en question, alors apparaît automatiquement en vous l'amour pour cet élément. En termes plus simples, nous aimons ce qui nous gratifie, nous plaît, répond à nos désirs. Voilà le sens de l'énoncé de Spinoza: «L'amour consiste en la joie accompagnée de l'idée d'une cause extérieure.» La cause extérieure est ce que vous aimez parce que vous y trouvez une occasion de joie. Cela vaut pour tous les objets aimés, que ce soient des choses, des animaux, des personnes.

Vous mettez une cuisse de poulet dans votre bouche. Supposons que vous ressentiez alors une sensation agréable: le poulet vous plaît. Comme tout le monde trouve bon d'être gratifié, vous vous sentirez joyeux. Comme vous attribuerez cette joie au poulet, vous déclarerez que vous aimez le poulet, ce que vous saviez déjà pour en avoir auparavant mangé avec plaisir.

Jérôme est couché avec Delphine. Celle-ci lui murmure des mots affectueux à l'oreille tout en le caressant. Cela plaît fort à Jérôme qui, à ce moment-là, en ressent une vive joie qui s'épanouit en amour pour Dephine. À ce moment-là, celle-ci plante maladroitement son ongle dans une partie particulièrement sensible de l'anatomie de Jérôme: douleur, déplaisir, tristesse et disparition instantanée de l'amour et présence également instantanée de l'émotion qui lui est opposée: la haine.

Nous rencontrons ici un épineux problème de langage. La haine est bien l'antonyme de l'amour. On peut parler aussi d'antipathie et d'aversion, mais ce sont là des termes moins fréquemment employés, surtout le dernier. Cependant, le terme «haine» comporte une connotation d'hostilité, tout comme les termes antipathie et aversion qui véhiculent en même temps le dégoût. Or, être dégoûté, ce n'est pas seulement avoir une absence de goût pour une personne ou une chose: ce terme connote une répugnance active. Pourtant, quand Jérôme ressent la douleur provoquée par l'égratignure de Delphine, il ne se met pas forcément en colère contre elle. Il ne l'aime pas à ce moment-là. Il n'est pas forcément écœuré ni déçu. Il se peut qu'il ne soit que frustré et donc triste, sans hostilité. Il ne semble pas exister dans notre langue de terme qui désigne uniquement le contraire de l'amour, sans hostilité ou quelque autre émotion négative à part la tristesse.

La chose est plus claire quand il s'agit d'un être inanimé. Vous mettez des carottes dans votre bouche. Cela ne vous plaît pas, sans plus. Dirons-nous que vous haïssez les carottes? Cela semble un terme trop fort pour décrire l'émotion que vous ressentez. Vous direz que vous n'aimez pas les carottes, sans pour autant vous sentir hostile à leur égard et les rejeter avec fureur.

Faute de terme plus précis, j'emploierai le mot «haine» pour nommer le sentiment contraire à l'amour, en le dépouillant mentalement de sa coloration d'hostilité et de désir de vengeance. Finalement, peu importe le mot choisi tant qu'on arrive à s'entendre sur le sens qu'on lui attribue et sur l'émotion qu'il désigne.

L'amour et la haine se déclenchent donc automatiquement chez toute personne qui est gratifiée ou frustrée consciemment et qui donc se sent joyeuse ou triste. Ce mécanisme opère de manière déterminée et ne relève pas du tout de quelque choix. On ne choisit pas d'aimer ou de détester une personne ou une chose. Des expressions comme «J'ai choisi de t'aimer» sont plus romantiques que réalistes, tout comme «Je t'ai donné tout mon amour».

Voici Ernest qui déclare à Danielle: «Je t'aime.» Quel sens peut bien avoir cette déclaration? Commençons par demander à Ernest s'il connaît Danielle puisque tout le monde concédera qu'on ne peut aimer sans d'abord connaître. Ainsi, si je vous demandais si vous aimez le babiroussa, vous ne pourriez me répondre à moins que vous ne sachiez que ce mot désigne une espèce de sanglier de Malaisie fort apprécié, dit-on, des habitants de ce pays.

Ernest affirme qu'il connaît Danielle, qu'elle demeure au 6969, rue Cupidon et que son numéro de téléphone est le 333-3333. Ernest identifie Danielle, mais identifier n'est pas connaître. Considérons comment est constituée Danielle. Comme tous les humains, elle est formée par le rassemblement organisé d'un grand nombre de traits, de caractéristiques et d'éléments qui en font ce qu'elle est. Certaines de ses caractéristiques sont stables, par exemple, son sexe. D'autres varient sans cesse: son âge, son poids, sa taille, ses goûts. Elle avait des caractéristiques qu'elle a perdues (une peau de bébé) et en aura d'autres qu'elle n'a pas encore acquises (des cheveux gris). Ernest connaît fort peu de caractéristiques de Danielle. Même après des années de fréquentations assidues, il lui resterait encore bien des choses à découvrir chez Danielle.

Ernest ne connaissant pas intégralement Danielle, il ne peut donc l'aimer complètement, totalement. Parlons de ce qu'Ernest connaît de Danielle. Ce serait déjà très intéressant que tout lui plaise chez elle de ce qu'il connaît. Si Ernest continue à explorer la personnalité de Danielle, il est moralement certain qu'il va y découvrir des éléments qu'il n'aimera pas. En fait, Ernest n'aime pas Danielle, mais des aspects, des parties, des fragments de sa personne. Sa déclaration initiale: «Je t'aime, Danielle» n'a donc pas rigoureusement de sens. Il veut peut-être dire qu'au moment où il parle, il est animé de sentiments amoureux à l'endroit de Danielle, en raison d'éléments en elle qui lui sont agréables. S'il devient attentif à des éléments qui lui déplaisent, la haine montera alors en lui.

En somme, Ernest ne peut aimer Danielle, du moins intégralement, faute de la connaître complètement et aussi parce que certains aspects de Danielle lui déplaisent. Il ne peut non plus la détester totalement, toujours parce qu'il ne la connaît pas complètement et parce qu'elle présente des aspects qui le séduisent. Ernest est déçu. «Ainsi, je n'aime pas Danielle, mais seulement quelques-unes de ses facettes. Je m'aimerai donc moi-même, comme tant de psychologues le recommandent.» Cette entreprise est également vouée à l'échec. En effet, Ernest ne peut se connaître lui-même totalement et de toute façon, il est hors de doute que certains éléments de ce qu'il peut percevoir lui déplaisent. «Que faire, s'exclame Ernest, si je ne peux aimer ni moi-même ni les autres et que, même si j'arrive à me connaître ou à connaître les autres, certains éléments me rebutent?»

«Mon cher, il te reste la possibilité d'accepter les choses et les gens sans vraiment les aimer.» Voilà qui n'est pas aussi exaltant que de les aimer, mais combien plus réaliste. Notez qu'accepter a pour synonymes des termes comme «se résigner, subir, supporter, endurer» qui n'ont rien de très exaltant non plus. Pourquoi peut-on accepter alors qu'on ne peut aimer? Simplement parce que l'acceptation, à la différence de l'amour, ne requiert pas la connaissance.

On sonne à votre porte. Vous vous trouvez en présence du facteur qui vous tend un colis qui vous est clairement destiné. Votre nom et votre adresse y sont inscrits correctement: c'est bien pour vous. Le port est payé. L'acceptez-vous ou le refusez-vous? Vous pouvez faire l'un ou l'autre, mais certainement pas l'aimer, ne connaissant pas son contenu. Vous acceptez le colis et l'ouvrez. Il contient une potiche, un cadeau de votre tante Ursule. Je parlerai uniquement de deux caractéristiques de la potiche: sa couleur et sa forme, qui sont stables. Par contre, chez les humains, les caractéristiques, qui se comptent par milliers, évoluent, certaines avec une extrême rapidité comme, par exemple, les émotions. Disons que la potiche est rose et plutôt ventrue. La forme vous plaît alors que vous détestez la couleur. Aimez-vous cette potiche? Non: seulement sa forme. Détestez-vous cette potiche? Non plus: seulement sa couleur. Que faire? Vous pouvez l'accepter et la placer sur le piano ou la rejeter en la mettant à la poubelle. Si vous l'acceptez, vous jouirez de sa forme, mais vous endurerez sa couleur. Dans l'hypothèse contraire, vous vous débarrasserez de sa couleur, mais vous perdrez la jouissance de sa forme. Tout se paye: la forme de la couleur et la délivrance de la couleur de la forme.

Dans l'exemple d'Ernest et de Danielle, nous avons clairement établi qu'Ernest ne peut aimer Danielle complètement ni s'aimer lui-même. Il peut cependant accepter (subir, endurer, supporter) Danielle. Je sais fort bien que ces réflexions n'ont rien de romantique. Scène sur l'oreiller: Elle: «M'aimes-tu?» Lui: «Pas vraiment; et toi?» Elle: «Moi non plus; certains de tes aspects me plaisent, d'autres me déplaisent, d'autres encore m'indiffèrent. J'endure le tout, comme tu le fais sans doute toi-même en ce qui me concerne.» Lui: «Très exact.» Elle: «Pourquoi vivre ensemble?» Lui: «Pour ma part, je crois y trouver plus d'avantages que d'inconvénients. Et toi?» Elle: «Moi aussi, du moins pour l'instant. Y a-t-il tout de même des moments où tu es animé de sentiments amoureux envers moi?» Lui: «Certainement. Quand je considère l'une de tes caractéristiques ou de tes actions qui me plaît, mon cœur est automatiquement rempli d'amour pour toi. Je n'y peux rien: ça marche tout seul.» Elle: «Ainsi donc, il faut que je te plaise pour que tu m'aimes.» Lui: «Exactement, tout comme les carottes ou les petits pois.» Elle: «Le romantisme ne t'étouffe pas.» Lui: «C'est vrai, mais ainsi vont mes pensées.»

Notons que le romantisme est une déformation positive du réel. Cette attitude peut ne comporter aucun inconvénient et se révéler fort adaptée, selon les circonstances. Par exemple, vous êtes devant le vaste océan, contemplant le soleil qui sombre à l'horizon. Votre copine s'exclame: «Quel magnifique coucher de soleil! Quelles couleurs splendides!» Ce ne serait guère le moment de lui tenir le discours suivant: «Ne nous exaltons pas. D'abord, le soleil ne se couche nullement: c'est la terre qui par rotation nous donne cette illusion. Quant aux couleurs que tu admires, elles résultent uniquement de la présence de particules polluantes flottant dans l'atmosphère.» Si votre chérie vous tire alors les oreilles et vous traite de rabat-joie et de casse-pieds, vous lui aurez fourni l'occasion rêvée. Par ailleurs, quand vous remplissez le formulaire de votre déclaration d'impôt, il n'est guère approprié de l'orner de jolis dessins pas plus qu'il n'est indiqué de débiter des galéjades à un douanier soupçonneux. Il y a un temps pour tout sous le soleil et il n'est que sage et avisé de choisir son moment et de ne pas importuner sans raison les autres d'un réalisme intempestif.

J'entends souvent l'objection suivante: «Je peux détester les actes d'une personne tout en continuant de l'aimer.» Ce sont habituellement des mères qui protestent quand je tente d'analyser leurs sentiments envers leurs enfants. Elles me rapportent qu'elles disent à ces enfants: «Je déteste que tu barbouilles les murs de la maison, mais, toi, je t'aime quand même.» Vaste illusion. D'abord, aucune mère n'aime ses enfants si aimer veut dire trouver de l'agrément à toutes les caractéristiques qui constituent l'enfant et à tous les gestes qui, sans être l'enfant, émanent de lui. Comme tous les humains, la mère connaît des sentiments divers pour son enfant: la joie, la tristesse, l'anxiété, la culpabilité, l'amour, la haine, etc. L'enfant n'existe pas dans l'abstrait. Il s'agit de tel enfant, à un moment précis de son existence. Ainsi, quand il barbouille les murs, pour que la mère puisse éprouver envers lui des sentiments amoureux à ce moment, il faudrait que le geste lui plaise. Je me permets d'en douter. Elle est frustrée; son désir d'un mur propre n'est pas accompli. Elle devient triste et éprouve alors forcément de la haine envers l'auteur de sa frustration: l'enfant. Rappelez-vous que la haine, telle que je l'ai définie, n'est que le contraire de l'amour et ne comporte pas de connotation d'hostilité ou de violence.

Les émotions défilent à toute allure en nous, selon que nous sommes attentifs à un aspect ou à un autre des réalités qui se présentent à nous. Observons ce qui se passe dans l'esprit de Germaine dont le fils Étienne, quatre ans, vient de barbouiller le mur fraîchement peint de sa chambre. «Dommage», pense-t-elle, ce qui la rend triste. Comme elle identifie Étienne comme étant l'auteur du geste qui l'attriste, elle ne déteste pas seulement le geste, mais aussi Étienne, à ce moment-là. Si son attention se porte sur une caractéristique plaisante d'Étienne («Mais il a un si beau sourire!»), sa haine est instantanément remplacée par de l'amour. Finalement, l'erreur de base consiste à croire que les émotions sont stables et durables en nous, alors qu'en fait, elles changent sans cesse selon que nous devenons successivement attentifs à des aspects différents d'un même objet ou d'une même personne; nos idées défilent alors au même rythme et, dès lors, nous éprouvons une variété d'émotions.

Je me souviens d'un couple d'âge mûr que je rencontrai lors d'une conférence que je prononçais sur ce sujet. Le mari m'aborda en disant: «Je vous présente Émilie, ma femme; nous nous aimons depuis trente ans.» En repensant à sa déclaration, je me dis qu'il avait bien raison. On peut aimer une autre personne depuis trente ans, mais pas pendant trente ans. C'est tout comme si vous disiez que vous fumez depuis vingt ou trente ans. Personne ne pensera que, pendant cette période, vous vous êtes livré à cette seule activité. Non: vous avez allumé, éteint, rallumé des cigarettes pendant cette période qui a commencé il y a vingt ou trente ans. Si vous étiez doté d'un compteur analogue à celui qui mesure votre consommation d'électricité et que ce compteur mesurait la fréquence, la durée et l'intensité de vos sentiments amoureux envers une autre personne, on arriverait sans doute à des résultats intéressants. Au cours d'une période de trente années, le compteur vous apprendrait peut-être que vous avez aimé votre femme pendant cent soixante heures, douze minutes, seize secondes à des intervalles variables et à une intensité moyenne de quarante-huit sur un maximum possible de cent. Que s'est-il passé le reste du temps? Vous avez éprouvé envers elle de la haine et, surtout, vous n'avez rien éprouvé du tout. Quand vous ne pensiez ni à elle ni à ses caractéristiques ou ses actes, vous étiez, envers elle, dans l'état non émotif qu'on appelle l'indifférence. Votre esprit était occupé à autre chose. Ne me racontez pas que vous aimez votre femme quand vous ne pensez pas à elle. L'amour, je vous le rappelle, est une émotion fugitive (comme toutes les autres) et n'apparaît que quand les idées qui l'engendrent sont effectivement présentes dans votre esprit.

L'amour éprouvé envers une autre personne ne comporte, en lui-même, aucun caractère agréable ou désagréable. Cependant, comme il est immédiatement relié à la joie (conséquence de la gratification), une émotion particulièrement agréable, on peut facilement se méprendre et croire qu'aimer est agréable. C'est sans doute pour cette raison que l'amour a été proclamé l'émotion suprêmement agréable alors qu'en fait, il n'en est rien.

Demandons-nous si être aimé constitue une situation agréable et avantageuse. Presque tout le monde affirme que oui sans hésitation, certains allant même jusqu'à prétendre qu'il n'est pas de plus grand bonheur et que cet amour constitue d'ailleurs un besoin irremplaçable pour une vie heureuse. J'attaquerai cette sottise dans un instant.

Il est clair que le fait qu'une personne éprouve envers moi des sentiments amoureux ne me procure en lui-même aucun avantage mesurable. Cependant, les gestes qui découlent d'un tel amour peuvent m'apparaître (et peuvent vraiment être) avantageux. Quand ma femme m'aime (ce qui arrive à l'occasion!), je constate qu'elle est portée à agir d'une manière différente que lorsqu'elle me déteste (ce qui arrive également à l'occasion). Les comportements qui découlent de l'émotion «amour» présente chez elle me paraissent souvent (pas toujours) plus agréables que ceux qui émergent de sa haine pour moi. Voilà qui n'a rien de rare ni d'étrange. Cependant, si vous habitez cette planète depuis quelques années, vous savez bien que certaines personnes vous ont aimé avec une ardeur qui se traduisait par des gestes désagréables pour vous. Il y a bien des années, une dame qui me consultait en vint à ressentir pour moi un puissant amour. Cela n'avait en soi rien d'étonnant, compte tenu de son état de solitude. Cette digne personne me manifestait son affection de diverses manières: présents, appels téléphoniques à toute heure, etc. De plus, elle avait pris l'habitude de m'attendre en fin d'après-midi quand je quittais mon bureau pour aller souper chez moi et revenir ensuite pour d'autres entrevues pendant la soirée. Mon domicile se trouvait à dix minutes de marche de mon bureau. Elle m'accompagnait à l'aller, m'attendait pendant mon souper et me suivait de nouveau jusqu'à mon bureau. Tard le soir, elle était au poste pour m'escorter sur le chemin du retour. Pendant ces promenades, elle ne cessait de m'entretenir de ses nombreux ennuis et de son puissant amour pour moi. Elle passa même quelques nuits sous mes fenêtres à gémir et à larmoyer, attirant l'attention de mes voisins. Enfin, à ma grande joie, elle rencontra un homme pour lequel son amour s'alluma pendant que celui qu'elle avait pour moi s'éteignait. Quel soulagement! Nous n'aimons pas toujours ceux qui nous aiment, même si leur amour est sincère. À l'inverse, il n'est pas toujours agréable d'être aimé, surtout si cet amour se manifeste de manière importune.

Parlons maintenant du fameux besoin d'être aimé. Cette question a fait couler beaucoup d'encre! On m'a répété mille fois qu'être aimé est un besoin vital, que les enfants qu'on n'aime pas meurent ou dépérissent, qu'une vie sans amour n'a pas de sens et combien d'autres déclarations enflammées témoignant davantage des convictions de leurs auteurs que de leur lucidité.

Maurice dit qu'il a besoin d'être aimé. Veut-il dire qu'il en a le goût, qu'il le désire ardemment? Si c'est le cas, parfait! À chacun ses goûts et ses désirs.

Mais il se peut bien que Maurice prétende que l'amour d'une autre personne lui est nécessaire pour atteindre un objectif important: sa survie, son bonheur. S'il en est convaincu, il pourrait bien déprimer ou même se suicider s'il est rejeté par la personne dont il croit avoir besoin. C'est une pensée qui peut avoir des conséquences sérieuses et dont il vaut mieux vérifier de près la validité.

Il y a quelques années, je rencontrais un groupe de policières et de policiers de la Gendarmerie royale du Canada pour quelques jours de formation. Ces agents, affectés au dépistage des fraudes, étaient presque tous comptables et semblaient fort peu portés au romantisme. L'un d'entre eux, un sous-officier, assis tout droit devant moi, intervint alors que j'expliquais ce dont je vous parle maintenant. «Insinuez-vous, dit-il, que moi, par exemple, je n'ai pas besoin de l'affection et de l'amour de ma femme pour être heureux?» «Vous avez très bien compris, sergent, voilà ce que j'affirme en effet.» Le sergent devint alors très agité, donnant divers signes d'un désaccord énergique, mettant ma santé mentale en doute et finissant par déclarer que je débitais des balivernes, que j'étais le seul psychologue à soutenir une telle thèse et qu'on devrait me retirer mon permis d'exercer. «C'est inouï, explosa-t-il, j'aime ma femme et elle m'adore; je vous jure que je serais effroyablement malheureux s'il fallait qu'elle me quitte, me retire son amour, me délaisse. J'ai un viscéral besoin de son amour. Vous ne me ferez jamais changer d'avis sur ce point.» «Voilà qui est très juste, répondis-je, je ne vous ferai en effet jamais changer d'idée, sur ce point ou sur tout autre, mais je parie que vous allez vous-même changer d'avis dans quelques minutes. Quel âge avez-vous?» «Quarante ans», dit-il. «Quel âge aviez-vous quand vous avez rencontré cette femme qui est devenue votre épouse?» «Vingt ans; j'accompagnais mon cousin à une soirée; elle était là, passant quelques jours auprès des siens. Nous nous vîmes, nous nous plûmes, nous nous aimâmes, et finalement, nous nous mariâmes.» Histoire classique. «Eh bien! sergent, cette femme, Nathalie dites-vous, vous aimait-elle avant de vous rencontrer?» «Évidemment pas, dit-il, je ne suis pas aussi bête que vous semblez le croire.» «Dites-vous toujours que vous avez besoin de l'amour de Nathalie pour être heureux?» «Je n'en démordrai jamais.» «Ainsi donc, votre vie, de votre naissance à l'âge de vingt ans, a dû être un long calvaire; vous deviez vous traîner lamentablement de dépression en dépression en attendant que le merveilleux soleil de l'amour de Nathalie se lève sur le désert de votre désespoir. Est-ce ainsi que les choses se sont passées?» «Pas du tout, dit-il, j'ai connu une enfance et une adolescence relativement heureuses.» «Comment cela est-il possible puisque Nathalie ne vous aimait pas du tout alors, non seulement pendant un week-end, mais pendant vingt années, la moitié de votre vie. Nous n'avons pas besoin d'échafauder une théorie complexe ou de faire appel à Freud, Jung et Adler. Votre propre vie témoigne hors de tout doute que vous n'avez pas besoin de l'amour de Nathalie pour vivre heureux puisque c'est ce qui vous est arrivé pendant les vingt premières années de votre vie.»

Le sergent resta bouche bée. «Vous avez raison, finit-il par admettre, mais que faire? Vais-je retourner chez moi ce soir et dire à Nathalie: Bonne nouvelle, ma chérie. J'ai rencontré aujourd'hui un barbu bizarre et, après avoir discuté avec lui, j'en suis venu à la conclusion que je n'ai pas besoin de ton amour?» «Vous ne vous tromperiez pas, répartis-je, j'espère que Nathalie vous répondrait: «Il y a longtemps que je le sais et il en est de même pour moi. Moi non plus, je n'ai pas besoin de ton amour pour être heureuse.» «Attention, cependant. Dire qu'on n'a pas besoin d'un élément quelconque ne signifie pas qu'il est superflu, sans valeur ou inutile. Je n'ai pas irremplaçablement besoin du pantalon que je porte actuellement pour couvrir mon humanité. Ce pantalon a connu des prédécesseurs aujourd'hui disparus et connaîtra, je l'espère, des successeurs. Je n'en ai donc pas besoin; il est remplaçable. Mais cela ne serait pas une raison pour le jeter à la poubelle. Il me convient, remplit l'usage que j'attends de lui et comme je sais qu'il est remplaçable, je peux jouir de sa présence actuelle sans grande anxiété, ce qui ne serait certainement pas le cas si je le croyais irremplaçable.

«Vous connaissez peut-être des personnes bien nanties qui possèdent des bijoux de grande valeur. Il arrive souvent que ces joyaux soient soigneusement enfermés dans un coffre-fort alors que leurs propriétaires en portent des copies fidèles, mais de peu de valeur. La crainte de perdre ces bijoux ou de se les faire dérober empêche ces personnes d'en jouir pleinement. Votre femme n'est heureusement pas un bijou. Si son amour pour vous venait à se tarir, vous pourriez quand même jouir de la vie et connaître du bon temps, comme vous l'avez fait avant qu'elle commence à vous aimer.»

Ainsi donc, croire que l'amour d'une personne en particulier est nécessaire au bonheur est non seulement absurde, mais encore dévastateur. L'anxiété que cette idée provoque se traduit souvent par des manifestations de jalousie, cette dernière étant au fond bien davantage un signe d'anxiété qu'une preuve d'amour. Marc est un amoureux lucide qui tient à l'amour qu'il reçoit de Nicole, mais ne croit jamais que cet amour lui est nécessaire. Il sait bien que Nicole pourrait cesser de l'aimer, le quitter, le rejeter. Il demeure sainement préoccupé de la chose sans devenir extrêmement agité. Il suffit souvent de presque rien pour que les idées et les émotions changent. En conséquence, Marc multiplie les petites attentions envers Nicole; il la soigne bien, se soucie de satisfaire certains de ses désirs, investit sagement dans leur relation. Il ne pense pas que Nicole l'aimera forcément s'il se conduit n'importe comment envers elle. Il la gratifie, lui témoigne sa propre affection de diverses manières, sachant que tous les gratifiés aiment automatiquement leur «gratificateur» comme tous les frustrés détestent leur «frustreur».

Par ailleurs, Luc est un amoureux anxieux et jaloux. Il harcèle Sophie de questions quand elle revient de quelque sortie (s'il la laisse sortir!), la surveille subrepticement, lui fait des scènes pour tout et pour rien et lui demande cent fois par jour si elle l'aime encore et plus que tout autre. Ce comportement amuse et flatte Sophie pendant un certain temps mais, à la longue, finit par la lasser. Les comportements jaloux de Luc risquent, dès lors, d'attirer sur sa propre tête les malheurs qu'il voulait précisément éviter: le rejet de Sophie et la mort de son amour pour lui. Tout cela à cause d'une erreur qui amène Luc à confondre le désirable avec le nécessaire, l'agréable avec l'indispensable, le désir avec le besoin. On ne peut guère trouver de plus bel exemple de manifestation névrotique. Pierre Boissé a récemment traité ce sujet avec brio. (Boissé, P. «La jalousie: une preuve d'amour?», *Confrontation,* n° 20, été 1995, p. 21-30.)

Une autre croyance absurde se trouve à la source d'innombrables désordres émotifs. Certaines personnes croient que, si elles réussissent à conquérir le cœur d'un être prestigieux et difficile à atteindre, elles en seront glorifiées et leur valeur incommensurablement augmentée. Ces personnes semblent adhérer à la phrase de Racine: «À vaincre sans péril, on triomphe sans gloire.» Il est malheureusement vrai que presque tout le monde admirera l'alpiniste qui a conquis un pic enneigé au péril de sa vie alors que si le même alpiniste n'avait gravi que la première colline venue, son nom ne serait pas passé à l'histoire. Passe encore pour les louanges des autres. Bien des gens arrivent à s'en passer tant qu'ils nourrissent pour eux-mêmes une secrète admiration. Cette attitude avait amené Rodolphe à délaisser la charmante Virginie, qui l'aimait bien et était aux petits soins pour lui, afin de se lancer à la conquête de Margot, une amante hautaine, difficile, compliquée, coûteuse, exigeante. Personne ne remarquait Virginie dans la rue: de taille moyenne, un peu boulotte, un beau sourire, mais rien de plus. Margot, au contraire, attirait sur elle les regards de tous les gars du village. Finalement, Rodolphe avait réussi à séduire Margot, mais depuis, me disait-il, il vivait dans l'angoisse. Il voyait bien les regards que Margot attirait sur elle. Quand on a atteint les sommets, on ne peut que descendre. Combien de temps pourrait-il tenir le coup? Margot ne croiserait-elle pas un jour un autre homme plus jeune, plus riche, plus beau? Margot, si difficile à satisfaire, ne le délaisserait-elle pas, tranchant du même coup la corde qui lui permettait d'atteindre ces sommets et le précipitant ainsi dans l'affreux dépotoir où aboutissent les cocus.

Évidemment, comme les humains n'ont aucune valeur autre qu'extrinsèque, il est absurde de croire que la valeur intime d'une personne est de quelque manière reliée aux caractéristiques de ceux ou celles qu'elle parvient à séduire. Il s'agit là d'une autre sottise dangereuse, amenant des complications infernales et plongeant ses adeptes dans les affres de la jalousie anxieuse qui finalement se retourne contre eux. Voici une anecdote qui met en scène un potentat de l'antiquité et un philosophe de sa cour. Le roi déclare au philosophe: «À la tête de mes troupes, je vais partir à la conquête de pays lointains. Nous franchirons des mers hérissées d'écueils, combattrons des peuplades sanguinaires, traverserons des déserts sans fin jonchés d'ossements blanchis. Nous pousserons jusqu'aux confins du monde; la faim, la soif, les dangers seront nos compagnons quotidiens. Enfin, quand nous aurons fait tout cela, mes soldats et moi, couverts de blessures et de gloire, nous nous reposerons et jouirons de la vie.» Et le philosophe de demander: «Pourquoi ne le fais-tu pas dès maintenant?»

À la personne qui répète qu'«il n'y a pas d'amour heureux», il convient peut-être de demander si elle ne fait pas son propre malheur en inventant des besoins irremplaçables dont la nature ne l'a nullement affligée et qui ne sont que le produit de sa déraison et de ses préjugés. Dans le domaine amoureux comme dans tous les autres, la notion de besoin est ennemie du bonheur.

On rétorque souvent que les jeunes enfants dépérissent si on ne les aime pas suffisamment, ce qui démontrerait que l'amour constitue un besoin vital. Il va de soi que c'est probablement mieux pour un enfant de grandir dans une atmosphère d'acceptation et d'affection que l'inverse. Cependant, même un enfant adoré dépérira s'il n'est d'abord entouré de soins adéquats. Les enfants, comme les adultes, ne vivent pas seulement d'amour et d'eau fraîche. De plus, ils ne sont habituellement pas des champions de réalisme. Ils inventent toutes sortes de bêtises, redoutent sans raison des objets inoffensifs et affrontent avec une souriante inconscience des dangers mortels. Graduellement, le petit d'homme apprend un peu à vivre dans le monde tel qu'il est. Certains même y mettent de nombreuses années! Qu'un enfant pense que, si on l'aime, c'est qu'il est un bon garçon ou une bonne fille, rien de plus habituel ni non plus de plus stupide. Qu'un enfant pense que, s'il réussit bien dans quelque domaine, il est une personne valable et qu'au contraire, s'il échoue, il a une moindre valeur, rien encore de plus normal ni non plus de plus imbécile. Nul ne peut rien ou presque à cet état d'inexpérience temporaire. Mais de là à conclure qu'un enfant que sa mère n'aime guère et que son père néglige est irrémédiablement promis à une vie de malheur parce que l'amour d'une mère et l'attention bienveillante d'un père constituent des besoins irremplaçables, il y a une marge. Qu'un enfant déraisonne, voilà qui n'a rien d'inhabituel. Que de graves adultes prennent cette folie pour du bon sens n'est pas moins stupide que la déraison initiale de l'enfant. Si le contact étroit avec la réalité est un indice sérieux de bonne santé mentale, les enfants sont presque fous. Ainsi, le petit Paul que sa mère affairée oublie d'embrasser un soir et qui pleure et gémit en s'endormant manque-t-il d'amour ou de jugeote? Et le jeune René qui revient de l'école désespéré après avoir reçu une mauvaise note manque-t-il de support affectueux ou de bon sens élémentaire?

Il est donc incontestable que, pour se développer harmonieusement, les jeunes enfants ont un besoin irremplaçable de soins adéquats. Ainsi est faite la nature humaine. La petite tortue qui sort de l'œuf, depuis longtemps abandonné sur la plage par la mère, court instinctivement vers la mer. Pas le petit humain. Il reste dépendant de son entourage pendant de longues années.

Les animaux sont, en général, dotés dès la naissance de bon nombre d'instincts transmis génétiquement. Les humains ne possèdent, en venant au monde, que peu d'instincts: ils apprennent de leur entourage comment se tirer d'affaire sur la planète. Alors que l'animal plafonne rapidement dans ses démarches d'apprentissage, les humains peuvent continuer à apprendre toute leur vie. Ce système comporte des avantages et des inconvénients. Alors que l'instinct n'est que rarement soumis à l'erreur, le processus d'apprentissage en est semé. Nous apprenons à vivre laborieusement et lentement, ce qui nous soumet à l'influence de notre entourage pendant de longues années. Ces années sont précisément celles pendant lesquelles nous sommes le plus fragiles physiquement et psychologiquement. Le sens critique, qui nous permet de distinguer la vérité de l'erreur, n'est jamais l'apanage des jeunes enfants et ne se développe que fort graduellement.

Si certains adultes demeurent naïfs face à quelques réalités, les jeunes enfants le sont tous et dans tous les domaines. Non seulement ils croient sans discrimination à peu près tout ce qu'on leur propose (ce sont de grands croyants!), mais ils s'étourdissent eux-mêmes avec des conclusions erronées ou des faussetés variées. Avec le temps, ils en rejettent un certain nombre (vous ne croyez plus au Père Noël), mais ils peuvent s'attacher tenacement à d'autres pour toute la durée de leur vie. Il suffit d'écouter un discours politique pour entendre un nombre impressionnant d'affirmations gratuites, quand il ne s'agit pas de faussetés et de mensonges explicites, accueillis dans l'enthousiasme général. Les orateurs publics font également appel à des notions sans contenus: orgueil national, liberté, dignité; ils tentent de stimuler les émotions de leur auditoire, sachant fort bien que l'électeur moyen votera sous la pulsion de ces émotions. Plus ces dernières seront puissantes, plus elles gêneront la lucidité de celui qu'elles affectent. Tout devient possible avec un électorat surexcité dont la capacité de jugement demeure, dans les meilleures conditions, réduite.

S'il en est ainsi pour les adultes, c'est encore plus le cas pour les enfants. Pour toutes ces raisons, les jeunes enfants ont besoin de soins affectueux pour se développer adéquatement. La fragilité psychologique qui les affecte et qui requiert ces soins les rend vulnérables à l'influence de leur entourage. Voilà une autre des limites de la nature humaine: une grande capacité pour apprendre et donc, malheureusement, une grande capacité pour apprendre des sottises. Une fois apprises et renforcées par le milieu qui les véhicule, elles deviennent difficiles à abandonner. La langue maternelle des humains reste encore ce que j'ai nommé le «sottin», la langue de la bêtise. Nous la parlons tous pendant notre enfance, sans distinction d'origine ethnique. Avec le temps, nous apprenons à penser de façon plus réaliste, mais cet apprentissage est ralenti par la présence antérieure du «sottin» dans notre esprit, comme c'est le cas pour toute personne qui, sachant déjà une langue, tente d'en apprendre une autre. Pour un francophone, s'habituer à désigner le crayon, la montre ou la lumière par les termes *«pencil, watch, light»* est beaucoup plus laborieux que s'il avait appris initialement l'anglais.

Parlons un peu du «vrai» amour. Bien des gens se plaignent que diverses autres personnes ne les aiment pas vraiment, que cet amour n'est qu'un mirage, une façade, etc. Pourtant, tout amour qui existe est vrai. Un amour qui n'existe pas n'est pas faux, il est inexistant. Cela dit, il arrive souvent qu'une personne accuse une autre de ne pas l'aimer vraiment parce que la manière dont cette seconde personne l'aime ne correspond pas à ses préférences. Si François s'intéresse surtout aux ébats sexuels auxquels il se livre avec Jeanne, mais qu'il ne veut pas partager avec elle les joies et les soucis d'une vie quotidienne, il se peut que Jeanne dise que François ne l'aime pas vraiment. En fait, François a pour Jeanne un amour érotique plutôt qu'amical. Il est cependant arbitraire de réserver le terme «amour» à un type d'affection à l'exclusion des autres. On ne peut dire qu'un style d'amour est plus vrai qu'un autre, même si l'amour érotique n'a pas la même saveur que l'amour amical. L'amour existe aussitôt qu'un élément plaît, que cet élément soit de nature sexuelle («J'aime Jeanne pour faire l'amour avec elle»), alimentaire («J'aime les petits pois»), social («J'aime les soirées entre amis»), récréatif («J'aime jouer au poker»), etc. Un amoureux peut être attiré par divers éléments présents dans l'objet de son amour sans manifester d'intérêt pour divers autres. Cela donnera à ses sentiments une coloration érotique ou ludique ou amicale, etc. L'amour total d'une autre personne est toujours une illusion. Accepter l'autre, c'est-à-dire cesser de prétendre qu'il devrait se comporter autrement qu'il le fait, tout en étant parfois ardu, demeure au moins possible. Romantique? Non. Pratique? Et comment!

# Chapitre 11

*Nul n'est ce qu'il fait. Tous les actes d'un humain sont des actes humains.*

L'une des erreurs les plus funestes pour la gestion intelligente de la vie consiste à confondre une personne avec ses actes ou, d'une manière apparentée, à tirer des conclusions erronées de l'observation de ses actes. Là se trouve la source de l'admiration comme du mépris de soi ou des autres, deux émotions aux conséquences potentiellement lourdes. En effet, l'admiration ou le mépris des autres peut porter à des actes absurdes: adoration de vedettes du monde du spectacle ou du monde politique ou sportif (minces différences), foi aveugle dans les déclarations de ces êtres tenus pour indubitablement supérieurs, imitation de leurs gestes allant parfois jusqu'au suicide, etc. D'autre part, si l'admiration de soi peut sembler ne comporter que des désavantages minimes, encore qu'elle peut se traduire par des actes inconsidérés tournant au désavantage apparent de leur auteur, elle ouvre souvent la porte au mépris de soi, source féconde de sentiments dépressifs et de leurs conséquences comportementales redoutables.

Pourtant, c'est si simple! Qui d'entre nous ne s'est (parfois? souvent?) qualifié d'imbécile, de sot, de méchant, d'idiot à la suite d'un acte ou d'un autre? L'un de mes clients d'il y a bien des années était passé maître dans cette technique. Ce monsieur me consultait parce que, disait-il, il se sentait fort déprimé, abattu, paralysé dans son action et n'entrevoyait plus aucun charme à une vie qu'il méditait sérieusement de quitter. Il suffisait de l'écouter pendant quelques minutes pour constater que, presque sans arrêt, il se décernait des qualificatifs dégradants, se traitait de tous les noms. Il avait fait et continuait à faire un certain nombre de sottises: rien là d'anormal, compte tenu de la fragilité de notre nature humaine. Il n'avait commis aucun crime notable, tout au plus quelques fredaines sexuelles, mais il se reprochait ses «erreurs» avec une exemplaire énergie. En fait, il se «diabolisait» avec constance. Je lui dis qu'il me faisait penser à un vieux juke-box mal calibré; à la moindre incartade, un disque se mettait à jouer tout seul. C'était toujours la même chanson: «Je suis un imbécile et un idiot», chantée sur tous les tons. Il n'était, dès lors, guère étonnant qu'il se sentît déprimé. Vous me direz que ce monsieur avait bien tort de déprimer comme il le faisait puisqu'il n'avait commis aucun crime sérieux. Il aurait pu se déprécier s'il avait tué, volé des sommes considérables, battu sa femme et commis l'inceste avec ses enfants. Quelques peccadilles ne justifient pas une dépression, mais il en va tout autrement quand on a sérieusement nui à d'autres personnes. Si c'est ce qui vous passe par la tête, j'en conclus que vous avez oublié que chaque geste humain, du plus insignifiant jusqu'au plus substantiel, est toujours complètement déterminé par les idées qui viennent au hasard dans l'esprit de la personne. Si vous n'avez jamais sérieusement nui à d'autres personnes, c'est que les circonstances de votre vie ne s'y prêtaient pas ou que l'idée d'agir ainsi ne vous est pas venue ou encore parce que, même si elle s'est présentée à votre esprit, elle y a été remplacée par d'autres idées qui vous ont empêché de passer aux actes. On dit que «l'occasion fait le larron», ce qui n'est pas tout à fait exact. Comme bien des dictons, celui-ci contient une parcelle de vérité enfermée dans une gaine d'erreur. Il vaudrait mieux dire: «L'occasion et la présence de l'idée qu'il est avantageux de voler font que le vol se produit.»

Les imbéciles, les vauriens, les affreux individus existent-ils? Quand j'aborde ce sujet au cours d'une conférence, je demande ordinairement à mon auditoire: «Qu'est-ce qu'une vache?» On me répond qu'il s'agit d'une bête donnant du lait, dotée de cornes, etc. «Vous me parlez d'une chèvre, dis-je alors, abrégeons. Je vais dire de la vache des choses qui ne vous sembleront pas faire avancer la science à pas de géant ni mériter un Nobel d'élevage. Cependant, écoutez-moi: je ne dirai rien de faux. La vache est un être. Jusque-là, tout le monde s'entend: tout ce qui existe est un être. Or, les vaches existent, donc, elles sont des êtres. Poussons le raisonnement plus loin: la vache est un être qui accomplit des actes de vache: elle meugle, donne du lait, boit, etc.»Tout le monde trouve cela assez élémentaire, mais tout de même indiscutable. «Attention, dis-je, la vache est un être qui accomplit des actes de vache seulement et toujours, à l'exclusion de tout autre, même si elle n'accomplit pas tous ces actes en même temps.

«Si je vous disais qu'un jour, en passant à côté d'un pré, j'y vis un être cornu, meuglant, doté d'un pis énorme. Pendant que j'observais cette bête, elle s'est soudain envolée, oh! de bien peu, un vol d'à peine un mètre à quelques centimètres d'altitude pour ensuite se poser lourdement au sol et ne plus jamais le quitter au cours de sa longue vie. Vous me diriez: "Je ne sais pas ce que vous avez vu, mais ce n'est sûrement pas une vache." En effet, la vache ne vole jamais; le vol est un acte d'oiseau, de papillon, de moustique; il ne fait pas partie de la liste des actes de la vache. On ne peut pas dire non plus que cet être est presque une vache puisque, dans l'être, aucune nuance n'est admise. On est ou on n'est pas. L'être dont on dit qu'il est presque une vache ne l'est pas du tout, même s'il partage avec la vache un grand nombre de caractéristiques. Cela ne suffit pas: il faut, pour être une vache, posséder toutes les caractéristiques de la vache et n'être doté d'aucune de celles que les vaches ne possèdent jamais. Ainsi, vous qui m'écoutez possédez des caractéristiques qui vous sont communes avec les vaches: vous buvez, vous dormez, vous... etc. Cela ne fait nullement de vous des vaches. De plus, je vous entends rire: les vaches ne rient jamais.

«Si donc la vache est cet être qui accomplit des actes de vache seulement et toujours, de la naissance jusqu'au décès, qu'est-ce qu'un imbécile ou un méchant? Il s'agirait d'un être accomplissant des actes imbéciles ou méchants seulement et toujours, à l'exclusion de tout autre. Où est cet être? Il n'existe que dans l'imagination de ceux qui en parlent, comme la vache qui vole, ne serait-ce qu'une fois. Il en est de même pour les vicieux, les saints, les personnes vertueuses, etc. Ces êtres n'existent tout simplement pas.»

Ainsi, il est plutôt dommage de se qualifier négativement. Ce langage entraîne la dépression. De plus, ces affirmations ne correspondent à rien dans la réalité. Si M. Dupont se traite d'être humain, il ne se trompe pas. Voilà bien ce qu'il est, a été et sera toujours. Déjà, il commence un peu à dévier quand il se nomme, disons pharmacien ou dentiste. En réalité, ni les pharmaciens ni les dentistes n'existent. Il s'agit toujours d'êtres humains qu'on appelle ainsi par commodité. Il est plus simple de dire: «Je vais visiter mon dentiste» que de s'éterniser à déclarer «Je vais visiter cet être humain, nommé Jean Carrier qui, après des études appropriées, a acquis (je l'espère) la compétence pour soigner ma dentition». Ce serait un peu long. Cependant, personne ne se déprime à se nommer dentiste ou pharmacien. Il s'agit là d'étiquettes descriptives qui, même si elles ne correspondent pas étroitement au contenu du pot qu'elles ornent, facilitent la communication. Il n'en est pas de même si je me qualifie de mauvais ou de vaurien. Ces étiquettes véhiculent une évaluation négative qui ouvre la porte à la dépression ou au mépris. Nous retrouvons ici le problème de la valeur des humains, abordé plus haut. Les présentes réflexions aboutissent à la même conclusion qu'alors: les humains n'ont, en eux-mêmes, aucune valeur. Ils peuvent (sottement) s'évaluer eux-mêmes et évaluer les autres, mais ces évaluations n'ont aucun rapport avec leur nature d'êtres humains. N'est-il pas déjà assez ennuyeux d'être évalué négativement par les autres sans se livrer soi-même à cet exercice absurde et coûteux?

Pour sensibiliser mes auditeurs aux aléas de l'évaluation des autres, je leur raconte souvent l'histoire d'Albert et de Bernard. Albert est un vieillard chancelant, édenté, fragile, perclus de rhumatismes, marchant difficilement appuyé sur deux cannes. Au cours de sa longue carrière, Albert, savant biologiste, a découvert les médicaments pour guérir du cancer, du sida, etc. Il a reçu trois fois le prix Nobel et sauvé la vie à des millions de malheureux.

Passons à Bernard: il a vingt-six ans, il est bâti comme un taureau, doté de muscles impressionnants. À de multiples reprises, il a commis des vols à main armée. Qui, des deux, vaut mieux? Qui est le meilleur? Tout le monde vote pour Albert, bienfaiteur de l'humanité et voue Bernard aux gémonies.

Imaginez-vous ensuite partant en croisière au large du triangle des Bermudes sur un beau bateau blanc. Parmi les autres passagers se trouvent Albert et Bernard. Tempête, ouragan, naufrage. Sombre le beau bateau blanc, ne laissant que trois survivants: vous, Albert et Bernard. Par miracle, vous êtes tombé dans le seul canot de sauvetage disponible, ne comportant que deux places. En tombant, vous vous êtes fracturé les deux bras et les deux jambes, ce qui vous fait cruellement souffrir. Le canot est muni d'une seule paire de rames, le vent souffle contre vous, la côte est à trois kilomètres. Albert et Bernard sont là, accrochés tous deux à des épaves tout près de votre canot. Qui allez-vous faire monter? Tout le monde vote pour Bernard, aux muscles rassurants, et laisse Albert couler dans les remous. Comme les choses changent vite!

En fait, Albert n'est pas un héros ni Bernard un vaurien. Ce sont deux êtres humains qui, dotés de caractéristiques différentes, vous apparaissent plus ou moins utiles selon les circonstances. Vos préférences n'ont rien à voir avec leur nature: c'est vous qui les qualifiez de héros et de mécréant, ce qu'ils ne sont ni l'un ni l'autre, pas plus que vous, pas plus que quiconque.

Voilà qui devrait mettre un terme à toutes ces admirations naïves, à tous ces mépris imbéciles, à toutes ces glorifications insensées de soi ou des autres, à toutes ces dépressions toujours dénuées de fondement. Évidemment, je n'entretiens guère d'espoir qu'on arrive à ce sain résultat prochainement ou même jamais. Je suis, comme chacun, porté aussi à admirer, déprécier, louer ou condamner les humains qui m'entourent, comme je le fais, hélas! pour moi-même, sans doute moins souvent et moins longuement qu'autrefois. Je suis allé à bonne école, probablement comme vous. On m'a bien rempli le cerveau dès mon enfance avec des inepties qui menacent toujours de s'y introduire de nouveau. Non que j'aie été très futé moi-même à l'âge de trois ans. J'aurais été bien incapable de raisonner lucidement alors, puisque c'est à grand-peine que j'y parviens maintenant. Vous vous trouvez sans doute dans la même situation. Si vous pouvez parvenir au moins à l'occasion à rectifier les idées insensées dont la présence imbibe même l'air que nous respirons, vous en serez récompensé par une diminution de vos sentiments de dépression et de mépris des autres, ce qui ne saurait qu'améliorer votre climat intérieur et celui de la société à laquelle vous participez.

# Chapitre 12

*Il est impossible d'arriver à discerner quelque sens à l'existence des humains ou à celle des autres êtres.*

La question du sens de la vie a préoccupé et préoccupe encore d'innombrables personnes. Qui ne s'est demandé pourquoi il existait, d'où il venait, où il allait, à quoi tout cela rimait? C'est surtout quand les choses ne vont pas à leur goût, que les gens se butent à l'échec et au malheur qu'ils se posent ces questions. Ils ne se les posent que rarement quand les choses vont bien. L'univers qui les entoure ne leur propose que des réponses d'une banale platitude. Ainsi, si Germaine demande pourquoi son mari bien aimé a été écrasé par un camion qui reculait, on répondra que c'est parce qu'il se trouvait derrière le camion quand son conducteur s'est mis à reculer sans apercevoir le mari. Germaine aura beau protester que son mari était charmant, travailleur, attentif à elle et à leurs enfants et que son décès les plonge dans la misère, on lui répondra que les camions écrasent ceux sur lesquels ils passent, sans égard à leur vertu ou aux ennuis que leur décès cause aux survivants. Quel sens cette mort a-t-elle donc? Aucun qu'on puisse identifier de manière démontrable.

Devant cette situation, certains humains ont déclaré avoir découvert le sens «profond» de ce qui se passe. Les uns parlent d'un plan général de l'univers, régi par un être bienveillant, omniscient et omnipotent, envoyant des camions écraser des maris ou, au contraire, retardant sur le chemin de l'aéroport le passager qui allait s'embarquer dans l'avion qui va s'écraser. Pourquoi le mari est-il mort et le voyageur temporairement épargné? L'histoire ne le dit pas. On déclare alors que tout deviendra clair dans un autre monde, que les voies du Seigneur sont impénétrables et qu'il s'agit de se soumettre sans comprendre en faisant confiance au grand patron. Cela n'est guère satisfaisant pour beaucoup d'entre nous.

D'autres personnes parlent d'un chaos indescriptible n'aboutissant à rien d'autre qu'au tombeau. Les choses s'amènent les unes les autres sans que nous puissions en contrôler le déroulement et la vie est, finalement, absurde. La seule attitude raisonnable réside alors dans le suicide libérateur qui interrompt définitivement ce cycle aberrant où le moindre plaisir passager est payé par de dures souffrances, où tout finalement meurt et retombe dans la poussière dont il eut mieux valu ne jamais sortir. Cette orientation n'est pas plus démontrable (ni réjouissante) que la précédente.

Un troisième groupe de personnes finissent par renoncer à chercher un sens à leur vie et concluent qu'il vaut mieux lui en donner un elles-mêmes. Elles consacrent leurs efforts à prendre soin de leur famille, à acquérir des biens matériels, à gravir les échelons du pouvoir, politique ou autre, à améliorer quelque peu le sort de leurs congénères ou à quelque autre objectif qui leur plaît. Comme le sens qu'elles donnent à leur existence est déterminé par les idées qui leur viennent au hasard, il est lui-même aléatoire. On ne peut démontrer qu'il correspond à quelque réalité objective.

Finalement, tout cela n'est pas important. Comme la vie est relativement brève, il ne convient pas, dans une optique raisonnable de recherche du plaisir, de passer trop de temps à tenter de trouver un sens à cette existence. Cette recherche peut facilement devenir une occasion d'anxiété et, comme elle n'aboutit jamais à des résultats vérifiables, il vaut probablement mieux ne pas s'y attarder. De plus, l'anxiété qui accompagne souvent cette recherche ardente du sens de la vie rend celui qui s'y consacre exploitable par d'innombrables «prophètes», tous disposés à répondre à ses questions. C'est ainsi que prolifèrent nombre d'organisations (religions, sectes, etc.) dont l'objectif secret est plutôt de garnir les goussets de leurs propagateurs. Je me sens plus rassuré (mais non moins sceptique) devant un gourou pauvre que devant un prophète qui se déplace en Rolls-Royce. Il reste cependant possible que le gourou pauvre soit assoiffé de pouvoir plutôt que d'argent, ce qui le rend également suspect.

Puisque quiconque ne peut nous renseigner avec certitude sur le sens de la vie ou même sur l'existence d'un sens quelconque, il nous reste à formuler nos propres options dans ce domaine. Comme aucune orientation n'est pas plus démontrable qu'une autre, autant se doter de croyances apaisantes. La très grande majorité des humains ont grandi dans un milieu pétri de croyances religieuses, explicites ou implicites («Je suis athée, Dieu merci!»). Certaines de ces croyances, naïvement acceptées pendant l'enfance, sont singulièrement perturbantes et ennemies du plaisir de vivre. De plus, à l'intérieur d'un même système de croyances, certains éléments viennent souvent en contredire d'autres. Ainsi, les religions chrétiennes tiennent mordicus à affirmer que les humains sont libres de leurs choix, mais également que toute action présente dans l'univers découle directement de l'intervention divine. Ces deux affirmations sont évidemment inconciliables et on peut contempler avec le sourire les contorsions que font les théologiens pour s'extirper de ce cul-de-sac.

D'autres croyances vouent les méchants à un châtiment éternel et les bons à une récompense également éternelle. Comme on peut démontrer qu'il n'existe ni bons ni mauvais, on arrive à la conclusion que l'au-delà doit consister en un monumental «no man's land» dans lequel errent éternellement les âmes de ceux qui, n'étant pas bons, ne peuvent accéder au paradis et de ceux qui, n'étant pas mauvais, ne peuvent légitimement être enfermés en enfer. L'agence Reuter (*The Gazette,* 12 janvier 1996, p. B-1) rapportait récemment que l'Église d'Angleterre a tenu à répéter que l'enfer existe bien, même s'il n'est pas peuplé de diables cornus issus de l'imagination médiévale. Ces bons évêques affirment encore que les humains sont appelés à choisir entre le bien et le mal et qu'au jugement dernier, ceux qui auront mal choisi seront annihilés, précipités hors de l'existence. Voilà qui devrait rassurer considérablement tout le monde. Plus de diables, plus de flammes, plus de lac de soufre en fusion: rien que le repos éternel du non-être. Et comme le non-être n'existe pas et qu'on ne peut rien regretter quand on n'existe plus, voilà un enfer qui, s'il existait, serait fort confortable.

Ainsi donc, je ne peux même pas vous dire de faire ce que bon vous semblera puisque c'est indubitablement ce que vous ferez. Vous vous occuperez à gagner de l'argent, à élever vos enfants, à entourer votre conjoint de bons soins, à soulager les souffrances des malheureux ou au contraire à les exploiter, à conquérir le pouvoir ou à toute autre activité que vos idées aléatoires vous amèneront à assumer. Dans toutes ces directions, vous chercherez votre plaisir, soit directement, soit à travers celui des autres. Vous ne posséderez aucune liberté si ce n'est celle d'agir selon vos capacités. Tout se terminera dans quelques brèves années, quand vous restituerez à l'univers la matière grise dont vous aurez pu vous servir pour vous prévoir inexistant. Quand vous aurez cru trouver le sens de votre existence, un moment de réflexion vous démontrera que c'est vous qui l'avez imaginé.

Je n'irai pas plus loin dans ce domaine si ce n'est pour conclure qu'on peut vivre relativement heureux dans l'incertitude, tant qu'on ne se met pas à exiger des réponses certaines à des questions insolubles. À compter du prochain chapitre, j'examinerai des applications concrètes des principes généraux qui précèdent aux diverses phases et aux multiples facettes de la vie humaine.

# Deuxième partie

# CHAPITRE 13

*Assumer son enfance*

Toute vie humaine commence par l'enfance, c'est assez évident. Que de clients m'ont parlé de leur enfance, sans que je les invite à le faire! Un grand nombre d'entre eux attribuaient à cette enfance la cause de leurs problèmes émotifs à l'âge adulte. Ils me racontaient qu'ils n'avaient pas été aimés, que leurs parents les avaient négligés, maltraités, qu'on avait abusé d'eux de diverses manières, notamment sexuellement. Ils avaient connu des difficultés à l'école, leurs parents avaient divorcé et s'étaient livrés à une guérilla sur leur dos, etc.

Il est extrêmement important, en ce qui concerne l'enfance, de distinguer l'origine «historique» d'une part et, d'autre part, la véritable cause des troubles émotifs de l'âge adulte. D'innombrables personnes, dont un grand nombre de psychologues, soutiennent que, par exemple, si Marcel manque de confiance en ses capacités à quarante ans, c'est parce qu'il a été vertement critiqué par son père quand il était enfant. De même, dit-on, si Véronique est frigide ou redoute les contacts amoureux, c'est parce que son oncle l'a violée à l'âge de dix ans. Entendons-nous bien. Je suis à des années-lumière de prétendre que de tels événements n'ont aucune importance et n'influent pas sur le déroulement de la vie d'un adulte. Comme toute personne qui conserve une étincelle de jugement, je déplore que des enfants soient battus, négligés, harcelés, traités sans égards ou exploités de diverses manières.

Cependant, ces divers événements, tout pénibles et douloureux qu'ils soient, ne représentent que des occasions (peut-être irrésistibles) pour un enfant vulnérable de se mettre en tête des idées et des croyances qui, elles, constituent la véritable cause des troubles émotifs passés, présents et futurs. Prétendre que ces événements sont la cause de ses difficultés revient à condamner la personne à l'immobilisme et à lui confirmer qu'elle ne peut changer. Comment modifier un effet si on ne peut changer sa cause? S'il est vrai que le manque de confiance de Marcel est causé par les critiques passées de son père, comme il est absolument impossible de changer quelque élément du passé, Marcel est ainsi condamné pour le reste de sa vie à subir les conséquences douloureuses d'un événement immuable. Même chose pour Véronique: rien au monde ne peut faire disparaître le fait qu'elle a été violée à dix ans. Si ce viol engendre ses troubles émotifs, il lui est carrément impossible de changer et, dès lors, on peut se demander pourquoi elle consulte quiconque si ce changement est impossible.

Je sais bien que les enfants (et les adultes) se forment des idées plus ou moins réalistes sans le faire exprès. Je sais bien qu'il était sans doute inévitable que la petite Véronique se mette en tête des idées déraisonnables après que son oncle l'eut violée. Mais la Véronique qui me parle dans mon bureau n'est plus une enfant. Cependant, elle adhère encore à ces mêmes idées, peut-être inévitables, qu'elle s'est forgées durant son enfance à propos de ce viol. Il est clair qu'elle ne se serait probablement pas mis ces idées en tête si son oncle ne l'avait pas violée. Mais voilà, c'est arrivé, et on ne peut rien y changer. Ce qui peut-être modifié, heureusement, ce sont les idées de Véronique à propos de cet événement. Ce changement ne peut être accompli que par Véronique, avec ou sans aide, et il ne sera sans doute pas aisé, car Véronique entretient les mêmes croyances depuis dix ou vingt ans. Mais, au moins, ce changement demeure possible, alors que la modification de l'événement demeure, elle, éternellement impossible.

Parfois, des personnes me demandent si elles parviendront un jour à oublier des événements douloureux de leur passé. La chose m'apparaît, en général, peu probable, surtout si l'événement a été accompagné d'une charge émotive intense. De tels événements ne s'oublient jamais si ce n'est dans une vieillesse envahie par la démence. Il ne s'agit donc pas de parvenir à les oublier, mais bien plutôt de s'efforcer de les interpréter d'une manière plus réaliste, en modifiant dès lors les émotions présentes découlant des interprétations originelles.

Attardons-nous à la situation de Véronique, violée par son oncle à l'âge de dix ans. À cette époque et depuis lors, Véronique s'est sentie honteuse de cet événement. Cette honte, comme vous le savez maintenant, a été causée, non par le viol, mais par les idées qui sont venues et viennent encore à Véronique à propos du viol. La fillette a peut-être commencé alors à se dire qu'elle était une petite vicieuse, une bonne à rien. Si elle a confié sa mésaventure à des adultes, c'est peut-être eux qui ont fait de cet événement une catastrophe horrible. Si les enfants font un drame d'un baiser maternel oublié, comment n'en feraient-ils pas un pour un acte grave comme un viol!

Est-il possible pour Véronique de faire disparaître le viol? Nullement. Est-il possible qu'elle en vienne à l'oublier? Fort peu probable. Quelle option lui reste-t-il? Uniquement celle de réviser les idées et croyances qui ont germé dans son esprit alors, et qu'elle a continué à alimenter subrepticement. Que se disait-elle et que se dit-elle encore? Qu'elle n'est qu'une misérable? Faux: les fillettes violées n'ont ni plus ni moins de valeur parce qu'elles ont été violées et comme tout le monde ne vaut rien, il serait absurde de prétendre que les fillettes violées valent moins que rien. Que le viol était une catastrophe? Non pas; je ne soutiens pas que ce fut un événement agréable et bénéfique, mais les choses auraient pu être bien pires encore, comme c'est toujours le cas pour tout événement déplaisant. Que son oncle était et est encore un immonde individu digne des plus rigoureux châtiments? Faux encore. L'oncle est un être humain obéissant machinalement comme chacun aux impulsions que créent en lui les émotions déterminées par les idées qui lui viennent. Il ne s'agit pas d'excuser son geste, pas plus qu'il ne serait avisé d'excuser le loup qui dévore la brebis. Ainsi sont faits les loups; ainsi était fait l'oncle, au moment du viol. Il ne s'agit pas de lui pardonner, mais de cesser d'affirmer qu'il aurait dû s'abstenir et même qu'il aurait pu s'abstenir.

Vous me direz, comme Véronique, que tout cela est plus facile à dire qu'à faire. Mais ce changement d'idées demeure possible et constitue même la seule avenue ouverte à un changement d'émotions et d'actions.

Marcel me consultait, se disant déprimé, abattu, n'ayant guère confiance en ses capacités. «Mon père ne m'aimait pas, répétait-il inlassablement. Il me critiquait sans cesse, me comparant défavorablement à mon frère Julien. À son décès, il a laissé tous ses biens à Julien, ne me léguant qu'une enveloppe contenant une lettre où il me maudissait au-delà de la mort et souhaitait que ma vie soit longue et pénible.» En effet, il semble bien que si le père de Marcel aimait son fils, il cachait bien son jeu.

— Mais comment votre père aurait-il pu vous aimer, puisque vous lui déplaisiez?

— Mais j'étais tout de même son fils.

— Sans doute, mais comme vous le constatez, les enfants ne plaisent pas toujours à leurs parents, comme ce fut le cas pour vous.

— Mais pourquoi s'acharner sur moi comme il l'a fait, même après sa mort?

— Parce qu'il croyait bien faire ou était animé de haine pour vous et même si ses croyances étaient et demeurent absurdes, folles, imbéciles, sottes et idiotes, ce sont celles qui l'habitaient.

— Mais il faut être un monstre pour mettre au monde des enfants et ensuite les détester.

— Il suffit de se tromper. Le père qui fait un enfant ne sait pas, au moment où il procrée, quelle sorte d'enfant lui sera décerné.

— Mais ce n'est pas ma faute si j'étais maigrelet et souffreteux, alors que mon père et Julien sont des athlètes.

— Évidemment pas, mais ce n'est pas non plus la faute de votre père s'il n'aimait pas les caractéristiques que vous présentiez.

— Il aurait pu faire un effort, surmonter son mépris et me traiter humainement.

— Théoriquement, il aurait pu, mais les idées qui auraient pu l'amener à se comporter ainsi ne lui sont pas venues ou ont cédé la place à celles qui ont déterminé son attitude et ses gestes à votre endroit. Quant à vous traiter humainement, c'est exactement ce qu'il a fait, ne pouvant d'ailleurs faire autrement. Vous n'êtes ni le fils d'un ange ni celui d'un démon. Tout n'est pas rose dans notre nature humaine.

— Mais j'avais besoin que mon père m'aime.

— Besoin pour quoi?

— Pour me sentir bien, valorisé, pour arriver à avoir confiance en moi-même.

— Pas du tout. Si c'était le cas, tous les orphelins dont le père est décédé avant leur naissance seraient dans le même état que vous. On peut se sentir bien, émotivement en forme et serein même si on a été détesté par un père, abandonné par une mère, violé par un oncle, malmené par un frère, méprisé par une sœur, etc. Mais on ne peut se sentir en bonne santé mentale si on alimente des idées comme celles que vous nourrissez. Votre père ne vous a pas aidé, c'est évident. Mais vous vous nuisez encore bien plus en vous rendant agressif et déprimé à propos du traitement qu'il vous a infligé durant votre enfance. Pourquoi ne travailleriez-vous pas à changer les idées qui causent vos émotions? Ces idées sont d'ailleurs fausses et irréalistes.

— En voilà un raisonnement! Mon père se comporte ignoblement à mon égard et, maintenant, c'est à moi de travailler pour me défaire de son influence délétère!

— Qui voulez-vous charger de ce travail? Votre père? Il est au cimetière. Et, même s'il était encore de ce monde, c'est vous seul qui pourriez arriver à changer les idées qui vous empoisonnent la vie.

— Mais s'il m'avait aimé, ces idées ne me seraient jamais venues. Julien, lui, est en pleine forme.

— Il ne s'agit pas de chercher à savoir si de telles idées vous seraient ou non venues si votre père vous avait aimé, nous n'en saurons jamais rien. C'est possible, mais le contraire l'est également. Il ne manque pas d'exemples de fils adorés par leur père qui entretiennent quand même des idées qui les rendent hostiles et déprimés, en pensant à leur père ou à d'autres événements de leur vie.

— Mais tout cela est injuste; pourquoi Julien a-t-il été aimé et moi détesté?

— Il est clair que votre père n'a pas réagi envers vous comme il l'a fait envers votre frère. Mais, comme vous le dites vous-même, vous êtes fort différent de Julien. Il n'y a donc rien d'étonnant à ce que les attitudes de votre père envers vous aient été différentes de celles qu'il a adoptées envers Julien.

— Mais je n'ai pas demandé à vivre, moi, ni à me retrouver avec un père athlétique qui méprisait l'être fragile que j'étais.

— En effet, mais je ne vois pas ce que cela a d'injuste à moins que vous ne prétendiez que tous les humains devraient aimer tous les autres de manière rigoureusement identique, ce que vous ne faites pas vous-même, j'en suis certain, puisque la chose est impossible. Au lieu de pester contre votre père et de vous déprimer à propos de la manière dont il vous a traité, ne seriez-vous pas mieux de consacrer votre énergie à expulser de votre esprit les idées qui vous nuisent et à bâtir votre confiance en vos capacités? Même si nous condamnions ensemble votre père et proclamions en chœur qu'il était un affreux personnage, à quoi cela vous servirait-il? Il vous resterait encore à mener votre propre vie aussi adroitement que possible. Vous ne changerez jamais ce qui est arrivé; ne pourriez-vous œuvrer à changer vos idées, les émotions qu'elles entraînent et les comportements qui s'ensuivent? Tout cela relève de vous et de vous seul.»

Je pourrais vous tenir le même discours à propos de n'importe quel événement de votre enfance (ou de votre vie adulte). Il est souverainement important que vous appreniez à vous le tenir à vous-même. Vous avez été maltraité, battu, violé, exploité, abandonné, méprisé par vos parents pendant votre enfance. Tout cela est vrai, exact, indiscutable. Mais vos parents ou les autres adultes qui vous entouraient alors et vous ont soumis à ces sévices ont finalement fait ce qu'ils ont pu. Il était théoriquement possible pour eux d'agir autrement qu'ils l'ont fait, mais concrètement impossible de procéder autrement, en tenant compte de leurs idées, croyances, conceptions diverses. Victime, vous l'avez été, je vous l'accorde. Mais vous avez été la victime de gens qui étaient eux-mêmes victimes de leurs croyances, sans pouvoir concrètement faire autrement. Ils auraient pu théoriquement travailler à modifier ces idées et ces croyances, mais il aurait fallu qu'une idée de changement leur vienne à l'esprit pour peut-être y parvenir. Cela ne s'est pas produit, pour une foule de raisons que vous et moi ignorons complètement.

Par contre, vous êtes la victime de vos propres idées et des croyances qui, depuis votre enfance, habitent votre esprit. Les adultes, à cette époque-là, vous ont offert des occasions, peut-être irrésistibles, de vous troubler émotivement. Ne me dites pas qu'ils vous ont mis des idées dans la tête: ils en étaient bien incapables. Il suffit de penser aux nombreuses idées qu'ils vous ont suggérées, parfois avec beaucoup de constance (mettre de l'ordre dans votre chambre, ranger vos vêtements, faire vos travaux scolaires) et que vous n'avez pas adoptées. Vous vous êtes fait (sans le faire exprès) les idées que vous avez eues et que vous cultivez peut-être encore. Si elles vous causent des émotions déplaisantes et se traduisent par des comportements nocifs pour vous, pourquoi ne vous mettriez-vous pas au travail pour les critiquer, les modifier, les abandonner? Ainsi, vous pourriez vous défaire des habitudes de pensée et d'action formées à l'occasion des divers événements qui ont parsemé votre enfance. Déplorer indéfiniment vos malheurs passés ne vous donnera rien, si ce n'est d'éloigner de vous les auditeurs qui se lasseront vite de vos jérémiades à moins qu'ils ne rivalisent avec vous et vous assomment avec le récit de leurs propres malheurs. Parlez moins aux autres et plus à vous-même. Si votre passé a été malheureux, vous pourriez vous rendre compte que votre présent est votre passé de demain. Vous voulez vous fabriquer un passé heureux? C'est aujourd'hui qu'il convient d'y travailler.

# CHAPITRE 14

*Achever son adolescence*

Ce que je viens d'expliquer pour votre enfance s'applique évidemment directement aux événements de votre adolescence.

Pendant ces années-là, vous avez pu accomplir des actes dont les conséquences vous affectent encore à l'âge adulte. Ainsi, il est possible que vous ayez abandonné vos études et que vous soyez confiné maintenant à des emplois peu séduisants et peu lucratifs. Toutes les recherches en la matière démontrent que le niveau des revenus est en corrélation étroite avec le niveau de scolarisation. Il y a évidemment des exceptions. On peut rencontrer des millionnaires qui n'ont même pas terminé leurs études primaires. Mais cela n'arrive que rarement et, en général, des études bâclées ou abrégées mènent à des emplois aux rémunérations modestes. Vous me direz que l'argent ne fait pas le bonheur et c'est bien vrai. Il ne l'empêche cependant pas et, dans bien des cas, il permet d'accéder à des plaisirs que la pauvreté interdit. D'ailleurs, il ne s'agit pas seulement d'argent. De nombreux emplois mal payés sont monotones et requièrent un minimum de créativité. On peut gagner sa vie à transporter des caisses dans un entrepôt sous les ordres d'un contremaître hargneux, mais la plupart des gens qui remplissent de telles tâches n'y trouvent guère d'intérêt à part le salaire. Ils ne sont heureux qu'à l'extérieur de leur lieu de travail et se divertissent en soirée et pendant les fins de semaine. Le reste du temps, ils endurent le fardeau du travail.

Aussi, il serait probablement utile de compléter vos études si vous ne l'avez fait pendant votre adolescence. Non seulement vous augmenteriez vos revenus, mais vous accéderiez aussi à des postes comportant plus de variété et d'intérêt. Peut-être trouverez-vous très pénible de reprendre le chemin de l'école et de vous soumettre à la discipline nécessaire. Vous subirez peut-être une perte financière temporaire. Mais moins vous tarderez à le faire, moins cela vous coûtera cher en argent et en plaisirs différés. De plus, si vous pouvez le faire, essayez de concentrer le retour aux études sur une courte période. Vous risquerez moins de vous décourager et de tout abandonner encore une fois, perdant ainsi le fruit de vos efforts. Vous devrez probablement mener une vie assez austère pendant des mois ou des années. Cela en vaut-il le prix? À vous de répondre. Comme rien n'est gratuit, il se pourrait que la réalité vous présente une note plutôt salée pour vous permettre d'atteindre vos objectifs.

Il se peut que vous ayez vécu une enfance et une adolescence d'enfant gâté. Vous n'aviez qu'à demander jouets, argent, voiture pour que vos bienveillants (mais inconscients) parents se précipitent pour vous les offrir. N'ayant jamais eu à fournir d'efforts personnels pour arriver à des résultats, vous n'avez pu développer de musculature émotive qui vous facilite la tâche. Vous avez peut-être une sainte horreur de l'effort et des privations ainsi que des souffrances qu'ils comportent inévitablement.

Je rencontrai un jour une jeune femme mal mariée à un conjoint qu'elle décrivait comme détestable, macho, exigeant, usant envers elle de violence verbale et parfois physique. Deux enfants sur les bras. Des études secondaires abandonnées bien des années auparavant. Elle rêvait de s'affranchir de cette condition, de quitter cet homme et de s'établir avec les deux enfants. Pour y arriver, il lui aurait fallu un revenu. Comment y parvenir sans d'abord terminer des études adéquates? Pour cela, il aurait fallu qu'elle sacrifie diverses choses: sa voiture, son confort matériel relatif, toutes ces chaînes qui la retenaient auprès de ce conjoint détestable, mais pourvoyeur. De plus, elle tombait facilement dans le piège de la «catastrophisation», se décrivant à elle-même les efforts à fournir comme terribles, surhumains ou crucifiants. Elle se plaignait sans cesse de manquer de confiance en elle-même et déclarait chercher ardemment des moyens de l'accroître.

Je m'employai à lui expliquer que cette fameuse «confiance en soi» est, finalement, bien mal nommée. Le terme est trop vague et général pour permettre d'en tirer quelque utilité. Il vaut mieux parler de la confiance en certaines des capacités qu'une personne peut posséder ou acquérir. Cette attitude plus maniable peut conduire à des démarches précises. La confiance est finalement une émotion qui résulte de la pensée suivante: «Je suis capable de réussir tel acte avec succès.» Comment une telle idée pourrait-elle venir à l'esprit d'une personne si ce n'est à la suite d'actes qu'elle aurait accomplis avec succès? Comme il y a une première fois à tout, il faut bien qu'un premier geste soit accompli sans que cette confiance soit présente. Voilà pourquoi il est vain d'attendre la confiance avant de passer aux actes. En effet, elle est une résultante du succès (et donc de l'acte) et non une condition préalable à cet acte. Impossible d'acquérir une confiance quelconque en ses propres capacités sans avoir initialement pris le risque de l'échec. Si la personne dramatise les conséquences d'un échec possible, elle se causera de l'anxiété, ce qui l'empêchera de passer aux actes et d'accéder au succès. Pas d'acte, pas d'échec, mais pas de succès non plus. Pas de succès, pas de confiance. Pas de confiance, pas d'acte (à moins de prendre un risque). On tourne en rond et c'est ce que cette jeune femme faisait depuis des années.

Pour interrompre ce cercle vicieux, il suffira de dédramatiser l'échec et de modifier les idées anxiogènes qui habitent souvent l'esprit de la personne qui hésite à tenter une nouvelle expérience sans garantie de succès: «J'aurai l'air d'un imbécile si j'échoue»; «J'aurai fait la preuve que je suis une nullité»; «Mieux vaut se taire et avoir l'air d'un imbécile que d'ouvrir la bouche et d'en faire la preuve»; «Je serai méprisé, tourné en dérision et ça, je ne saurais le supporter». Il est temps de travailler à se mettre en tête que l'approbation et l'affection des autres ne sont pas nécessaires au bonheur même si elles peuvent être commodes, que celui qui réussit ne vaut pas plus en lui-même que celui qui échoue puisque aucun être humain ne possède de valeur personnelle, que même l'échec comporte une conséquence utile, celle de permettre de constater qu'il vaudra mieux la prochaine fois s'y prendre d'une autre façon.

Mais pour prendre des risques, il faut être motivé. Plus le risque apparaît considérable, plus la motivation devra être accentuée. Dans bien des cas, cette motivation se confond avec le désir d'échapper à une situation difficile, douloureuse et cruelle. Quand la maison flambe, les gens sautent par la fenêtre, ce qu'ils ne feraient jamais s'ils ne se croyaient menacés d'une mort douloureuse au milieu des flammes. Cette réflexion m'a amené souvent à souhaiter secrètement que les conditions difficiles que me décrivaient mes clients deviennent encore plus pénibles pour qu'ils finissent par avoir les idées qui les amèneraient à agir et à affronter les dangers devant lesquels ils reculaient, préférant se cantonner dans la sécurité relative d'un malheur modéré. La faim, dit-on, fait sortir le loup du bois. De même, un malheur aigu peut finir par amener une personne à affronter les dangers et les souffrances du changement duquel un trop grand confort personnel l'écarterait. Comme le dit Montaigne: «Le plus grand danger n'est souvent pas de faire des bêtises, mais de ne rien faire.» Dans le cas de la jeune femme dont je vous parlais plus haut, on peut émettre l'hypothèse que si son mari s'était comporté de manière encore plus désagréable envers elle, elle aurait pu se résoudre à affronter les démarches lui permettant de s'affranchir de sa tutelle et d'accéder à une autonomie désirable, mais risquée.

Il est donc possible, en y travaillant avec acharnement, de rectifier les erreurs commises pendant l'adolescence, qu'il s'agisse de décrochage scolaire, d'un mariage raté, de pratiques nocives (drogues, alcool), d'habitudes de pensée et d'action inefficaces ou nuisibles.

# CHAPITRE 15

*Vivre seul ou à deux?*

La très grande majorité des humains semblent préférer passer une grande partie de leur vie en compagnie de l'un ou de l'autre de leurs congénères, ordinairement du sexe opposé. Rares sont les solitaires, et même ceux qui ne s'établissent pas en couple plus ou moins stable continuent habituellement à entretenir des rapports de divers types avec d'autres êtres humains. Ce n'est pas le but de ce chapitre de sonder les causes naturelles de ce phénomène, mais disons tout de même que le désir de vivre avec une autre personne comporte vraisemblablement des composantes génétiques. Au cours des millénaires, les humains qui préféraient vivre en couple l'ont fait et ont donc transmis leurs gènes aux générations successives. Les solitaires, n'ayant pas de descendants, n'ont pas transmis les leurs et sont donc demeurés minoritaires. Malgré la tendance naturelle à vivre en couple, il est clair que l'entreprise qui consiste à passer de nombreuses années en compagnie d'une autre personne comporte bon nombre de difficultés et de problèmes. S'il est relativement facile de former un couple, il semble notablement plus difficile de vivre heureux quand on est deux, comme en témoignent les statistiques sur le divorce. Une bonne partie des difficultés que rencontrent les couples semble trouver son origine dans la sélection du partenaire.

Prenons une comparaison délibérément banale. Quelles sont les conditions qui doivent être réunies pour bien choisir une voiture? Fondamentalement, deux conditions seulement sont requises: la première est que l'acheteur doit bien se connaître et la seconde qu'il doit connaître les caractéristiques des divers modèles de voitures disponibles. Parlons d'abord de la première condition.

Il est clair que si M. Dupont veut être satisfait de la voiture qu'il projette de se procurer, il lui faudra connaître ses propres goûts, ses habitudes de conduite, l'usage qu'il entend faire du véhicule. La voiture nécessaire pour se promener en forêt est différente de celle pour de longs voyages sur l'autoroute. Si M. Dupont a une femme et trois enfants, il ne se procurera pas la même voiture que s'il est célibataire. Voilà qui est simple et évident.

En un deuxième temps, il faudra que M. Dupont se renseigne sur les caractéristiques des voitures qui pourraient correspondre à ses goûts, à ses désirs et à l'usage qu'il entend faire de l'auto. Il devra aussi penser à ses ressources financières. Un acheteur avisé ne signera pas un contrat d'achat sur un «coup de cœur»; telle carrosserie rutilante peut cacher un moteur qui s'essouffle vite ou une direction hésitante. M. Dupont devra aussi songer aux frais d'entretien de son véhicule; certains modèles consomment de l'essence à un rythme infernal ou demandent des soins attentionnés et coûteux. Certaines voitures comportent des accessoires fragiles qui cassent pour rien. Enfin, il existe des citrons pas toujours faciles à identifier.

Évidemment, si M. Dupont croit avoir un besoin urgent d'une voiture, son choix risque encore plus d'être erroné. Lorsque le temps presse, on prend moins de précautions. On devient plus vulnérable au discours d'un vendeur habile, bien capable, sans mentir, d'«oublier» de mentionner certains détails. *«Caveat emptor»* disaient déjà les Romains. «Que l'acheteur se méfie.» L'anxiété (trouvant son origine dans le «besoin»), la culpabilité, la dépression sont de mauvaises conseillères dans une telle situation et on peut souhaiter que M. Dupont ne ressente pas ces émotions quand il se présentera au vendeur.

Revenons maintenant au choix d'un ou d'une partenaire pour une vie à deux. Presque tous les couples qui se forment entendent vivre ensemble pour le reste de leurs jours. On sait fort bien qu'un grand nombre se trompent puisque les divorces et les séparations prolifèrent, entraînant dans leur sillage une somme considérable de souffrances et d'ennuis personnels et sociaux. Cela n'a rien de surprenant quand on songe à la manière dont s'opère habituellement le choix initial du partenaire.

La plupart des gens forment un couple quand ils sont encore relativement jeunes. Leur connaissance d'eux-mêmes ne peut être que réduite quand elle n'est pas infime. La majorité des personnes commencent à vivre avec le premier ou le deuxième partenaire qui se présente à elles quand elles commencent à songer à former un couple. Rares sont les personnes qui prennent le temps d'être sélectives. Un certain nombre «tombent en amour» avec quelque inconnu. Leurs glandes endocrines s'activent brusquement, les endorphines inondent le cerveau: c'est le «coup de foudre». Les risques d'erreur sont alors à leur maximum.

Comment se débrouiller dans tout cela? D'abord et avant tout, on combattra et, au besoin, on modifiera les idées qui entraînent l'anxiété: «Il faut que je trouve quelqu'un... Ce serait terrible que je ne trouve personne et demeure célibataire... J'ai besoin d'amour...» Comme pour le choix d'une voiture, une anxiété accentuée précipite le processus et augmente les risques d'erreur. Les «poires d'amour», celles pour lesquelles l'amour total, complet, indéfectible et exclusif d'une autre personne constitue un besoin fondamental et urgent, risquent immensément de se tromper. Le risque d'erreur atteint de nouveaux sommets quand deux «poires d'amour» se rencontrent. Leur besoin urgent les précipite l'un vers l'autre, souvent avec des conséquences fâcheuses à moyen terme.

Il s'agit donc de se mettre en tête que la vie à deux peut souvent être agréable et fructueuse, au moins une partie du temps, mais que le célibat ne constitue nullement un enfer réservé à tous ceux qui ont été trop stupides pour se dénicher un partenaire. Ne nous y trompons pas: la vie à deux comporte bon nombre de plaisirs, mais aussi bon nombre de servitudes auxquelles le célibataire échappe. Le «parfait bonheur» que sont censés filer les amoureux n'est guère plus qu'un mythe que quelques semaines ou quelques mois de vie à deux suffisent habituellement à détruire. Il n'y a donc pas d'urgence à se précipiter devant Monsieur le curé ou l'officier civil.

Maintenant, arrêtons-nous aux émotions nocives que sont l'hostilité et la révolte. Il n'est malheureusement pas rare que des couples se forment en réaction à un interdit parental. «Si tu continues à fréquenter ce fainéant, je te jette à la porte et te déshérite», clame le père. «Tu ne me diras pas comment mener ma vie» rétorque la fille. Il se peut hélas! que le père ait raison et que le partenaire qui se propose soit d'une qualité discutable. Mais la révolte qui envahit la fille ou le fils peut les rendre sourds aux avis judicieux (mais maladroits) de leurs parents ou d'autres adultes et les jeter dans les bras d'un partenaire inadapté. Il vaut mieux le constater: un nombre indéterminé (mais probablement substantiel) d'êtres humains sont carrément inaptes à une vie heureuse à deux. Ils possèdent des caractéristiques personnelles qui rendent impossible cette entreprise: égocentrisme excessif, narcissisme incontrôlable, névroses de tous types à des degrés élevés, traits de caractère inquiétants, susceptibilité extrême, habitudes personnelles désastreuses, fragilité émotive accentuée, etc.

Voilà des navires qui sombrent facilement mais, quand on se croit menacé de noyade après avoir sauté à l'eau en quittant le bateau familial, et surtout si on se sent très hostile envers le capitaine et l'équipage du vaisseau qu'on fuit, on peut très bien s'embarquer sur un rafiot qui prend l'eau de toutes parts et risque de couler au premier coup de vent.

Un choix éclairé de partenaire est donc tributaire d'un état de santé mentale adéquat. Comme la vie à deux constitue souvent une serre chaude où la névrose se développe merveilleusement, il est radicalement important de ne pas s'y aventurer si on se sent habité d'émotions malencontreuses diverses et si on a la tête farcie d'idées absurdes. J'ai vu le scénario suivant se répéter mille fois au cours de ma carrière.

Geneviève est une jeune femme un peu timide, pas très sûre de ses capacités, hésitante et se percevant plutôt négativement. Elle a connu une adolescence tranquille dans un foyer paisible. Elle rencontre Ernest, à peu près de son âge, guère plus expérimenté qu'elle, mais qui présente à ses yeux des éléments rassurants. Il semble plus assuré, confiant et fonceur. Il se présente à Geneviève comme un protecteur qui la préservera des périls de l'existence, et comme un pilier sur lequel elle pourra s'appuyer. Grand guerrier valeureux protégera petit oiseau fragile. Les voilà en couple, sans trop se connaître, ni eux-mêmes ni l'autre. Quelques années passent.

Comme tous les protecteurs, Ernest fait plus ou moins subtilement payer sa protection à Geneviève. Il la soutient, mais il la contrôle aussi. Geneviève accepte de bonne grâce: elle a tant à apprendre et elle l'aime tant! Le temps passe encore. Geneviève évolue: elle prend des initiatives, se construit une carrière, acquiert de la confiance en ses capacités, remporte des succès qu'Ernest loue tout en continuant à lui prodiguer de sages conseils, même quand elle ne lui en demande plus. Le petit oiseau devient de plus en plus solide; il lui pousse des plumes et ses ailes s'affermissent. Le soutien d'Ernest devient un fardeau. Crise d'emploi pour Ernest! Son rôle de protecteur devient inutile. Il l'a si bien rempli qu'il est maintenant devenu obsolète, désuet. Si Ernest ne parvient pas à changer de rôle auprès de Geneviève, c'est la séparation. Aux yeux de Geneviève, le protecteur tant désiré jadis est maintenant devenu un contrôleur importun, un fardeau à traîner. Les liens qui l'attachaient à lui et la sécurisaient deviennent autant d'entraves à son voyage personnel. Après tout, le prisonnier lié à un poteau ne peut guère tomber, mais il ne peut ni bouger, ni courir, ni danser ou explorer.

Si, pour sa part, Ernest trouvait sa sécurité à dominer plus faible que lui, le voilà mal pris. S'il est lui-même rempli de craintes et d'anxiété que seule la présence timide de Geneviève lui permettait de calmer, il lui faudra rapidement se délivrer de ses inquiétudes sous peine de voir Geneviève le quitter pour mener sa vie sans lui, à la recherche désormais d'un partenaire égal plutôt que d'un protecteur rassurant dont elle n'a plus que faire.

L'erreur, pour Geneviève et Ernest, aura été de vivre ensemble avant d'avoir acquis l'un et l'autre la sécurité personnelle qui provient du succès d'entreprises réussies sans soutien débilitant. Geneviève a effectué le passage de l'adolescence avec Ernest, le substitut de son père. Devenue adulte, elle recherchera un partenaire avec lequel elle pourra traiter d'égal à égal. À Ernest de s'accommoder s'il ne veut pas voir Geneviève le quitter. L'évolution durera cinq, huit ou dix ans, mais elle se produira fatalement. Si Geneviève n'arrivait jamais à son autonomie et continuait à s'appuyer lourdement sur Ernest, ce dernier finirait par se lasser de vivre avec une femme aussi dépendante.

Moralité: ne vous aventurez pas dans une vie de couple avant d'avoir psychologiquement effectué ce passage de l'adolescence à la vie adulte, c'est-à-dire avant d'avoir acquis suffisamment de sécurité personnelle pour ne tomber ni dans le rôle du protecteur ni dans celui du protégé.

En outre, si vous vous retrouvez dans cette situation après quelques années de vie à deux, il reviendra au partenaire «protecteur», que ce soit vous ou votre conjoint, de changer pour s'adapter à une situation nouvelle. On pourra espérer que le partenaire «protégé» laissera le temps à la personne avec qui il vit de le faire, sans hostilité (l'autre ne pouvait faire autrement), mais aussi sans tergiverser outre mesure à cause d'une culpabilité malencontreuse qui pourrait l'amener à poursuivre une relation mal fichue susceptible d'avoir atteint son terme.

La connaissance des caractéristiques de l'autre sera évidemment favorisée par une vie commune relativement prolongée. Il n'est guère possible de connaître l'autre à partir seulement de l'échantillon biaisé que constituent des fréquentations conventionnelles. Mais même pour deux personnes ayant vécu ensemble pendant plusieurs années, il y a risque d'erreur, surtout si, pendant ces années, l'un des partenaires s'est cantonné dans un rôle de protégé et n'a pu évoluer suffisamment pour se donner sa propre sécurité. Au moins, une telle expérience de vie commune diminue, sans les abolir, les risques d'erreur sur la personne.

Et l'amour dans tout cela? Vous avez probablement conclu que sa seule présence ne suffisait pas à assurer un choix judicieux de partenaire. Il y a bien des années, je regardais à la télé un vieux western dont j'ai complètement oublié la trame et même le titre. Une des scènes présentait un jeune fermier venant demander à un patriarche d'allure sage et pondérée la main de sa fille. «Mais pourquoi voulez-vous épouser ma fille», demande le père. «Parce que je l'aime», répond le prétendant. «C'est bien beau, reprend le père, mais vous entendez-vous?» *(Do you get along?).* Bonne question à laquelle il est bien important de pouvoir apporter une réponse précise avant de convoler. Il en est de l'amour comme d'un feu de bois. L'amas de brindilles enflammées donne une flamme claire et brûlante, mais ne dure guère. Si on ne rajoute pas de bûches donnant une chaleur égale et prolongée, le feu s'éteint bientôt. Ainsi, le choix d'un partenaire sera éclairé par la constatation de valeurs communes, d'intérêts profonds et stables partagés, d'options de base convergentes.

Je rencontrai un jour une jeune fille charmante qui me déclara souhaiter s'éclaircir l'esprit à propos d'un candidat possible pour partager sa vie. Elle me décrivit le gaillard en question, son style de vie, ses habitudes, enfin tout ce qu'elle connaissait de lui. Cet homme menait une vie agitée, consacrant le plus clair de son temps à fuir les forces de l'ordre sans cesse à sa poursuite sur plusieurs continents. Commerçant dans le domaine des drogues illégales, il avait déjà écopé de diverses courtes sentences dans les établissements pénitenciers. Par ailleurs, ma cliente rêvait d'une vie paisible dans un pavillon de banlieue où elle éduquerait deux enfants charmants dans une atmosphère de sérénité: un chien, un jardinet, des voisins agréables et un dîner chez maman le dimanche. La liste de ses intérêts et de ceux du candidat ne comportait qu'un seul point commun: ils adoraient tous deux le jazz. J'exprimai mon scepticisme devant la probabilité d'une vie heureuse à deux dans de telles conditions. «Mais, je l'aime tant», gémit-elle. Fin de l'anecdote.

Même si l'amour entre deux humains atteint des degrés fulgurants, il sera bien difficile qu'ils arrivent à traverser heureusement la vie ensemble si l'un adore les enfants alors que l'autre ne peut les supporter, si l'un n'attribue d'importance qu'à l'argent et au pouvoir alors que l'autre est doté d'une conscience sociale qui le porte vers les malheureux et les démunis, si le premier ne rêve que d'expéditions périlleuses et de sports violents alors que le second n'aime rien de plus que de se lover au coin du feu pour lire en écoutant Mozart. Les concessions que l'un et l'autre seront amenés à faire pour maintenir leur union risquent de devenir pénibles à la longue et de transformer leur nid d'amour en une société de tolérance réciproque, plus ou moins allègrement consentie. Compte tenu de la longueur de la route à parcourir, il convient de ne pas trop se charger au départ si on ne veut pas défaillir en chemin. Je sais bien qu'on ne peut tout prévoir et que les plans les plus astucieux des souris et des hommes finissent souvent de travers. Il n'en reste pas moins que, si l'amour rend aveugle, il est souhaitable qu'il ne soit pas trop intense pour venir obscurcir le peu de lucidité qui peut subsister chez les humains.

# CHAPITRE 16

*Pratiquer l'homosexualité*

Il y a quelques années, se présentait à mon bureau un jeune homme qui, dès le début de notre entretien, me déclara: «J'ai un problème: je suis homosexuel.» Je lui répondis: «Pas du tout; vous n'êtes nullement homosexuel.» «Qu'en savez-vous, reprit-il, vous ne me connaissez ni d'Ève ni d'Adam.» «Je n'ai pas besoin de vous connaître, continuai-je, je sais que vous n'êtes pas homosexuel puisque les homosexuels n'existent pas.» «Êtes-vous tombé sur la tête? s'exclama-t-il, les homosexuels existent par millions et j'en suis un.» «Vous vous trompez complètement, expliquai-je, vous pratiquez sans doute l'homosexualité, ce qui en soi ne constitue nullement un problème, mais vous êtes certainement un être humain; que vous pratiquiez la profession de tôlier, de médecin, de clown ou de montreur d'ours ne change rien à votre condition humaine. Vous confondez une partie de vos actes avec l'ensemble de votre personne. Cette confusion peut, en effet, vous causer des problèmes émotifs.» «Bon, bon, reprit-il, c'est ce que je voulais dire... Vous coupez les cheveux en quatre.» «Peut-être, rétorquai-je, mais si c'est ce que vous vouliez dire, que ne l'avez-vous dit? Et, de plus, est-ce couper les cheveux en quatre que de distinguer soigneusement l'auteur d'un acte de cet acte lui-même?»

L'erreur de mon visiteur est immensément répandue et se trouve à la source d'un grand nombre de perturbations émotives. Il convient de se rappeler que nul n'est ce qu'il fait et qu'il est illogique et psychologiquement périlleux de généraliser abusivement en tirant des conclusions générales de faits particuliers. C'est de cette manière qu'on arrive à parler d'homosexuels, de lesbiennes, de criminels, de bons à rien ou encore d'honnêtes citoyens, de bons pères de famille, de mères dévouées, tous des êtres qui n'existent pas dans la réalité, mais seulement dans l'imagination de ceux (et ils sont innombrables) qui se livrent à ces généralisations.

Pratiquer l'homosexualité ne pose en soi aucun problème, ni technique ni émotif. Ce comportement n'entraîne par lui-même aucun désordre social et n'est l'indice d'aucune faille ou déficience personnelle. L'orientation sexuelle des humains est probablement fortement influencée par leur héritage génétique et divers autres facteurs aléatoires sur lesquels ils ne peuvent exercer aucun contrôle.

Cependant, les préjugés envers ce genre de comportement demeurent actifs, même si une évolution positive s'est produite au cours des dernières années. Les personnes qui pratiquent cette forme inoffensive de sexualité sont encore affublées de sobriquets plus ou moins méprisants: tapette, pédale, tantouse, tata, pédé, folle, alors que les personnes qui exercent l'hétérosexualité, elles, n'ont pas à subir ces marques de mépris.

La pratique exclusive ou partielle de l'homosexualité ne peut causer de perturbation émotive. Ce fait, comme tous les faits, ne cause aucune émotion, positive ou négative. On peut cependant constater que diverses personnes pratiquant l'homosexualité se sentent coupables, honteuses, déprimées, tristes, révoltées, anxieuses. Ces phénomènes émotifs déplaisants sont uniquement dus aux idées et conceptions que ces personnes entretiennent à propos de leur homosexualité.

Pourquoi se sentir coupable de pratiquer l'homosexualité? Le comportement n'est pas interdit par la nature: il est donc absurde de le qualifier de contre nature. Rien de ce qui existe ne peut être contre nature. Ce n'est même plus illégal presque partout. Et même si quelque loi civile absurde interdisait les rapports intimes entre personnes du même sexe, elle ne poserait qu'un problème technique plus ou moins aisé à résoudre selon les circonstances de temps et de lieu. Vous savez que les humains ne décident rien, pas plus qu'ils ne choisissent de pratiquer l'homosexualité ou l'hétérosexualité (ou la bestialité, ou l'autoérotisme, etc.). Qu'on ne parle donc pas ici, pas plus qu'ailleurs, de choix plus ou moins libre. Même s'il était vrai qu'une personne pratique l'homosexualité parce qu'elle le veut bien, vous savez que ce vouloir serait déterminé par le hasard des idées et des conceptions défilant dans son esprit à l'occasion aléatoire des événements. Celui qui pratique l'homosexualité n'est pas plus libre de le faire ou de s'en abstenir que celui qui pratique toute autre forme de sexualité.

L'anxiété souvent ressentie à l'occasion de cette pratique ne provient évidemment pas de la pratique elle-même. Certains «homosexuels» redoutent de perdre l'approbation et l'affection de certains membres de leur entourage si ces derniers en viennent à connaître leurs comportements. On me parlait récemment d'un père qui déclarait qu'il aimerait mieux que son fils soit mort que de le savoir pratiquer l'homosexualité. Voilà qui semble aberrant, bien que la mort n'ait rien de tragique. Par contre, mener une vie sérieusement limitée par l'infirmité ou quelque handicap physique ou mental est plus ardu. Alors, Monsieur, vous préféreriez vraiment que ce beau garçon rieur, créateur, inventif, rempli de promesses mais pratiquant l'homosexualité avec un copain soit plutôt affecté d'une tumeur cérébrale qui le réduise à l'état de légume, qu'il soit plutôt frappé par une paralysie qui le rive à un fauteuil roulant, qu'il soit victime de quelque déplorable maladie qui le fasse mourir à petit feu dans quelque hospice, livré aux soins distraits d'un personnel surchargé? Allons donc!

Il demeure vrai que diverses personnes (parents, amis, patrons, collègues) peuvent rejeter la personne qui pratique l'homosexualité. Ce rejet peut entraîner des problèmes pratiques parfois épineux. Mais cette situation n'est pas en elle-même différente de celle dans laquelle peuvent se retrouver toutes les personnes qui heurtent les préjugés des autres, que ce soit à propos de sexualité, d'infirmité, d'origine sociale ou ethnique, etc. En ce sens, pratiquer l'homosexualité de façon connue dans certains milieux peut être aussi malcommode que de chercher à se loger quand on a cinq enfants ou d'être un Noir en Alabama. Selon les circonstances, il pourra donc être utile à la personne qui pratique l'homosexualité de le faire discrètement, non par honte, mais bien pour éviter d'attirer sur elle des ennuis issus des préjugés de ceux qui l'entourent. Dans de telles circonstances, il ne semble guère utile de courir au-devant des coups. J'ai déjà eu comme client un jeune homme pratiquant l'homosexualité et occasionnellement le travestisme. Son copain lui avait offert une adorable jupette en cuir en guise de cadeau d'anniversaire, ce qui l'avait comblé de joie. Il projetait, me dit-il, de porter ce vêtement dans un quartier où rôdaient le soir des bandes de gaillards violents, machistes, tout prêts à infliger une sérieuse raclée à un efféminé. C'était une bien mauvaise idée qui ne pouvait lui attirer que des ennuis même si c'était son droit le plus absolu.

La honte que ressentent certaines personnes pratiquant l'homosexualité provient uniquement de l'idée qu'elles se font que l'homosexualité les range au nombre des êtres méprisables. Cette catégorie d'êtres humains n'existe que dans l'imagination de ceux qui la créent par leur pensée déficiente. Comme aucun être humain, qu'il pratique quelque forme de sexualité que ce soit, n'est doté de quelque valeur personnelle, comme finalement personne ne vaut rien en soi, pourquoi une personne pratiquant l'homosexualité se croirait-elle inférieure (ou supérieure) à toute autre.

Y a-t-il lieu de se révolter face à son homosexualité, de clamer qu'on n'a pas demandé à en être affligé, qu'il s'agit d'un sort cruel et immérité? Voyons, cher monsieur, chère madame. Vous ne l'avez pas mérité, c'est clair, puisque nul d'entre nous ne mérite rien. Le hasard vous a doté de ces tendances, comme il en a doté d'autres de tendances différentes. Il n'y a là aucune catastrophe: vous avez toujours vos deux jambes, vos deux yeux, etc. Votre orientation sexuelle ne vous interdit nullement par elle-même de mener une existence agréable, créatrice, socialement utile comme en témoigne la vie d'innombrables personnes qui, au cours des siècles et jusqu'à nos jours, ont pratiqué et pratiquent la même forme de sexualité que vous. Vous n'aurez pas d'enfants biologiques, c'est clair. Mais ne peut-on vivre heureux sans enfants et pourquoi pas plus intensément que si on en a mis au monde?

Certaines personnes pratiquant l'homosexualité se plaignent à moi de rapports souvent éphémères, instables, parfois sordides qu'elles entretiennent avec leurs partenaires. Cet état de choses ne découle certainement pas de l'homosexualité. Ce genre de rapports existe également parmi ceux et celles qui pratiquent l'hétérosexualité. Les «poires d'amour» et les amoureux compulsifs se trouvent autant dans un groupe que dans l'autre. La jalousie, l'anxiété, la violence, l'exploitation, la dépendance affective et toutes les autres «maladies» qui empoisonnent la vie à deux sont loin d'être l'apanage des couples homosexuels.

Que reste-t-il? De la tristesse quand vous songez à votre sort homosexuel. Vous croyez que votre vie aurait été plus facile et agréable si votre orientation sexuelle avait été celle de la majorité, si vous aviez été «normal»? Qu'en savez-vous? Qu'en saurez-vous jamais?

Ce qui peut faire la différence entre le bonheur et le malheur ne peut être un élément comme la sexualité, mais bien davantage les idées et les croyances que vous nourrissez à ce sujet-là. Si vous procédez à une épuration radicale des idées qui vous rendent anxieux, révolté, coupable, déprimé et triste, je ne vois pas pourquoi vous ne pourriez vivre une vie agréable, comportant certes des limites et des servitudes, mais quelle vie n'en comporte aucune? Le paradis n'est pas réservé à ceux qui pratiquent l'hétérosexualité ni l'enfer à ceux qui sont orientés vers leur propre sexe. Ce sont des balivernes dont il vaudrait mieux vous débarrasser si vous ne voulez pas creuser vous-même la tombe de votre bonheur. Si vous vous êtes troublé émotivement à propos de votre orientation sexuelle, sachez bien qu'elle n'est pas la cause de votre trouble. J'ai connu et connais encore des personnes des deux sexes pratiquant l'homosexualité et menant des vies agréables et exemptes de bouleversements émotifs notables. Par contre, je connais et vous connaissez sans doute aussi des hommes et des femmes résolument orientés vers l'hétérosexualité qui pourtant éprouvent une galaxie d'émotions déplaisantes à propos de leur sexualité ou de tout autre aspect de leur vie. C'est dans la tête qu'on peut être heureux, quoi qu'il se passe au-dessous de la ceinture.

# CHAPITRE 17

*Vivre avec un conjoint: les exigences*

Vous qui me lisez vivez peut-être en couple, en compagnie d'une personne de votre sexe ou de l'autre. Un très grand nombre de problèmes émotifs trouvent leur occasion dans la relation qui s'établit entre les deux partenaires d'un couple. Si toutes les personnes qui forment un couple croient y trouver le bonheur, aucune ne l'atteint jamais entièrement et ne le vit de manière constante. Il est donc fort important de s'interroger sur les caractéristiques requises chez chacun des partenaires pour que leur vie soit, en général, plus agréable que désagréable et que chacun puisse y éprouver des émotions agréables plutôt que l'inverse.

La «maladie» de base des couples, celle qui affaiblit leur vitalité ou mène à leur mort, est, encore une fois, l'exigence sous toutes ses formes. Il suffit malheureusement de transformer des désirs tout à fait légitimes en besoins impérieux pour que s'amorce le défilé des émotions pénibles: anxiété, hostilité, culpabilité, dépression. Ces diverses émotions conduisent à des actes maladroits ou contraires aux objectifs de leurs auteurs; ces actes, à leur tour, fournissent de nouvelles occasions d'un retour à ces émotions et ainsi de suite. Décidément, l'exigence — le besoin — constitue l'ennemi numéro un de la vie heureuse, que ce soit dans un couple ou ailleurs. Voyons comment les choses se passent souvent et comment elles pourraient se dérouler différemment si les exigences des partenaires disparaissaient ou, du moins, diminuaient.

Vous serez d'accord pour admettre qu'il est, en général, très maladroit pour les partenaires d'un couple de se disputer souvent et âprement. Je me souviens d'une dame qui me disait: «Chaque soir, après le souper, mon mari et moi passons au salon et nous disputons amèrement pendant plus d'une heure. Y a-t-il mieux à faire?» «Chère dame, lui répondis-je, à peu près tout serait préférable à ce scénario. Ainsi, après le repas, attardez-vous dans la cuisine. Versez dans un bol le contenu d'un sac de riz et mettez-vous à compter les grains. Cette démarche vous ennuiera sans doute prodigieusement mais, au moins, elle ne vous blessera pas psychologiquement.»

Il est presque toujours futile et inutilement douloureux de se disputer avec quiconque. Au moins, si vous enguirlandez, dans un aéroport, un inconnu qui s'apprête à s'envoler pour Bombay alors que vous partez pour Montevideo, les dommages ne seront ordinairement que minimes. Mais engueuler la personne qui partage la même demeure que vous et qui sans doute, couchera à vos côtés dans quelques heures, n'est-ce pas de la dernière maladresse? Il s'agit d'une guerre civile, se déroulant sur le territoire commun des belligérants qui, s'ils se réconcilient, auront à reconstruire le territoire que leur folle guerre aura dévasté. Se battre contre un «ennemi» extérieur, mettre son territoire à sac pour ensuite se retirer dans le sien qui est demeuré relativement intact, passe encore. Mais dévaster à deux le territoire émotif commun, voilà qui n'est avantageux pour aucun des partenaires, et le vainqueur (s'il en est) d'un tel conflit est aussi perdant que l'autre. Autant vous disputer avec des personnes étrangères à votre vie intime; s'en prendre au conjoint ou aux enfants équivaut à saboter votre ménage.

Comment les disputes commencent-elles et se déroulent-elles? Toujours selon le même scénario, à propos de n'importe quel événement qui frustre l'un des partenaires, le prive de quelque chose, lui déplaît. Cette frustration peut être minime ou considérable: cela ne change rien à l'affaire. Claude propose à Lucie d'aller au cinéma. Il lui passe par la tête que cette sortie serait agréable, ce qui engendre chez lui l'émotion *désir de sortir avec Lucie pour aller au cinéma.* Il exprime ce désir à Lucie. L'idée *Il serait agréable pour moi d'accompagner Claude au cinéma* ne vient pas à Lucie. Il lui vient (par hasard) une autre idée: *Il serait bien agréable pour moi de rester ce soir au coin du feu.* Son désir d'aller au cinéma étant absent, elle rejette la proposition de Claude. Jusqu'à ce point, il ne se passe encore à peu près rien: Claude se trouve dans l'état de frustration et éprouve donc automatiquement une certaine tristesse, proportionnelle à l'intensité de son désir d'aller au cinéma accompagné de Lucie. Voici le moment crucial. Il se peut que Claude se mette alors à penser que Lucie devrait (exigence-besoin) avoir envie de l'accompagner au cinéma, ce qui est absolument impossible puisque, dans l'esprit de Lucie, l'idée qui amènerait ce désir est absente, sans qu'elle puisse d'aucune façon contrôler sa présence ou son absence. Si Claude pense que Lucie devrait vouloir ce qu'elle ne peut vouloir à ce moment-là, cette pensée engendrera chez lui l'émotion «hostilité». Cette émotion sera exprimée ou refoulée.

Dans la première hypothèse, l'expression pourra revêtir plusieurs formes, la plus fréquente consistant en un blâme adressé par Claude à Lucie: «Tu ne veux jamais sortir... Il ne faut pas manquer ce film...» ou quelque autre formulation de l'idée *Elle devrait dire oui.* Que se passe-t-il dans l'esprit de Lucie quand elle entend le reproche de Claude? À moins qu'elle ne se soit longuement entraînée à penser que Claude ne peut, à ce moment précis, s'abstenir de lui adresser un reproche puisqu'il a en tête l'idée qui l'amène à le faire, il lui viendra probablement une autre idée: *Claude ne devrait pas me faire de reproche.* Cette idée engendrera chez elle à son tour la même émotion que celle qu'elle a engendrée chez Claude: l'hostilité. Exprimant son hostilité, elle aussi sous forme de reproche, Lucie dira: «Tu veux toujours que je fasse ce qui te plaît. Tu te prends pour un empereur... Tu ne le devrais pas.» Ce faisant, elle reproche à Claude de lui reprocher de ne pas vouloir l'accompagner au cinéma. Claude peut alors reprocher à Lucie de lui reprocher de lui adresser des reproches et ainsi *ad infinitum.* Voilà comment la dispute «classique» commence et se déroule, à peu près comme un match de tennis, chacun des partenaires renvoyant la balle à l'autre. Le match ne peut s'interrompre que si l'un des adversaires quitte le court après avoir laissé tomber la dernière balle. Résultat final: Claude ne va pas au cinéma ou, du moins, il n'y va pas accompagné de Lucie. Il est, de toute manière, frustré (état), triste et déçu (émotion). De plus, il se sent hostile et peut être anxieux, coupable, déprimé. De son côté, Lucie est également frustrée et triste à l'occasion du reproche initial de Claude. Elle peut aussi, comme Claude, éprouver de l'anxiété, de l'hostilité, de la culpabilité et être déprimée à propos de la dispute. Quel gâchis!

Comment les choses se dérouleraient-elles si ni Claude ni Lucie ne nourrissait d'exigences? Devant le refus de Lucie de l'accompagner au cinéma, Claude ne se sentirait que triste et déçu. Il ne reprocherait pas ce refus à Lucie. Cette dernière n'aurait donc pas l'occasion de voir germer en elle l'idée qui l'amènerait à reprocher à Claude de lui reprocher ce refus. Elle ne le ferait donc pas. Il n'y aurait pas de dispute. Claude demeurerait frustré et triste, mais non hostile, etc. De même pour Lucie. Le désordre émotif demeurerait au niveau minimum et l'absurde match de reproches n'aurait pas lieu, faute d'adversaires. Cela ne constituerait évidemment pas une situation idéale mais, au moins, serait-elle moins pénible pour l'un comme pour l'autre des partenaires. Elle ne déboucherait pas sur des actes qui viendraient saper encore davantage leur plaisir possible à vivre ensemble. En conclusion, tout reproche adressé à une autre personne est absurde en lui-même puisqu'il proclame une chose impossible: l'autre devrait agir d'une manière qu'il ne peut adopter, étant démuni des idées et des émotions qui l'amèneraient à agir comme désiré. De plus, le reproche s'accompagne habituellement d'actes qui viennent empoisonner la vie de celui qui l'émet comme la vie de celui qui en est l'objet, ce qui constitue une deuxième absurdité.

Notez bien au passage que l'absence d'exigences ne signifie pas l'absence de désirs et de préférences. Désirs et préférences naissent spontanément en nous, engendrés par les idées qui nous viennent à l'occasion de n'importe quoi. Quand l'idée: «Ce serait agréable ou avantageux» se transforme subtilement en «Il faut...», les désordres émotifs surgissent.

Est-il possible que les partenaires d'un couple arrivent à faire mourir toute exigence en eux? Théoriquement, oui, pratiquement, non. Nous ne contrôlons pas la venue des idées dans notre esprit.

Elles surgissent à l'improviste, sous l'influence d'habitudes longuement ancrées par des années de répétition à partir de la naïveté et de la sottise de l'enfance, soutenues par les déclarations insensées de ceux qui nous entourent et qui les répètent chaque jour. Du moins est-il possible pour chacun de s'entraîner à attaquer ces idées quand elles se manifestent dans notre esprit. Ce travail, poursuivi pendant une longue période, peut amener ces idées à se manifester moins souvent ou, du moins, à céder la place plus rapidement à des notions plus réalistes et plus salutaires.

Remarquez bien le mécanisme déjà évoqué. L'intensité de la pensée exigeante sera proportionnelle à la frustration ressentie. Plus cette frustration, cette privation, sera douloureuse, plus forte sera la tendance à exiger qu'elle ne se produise pas et plus forte aussi sera l'hostilité qui découlera de cette croyance. Par ailleurs, l'intensité de la frustration est toujours proportionnelle à l'intensité du désir non satisfait. Plus je veux une chose, plus je serai frustré de la voir m'échapper. Il y a donc ici un travail de prévention possible auquel chacun peut s'appliquer: modérer les désirs. Certaines philosophies voient dans le désir l'ennemi de la paix de l'esprit et préconisent son éradication totale. Il me semble que ce n'est pourtant pas le désir qui est redoutable, mais bien son intensité et, surtout, sa transformation en exigence. Par ailleurs, c'est déjà un désir que désirer n'avoir aucun désir et toute apparition fortuite d'un désir constituerait alors un élément frustrant. Il ne semble pas qu'il y ait d'issue de ce côté: comme tous les systèmes parfaits et radicaux, celui-ci demeure inaccessible aux êtres faillibles que nous sommes, capables de concevoir l'idéal mais congénitalement incapables de l'atteindre.

L'objectif de modérer les désirs peut être plus facilement atteint si on se rappelle que nous ne savons jamais si ce que nous croyons bon et utile pour nous l'est vraiment. À l'instant même où j'écris ces lignes, une inconnue vient de me téléphoner pour me demander une explication à propos du contenu d'un de mes livres. Elle m'a rapporté un événement récent de sa vie à l'occasion duquel elle avait ressenti une certaine tristesse. Ayant omis de se vêtir chaudement, elle n'avait pu confortablement accompagner son mari dans une promenade qu'il lui avait proposée à brûle-pourpoint alors qu'ils visitaient tous deux un centre commercial. Son désir de partager cette promenade avec lui ne s'étant pas accompli, elle s'est retrouvée frustrée (et donc au moins triste). Mais elle ne saura jamais comment se serait déroulée la promenade en question. Peut-être se serait-elle amèrement disputée avec son mari. Peut-être aurait-elle glissé sur une plaque de glace pour choir lourdement sur le pavé et se fracturer le bassin, peut-être aurait-elle été victime d'un chauffard éméché qui l'aurait conduite à l'hôpital pour de longs mois de souffrance. Tout cela, ni elle ni quiconque ne le saura jamais. Était-ce une «bonne idée» de faire cette promenade? Était-ce au contraire une «mauvaise idée» dont l'accomplissement se serait soldé pour elle par des désavantages au moins apparents? Voilà comment quiconque peut arriver, non à faire disparaître ses désirs, mais plutôt à en modérer l'intensité, diminuant ainsi ses risques de chavirer dans la douloureuse absurdité de l'exigence.

Résumons-nous. L'exigence sous toutes ses formes est absurde et dangereuse, engendrant des ennuis dans le domaine de l'émotion et de l'action qui, selon toute vraisemblance, contrecarrent les objectifs de bonheur des deux partenaires. D'autre part, les puissants désirs risquent à tout moment de provoquer de la frustration, engendrant ainsi des conditions favorables à la naissance de l'exigence. Il vaut donc probablement mieux les modérer puisqu'on ne peut jamais démontrer si l'objet de ces désirs est valable ou pas.

L'une des conséquences les plus redoutables de l'exigence pour la survie du couple est le sentiment de jalousie qui peut facilement s'introduire dans toute vie à deux. On a parlé de la jalousie comme d'un signe d'amour et ce n'est pas complètement faux. Il est clair que Marcel ne se sentira pas jaloux s'il n'aime pas Juliette et ne conçoit pas son départ comme un dommage. Cependant, la jalousie est bien plus un indice de l'anxiété qui habite l'esprit du jaloux. Marcel trouve Juliette agréable: elle lui plaît (partiellement) et il l'aime (sporadiquement et partiellement). Il trouverait déplaisant qu'elle le quitte et rompe leur relation pour en nouer une nouvelle avec un autre partenaire. Jusque-là, pas de problème majeur. Si Marcel est réaliste et se connaît quelque peu lui-même, il saura bien qu'il ne peut être le seul homme pouvant satisfaire les désirs variés de Juliette. Il saura aussi qu'il ne plaît pas complètement ni continuellement à Juliette, qu'il lui manque certaines caractéristiques qui plairaient à cette dernière et qu'il est au contraire doté de quelques traits qui lui déplaisent. Il saura aussi que Juliette est un être humain comme lui, fragile et inconstante, assaillie d'idées plus ou moins réalistes et d'émotions plus ou moins aberrantes. Sans s'alarmer à tout moment, Marcel saura que rien n'est acquis définitivement et qu'à tout moment peuvent venir à Juliette des idées qui l'amèneraient à le quitter, temporairement ou définitivement, pour nouer une autre relation dont il serait exclu.

En raison de cette lucidité et de son désir (non de son exigence ou de son besoin) de conserver une relation agréable avec Juliette, Marcel se comportera d'une manière avisée et créatrice, multipliant les occasions de plaire à Juliette et réduisant au minimum les comportements qui lui déplaisent. Comme l'amour découle de la gratification et la haine de la frustration, Marcel se préoccupera sagement de mettre en place dans sa relation avec Juliette le maximum raisonnable d'éléments gratifiants et le minimum d'éléments frustrants, espérant que Juliette sera assez lucide et avisée pour se comporter de la même manière. Comme vous pouvez le constater, en s'y prenant ainsi, Marcel agit d'une manière logique, comme un homme préoccupé par ses propres intérêts et soucieux de satisfaire au moins en partie les intérêts de l'autre. Voilà un bon modèle d'égoïsme lucide.

Il en va tout autrement si Marcel devient jaloux. Sa jalousie n'est au fond qu'une manifestation de son anxiété, elle-même alimentée par l'idée qu'il a besoin de l'amour (total, complet, indéfectible, exclusif) de Juliette, qu'il lui faut cet amour et que toute défaillance de Juliette et surtout toute infidélité de sa part constituerait un malheur irréparable, une affreuse catastrophe à laquelle ni leur union ni son bonheur ne sauraient survivre. Cette anxiété sera, par ailleurs, encore plus accentuée si Marcel se trouve lui-même peu séduisant et qu'il voit Juliette environnée d'hommes plus jeunes, plus beaux, plus riches, plus agréables qu'il ne l'est lui-même à ses propres yeux. Sa jalousie pourra s'exprimer par une foule de gestes tous plus maladroits les uns que les autres: interrogatoires minutieux et prolongés de Juliette, scènes variées, demandes répétées à Juliette de lui jurer fidélité et de lui redire constamment son amour, etc. Toutes ces procédures risquent fort de lasser Juliette à la longue, lui donnant l'occasion de penser qu'elle serait peut-être mieux dans les bras d'un autre que dans ceux, amoureux, mais étouffants, de Marcel. Voici donc Marcel mettant lui-même en place les éléments qui risquent de faire arriver ce que précisément il redoute: la perte de Juliette. On ne saurait mieux se nuire à soi-même et contrecarrer ses propres objectifs.

J'ai souvent raconté l'anecdote suivante à certains de mes clients consumés par le mal d'amour. La veille de son mariage, une jeune fille se promène avec sa mère sur une plage. La fille dit: «Maman, je vais me marier demain avec Julien. J'ai toujours admiré et envié la relation qui s'est établie entre toi et papa. Dis-moi le secret de la réussite de votre union.» En guise de réponse, la mère se penche et ramasse une poignée de sable sec sur la grève. «Regarde bien», dit-elle et elle serre la main contenant la poignée de sable. Le sable coule entre ses doigts. La mère se penche de nouveau et ramasse une nouvelle poignée de sable. «Regarde encore», dit-elle. Elle tient alors le sable dans sa main sans refermer le poing. Le sable reste en place. «As-tu compris? demande la mère. Si tu veux que ça dure, ne serre pas!»

Le jaloux pressé par l'anxiété qui le dévore à cause de ses exigences et de ses besoins serre, parfois à mort. Il semble croire qu'il faut serrer pour garder alors qu'il s'agit plutôt de continuer à séduire. Voilà certains des effets délétères de l'anxiété, dans le domaine amoureux comme dans d'autres.

# CHAPITRE 18

*Vivre avec un conjoint: «diabolisation», «catastrophisation»*

Les deuxième et troisième «maladies» du couple résident dans la «diabolisation» du partenaire ou d'autres personnes reliées à lui et dans la «catastrophisation». La «diabolisation» n'est au fond qu'une variante personnalisée de la «catastrophisation». Celle-ci consiste à transformer mentalement un événement frustrant quelconque en une catastrophe insupportable, inadmissible, affreuse, intolérable. Pour sa part, la «diabolisation» consiste à imaginer qu'une autre personne est non seulement un être humain imparfait présentant des carences et des défauts, mais aussi un monstre total, dépourvu de toute caractéristique agréable, totalement mauvais et voué pour toujours à le rester. Dans un cas comme dans l'autre, il s'agit d'exagérations négatives, de l'application d'une épaisse couche de peinture noire sur un mur déjà gris.

Sans engendrer d'émotions spécifiques, ces deux erreurs augmentent l'intensité des émotions déjà présentes, causées par des idées particulières. Il est clair que si Marcel ne fait pas que se rendre compte que Juliette se comporte occasionnellement ou même fréquemment de façon désagréable pour lui, mais qu'en plus il déclame qu'elle n'est qu'une affreuse chipie qui s'acharne à le frustrer de manière insupportable, ses émotions de mépris et de colère seront beaucoup plus marquées. En conséquence, les actes qui découleront de ces émotions survoltées pourront être plus inadaptés encore que ceux que des émotions plus pondérées l'auraient amené à accomplir. Quand Marcel s'emporte sous l'impulsion de ses exagérations, il crie, hurle, frappe, tue. De même, si Juliette entretient également des idées exagérées par rapport à Marcel, se le décrivant comme un monstre d'ingratitude commettant sans cesse des actes épouvantables, son désarroi sera bien plus marqué que si elle serre la réalité de plus près. Marcel et Juliette ne sont évidemment que des êtres humains: les diables et les monstres ne résident que dans l'esprit de ceux qui leur prêtent vie par leur imagination. De même, aucun acte accompli par un humain n'est épouvantable, affreux ou insupportable. Il ne peut jamais être que plus ou moins pénible, douloureux ou désagréable, comme nous l'avons déjà vu. N'est-il pas déjà déplaisant de subir des comportements frustrants de la part d'un conjoint sans se mettre à les exagérer et ainsi s'imposer un fardeau supplémentaire d'émotions exagérément douloureuses qui découlent de la «diabolisation» et de la «catastrophisation»? Loin d'aider la personne, ces émotions sapent l'énergie qu'elle pourrait plus utilement consacrer à diverses démarches constructives: tenter de changer la situation ou, à la limite, fuir.

Ainsi donc, si vous ne voulez pas vivre une relation pénible et désagréable avec un conjoint, il conviendra de vous entraîner à éviter ces trois «maladies»: l'exigence, la «diabolisation» et la «catastrophisation».

Parlons un peu des diverses crises qui peuvent jalonner une vie de couple et, tout d'abord, de l'infidélité de l'un des partenaires. Pour de nombreux membres d'un couple, l'infidélité du conjoint, habituelle mais aussi isolée, constitue un événement de première importance, susceptible d'amener la rupture brutale du lien conjugal. Il est évident que si le partenaire trompé considère l'infidélité de l'autre comme une innommable horreur et une catastrophe inexpiable, la rupture suivra à court terme. Une telle réaction peut carrément être considérée comme grossièrement exagérée dans de nombreux cas. J'ai le souvenir d'une conversation avec des amis au cours de laquelle on en vint à parler d'adultère. On demanda à une jeune mère de deux enfants, vivant heureuse avec un mari aimant et dévoué, quelle serait sa réaction si elle apprenait que ce dernier l'avait trompée, ne fût-ce qu'une seule fois. Sa réponse:

«Ses valises seraient sur le trottoir avant qu'il n'ait eu le temps de se retourner.» Une telle réponse découle d'une espèce de fanatisme attribuant à l'exclusivité sexuelle une valeur démesurée. Toutes proportions gardées, c'est comme faire sauter la maison parce qu'on y a cassé un carreau, se couper un bras parce qu'on y décèle une tache cutanée, jeter à la poubelle tout un quartier de viande parce qu'une de ses parties est flétrie. De telles réponses sont souvent émises par des personnes manquant de sécurité personnelle, ne parvenant pas à accepter que nul n'aime une autre personne complètement et constamment, exigeant d'elles-mêmes et des autres des performances pour lesquelles la nature a mal équipé les humains que nous sommes.

L'adultère du conjoint peut plus utilement être interprété comme un signal d'alarme pour le partenaire trompé. Quelque chose ne tourne pas rond dans la relation. Aussi, au lieu de pousser de hauts cris et de se tordre les mains, il vaut peut-être mieux procéder à un examen sérieux de la situation. Il sera toujours temps de rompre si l'on croit que c'est la meilleure chose à faire. Pourquoi mettre la charrue avant les bœufs? Par ailleurs, n'y a-t-il pas quelque hypocrisie ou au moins quelque inconscience à déclarer du haut d'une arrogante fidélité que le contrevenant est le pire des chenapans, qu'on n'aurait jamais fait cela soi-même, qu'on a du caractère alors que d'autres n'en ont guère, qu'on tient les promesses pour sacrées et qu'on ne pourra plus jamais avoir en l'autre une confiance totale, que le beau rêve est brisé, qu'on a subi une blessure qui jamais ne se cicatrisera et autres déclarations plus ou moins hystériques issues d'un romantisme qui révèle plus la faiblesse de leur auteur que l'énormité de l'événement?

Madame, monsieur: bienvenue dans le monde tel qu'il est. Votre partenaire n'est ni un ange ni un diable. Vous aviez en lui ou elle une confiance totale; elle n'était issue que de votre naïveté et de vos rêves infantiles. Il est toujours contre-indiqué d'accorder une confiance totale à un être fragile, agité d'idées souvent folles, balloté par des émotions puissantes, ce que nous sommes tous. Vous dites que vous n'auriez jamais agi comme il ou elle l'a fait. Peut-être. Mais on peut être certain que si vous aviez été placé exactement dans les mêmes circonstances, avec les mêmes idées, vous auriez fait exactement la même chose. Vous dites que cette blessure ne guérira jamais. Évidemment, si vous passez votre temps à la grattouiller. Vous pensez que votre partenaire vous a librement trompé et qu'il aurait bien pu vous demeurer fidèle. C'est le moment de vous rappeler que nous sommes tous le jouet de nos idées aléatoires et des occasions qui se présentent au hasard tout au long de notre vie, qu'en chacun de nous réside un voleur, un violeur, un assassin potentiels et que nous n'avons pas plus de liberté de décision qu'une pierre qu'on lance ou un crapaud qui coasse. Votre partenaire vous a menti pendant des mois ou des années. Soit, mais le mensonge n'est pas interdit, encore qu'il ne soit pas toujours opportun. Il ou elle a cru bien faire en vous dissimulant la vérité. Avait-il raison, avait-elle raison de penser ainsi? Nous n'en saurons jamais rien. Vous croyez que votre valeur personnelle vient d'être affectée, que cet adultère révèle le peu de valeur que votre partenaire vous attribuait? Vous l'imaginez dans les bras de son amant ou de sa maîtresse, se moquant de vous, pauvre homme ou pauvre femme, trop stupide pour déceler leur liaison? Tout cela est possible, encore qu'il convienne de vous rappeler que nul humain, trompé ou non, ne détient quelque valeur personnelle décelable.

J'ai déjà eu un client fort riche qui m'annonça un jour qu'il allait divorcer. La semaine précédente, il s'était rendu avec sa femme à une soirée chic chez des amis huppés. Il y avait foule et l'alcool coulait à flots. Aux petites heures, notre homme, passablement éméché lui-même, surprend sa femme, assez pompette, volant un baiser furtif à un autre invité derrière une colonne du jardin. Fureur démente du mari, soudainement dégrisé. Je lui soulignai que la femme qu'il projetait de laisser en profiterait sans doute pour le délester de quelques millions. «Peu importe renâcla-t-il, je ne pourrai jamais accepter qu'elle m'ait préféré ce débile.» Comment se ruiner en deux leçons! Avec de telles dispositions, ne vaut-il pas mieux ne jamais vivre en couple? Un autre de mes clients, professionnel habile et prospère, soupçonnait sa femme de l'avoir trompé avec un collègue. Il la harcelait de questions et, plus elle niait, plus il s'acharnait à lui faire avouer son «crime». Il menaçait de se tuer avec une arme de chasse, préférant, disait-il, la mort au déshonneur. On aurait cru assister à la représentation d'une pièce de Corneille! Les sentiments «nobles» peuvent mener à la tombe et tout le monde ne peut commodément se poser en émule de Don Diègue.

Que conclure de raisonnable dans tout ce tumulte? D'abord, ne vous mettez pas en couple si vous n'arrivez pas à considérer avec une certaine sérénité la possibilité de son effondrement. Si vous pensez avoir un besoin inéluctable de l'autre pour vivre heureux, ne vous embarquez pas sur ce navire. Vous me feriez alors penser au marin qui projette un long voyage sur une mer semée d'écueils où les tempêtes sont fréquentes et qui ne saurait pas nager. Donnez-vous le temps d'acquérir votre sécurité personnelle de telle sorte que vous puissiez lucidement envisager la dissolution de votre couple, sans joie mais aussi sans alarme notable. Sinon, l'anxiété, avec tout le cortège de comportements nocifs qu'elle inspire, sera votre compagne de voyage. En second lieu, pensez-y à deux fois avant de vous lancer dans une aventure extra-conjugale. Posez-vous deux questions essentielles. Premièrement: quelle est la solidité psychologique de votre partenaire? Si lui ou elle en vient à connaître votre infidélité, quelle sera sa réaction? Tristesse seulement? Rage, fureur, désespoir, tendances suicidaires, culpabilité dévorante? Si votre partenaire présente des signes névrotiques caractérisés, vos risques sont plus considérables de vous retrouver avec des problèmes substantiels sur les bras. Deuxième question: quelle est votre propre solidité psychologique? Tout le monde n'a pas la mentalité requise pour vivre sereinement une liaison. Il y a quelques années, l'un de mes clients se trouvait dans cette situation. Il avait une femme et une maîtresse. En compagnie de sa femme, il regrettait l'absence de sa maîtresse. Avec cette dernière, il se sentait coupable de délaisser sa femme. Finalement, il n'était bien nulle part et, faute d'investissement de sa part, les deux relations se détérioraient. Il représentait bien le cas du chasseur qui poursuit deux lièvres à la fois et finit par les rater tous les deux. J'en vins à lui recommander de laisser aller l'une ou l'autre de ces relations, puisqu'il ne semblait pas avoir les idées requises pour les vivre confortablement en même temps.

Une fois l'adultère constaté, une réaction raisonnable consiste à se demander s'il y a quelque chose d'utile à faire pour rétablir la relation et séduire à nouveau le conjoint infidèle. Il est également utile de se poser cette question dans les cas où la relation semble se refroidir, sans que l'adultère se soit encore produit. Dans un cas comme dans l'autre, ce n'est guère le moment pour le conjoint délaissé de s'enliser dans la fureur, les plaintes, la culpabilité ou la dépression. Une dose modérée d'anxiété lui sera utile et stimulera son inventivité. Si cette anxiété est trop élevée, elle bloquera l'action ou amènera la personne à agir d'une manière désordonnée. Des conjoints trompés me demandent s'ils parviendront à pardonner l'infidélité de leur partenaire. Je préfère ne pas parler de pardon, ce terme me semblant refléter quelque sentiment de condescendance et de supériorité. Le «pardon» consiste finalement à cesser de prétendre que l'autre n'aurait pas dû faire ce qu'il a fait et même à cesser de prétendre que l'autre aurait pu s'abstenir de son geste. La chose est faite, ne peut être défaite et ne pouvait manquer de se produire à cause du hasard des circonstances et de celui qui a fait germer dans l'esprit du conjoint «délinquant» les idées qui l'ont amené à ressentir les émotions qui se sont traduites par son infidélité. Le conjoint trompé qui arrive à penser ainsi reste frustré et ennuyé par la situation, modérément anxieux et peut donc plus facilement mettre en place une stratégie de reconquête de son conjoint.

Une jeune femme aboutit un jour dans mon bureau en proie à une détresse évidente. Elle m'apprit en sanglotant que son mari la trompait, qu'il le lui avait avoué mais continuait à maintenir sa relation avec sa maîtresse. Ses sanglots étaient faits d'anxiété, mais surtout de rage. Je lui demandai si elle désirait continuer la relation avec son conjoint et elle m'affirma que oui puisqu'elle le trouvait agréable et qu'il se comportait en général adéquatement envers elle et leurs deux enfants. Une fois ses pleurs calmés, je lui demandai comment elle avait réagi, ces derniers mois, depuis qu'elle connaissait la liaison de son mari.

Il fallait s'y attendre: elle avait fréquemment adressé des reproches à son mari, l'avait blâmé, injurié, traité de tous les noms, lui avait rappelé ses «devoirs» d'époux et de père, le tout sur un ton strident et avec force larmes et sanglots. «Avez-vous observé, de la part de votre mari, quelque réaction à ce traitement?» demandai-je. «Certainement, dit-elle, il s'absente de plus en plus souvent et de plus en plus longuement pour aller retrouver sa maîtresse, malgré mes larmes, mes supplications et mes reproches.» «La procédure que vous utilisez amène donc le résultat contraire à celui que vous souhaitez, fis-je remarquer, ne vaudrait-il pas mieux pour vous inverser carrément cette stratégie pour arriver plus sûrement à vos fins?» «Que voulez-vous dire?» demanda-t-elle d'un air soupçonneux. «C'est très simple. Réduisez les blâmes et les accusations à zéro et augmentez la dose des compliments et autres traitements qui lui seront agréables. Personne n'aime se sentir la cible de blâmes et de reproches et votre mari fuit votre hargne pour se réfugier dans les bras de sa maîtresse qui l'accueille probablement avec chaleur, chante ses louanges et le plaint affectueusement d'avoir une épouse aussi revêche. Comment s'étonner qu'il préfère sa compagnie à la vôtre?» «Quoi! s'exclama-t-elle, vous me suggérez d'être gentille et chaleureuse avec cet homme qui me trompe, me néglige, moi et nos enfants!» «Je croyais que vous désiriez le ramener au bercail, reprisje, vos blâmes et vos reproches l'en éloignent. Est-ce ce que vous voulez?»

Je vous fais grâce de la suite de la conversation. Ce n'est qu'à la longue que ma cliente finit par comprendre qu'il était probablement contraire à ses objectifs d'éprouver et d'exprimer les sentiments qui l'animaient.

— Mais comment pourrais-je accepter qu'il m'a trompée et continue de le faire?

— En constatant qu'il le fait, que la chose n'est pas interdite par la nature, qu'il n'enfreint aucun de vos droits, que nul ne vous a jamais promis que les ennuis de la vie vous seraient épargnés, que votre mari a parfaitement le droit naturel de vous tromper et qu'il ne peut d'ailleurs s'empêcher de le faire à cause des idées qui lui sont venues et lui viennent encore, sans doute en partie à l'occasion de votre colère, des blâmes et des reproches que vous lui décochez.

— Plus facile à dire qu'à faire!

— Sans doute, mais encore bien plus difficile à ne pas faire qu'à faire.

— En me voyant accepter cette situation et cesser d'invectiver mon mari, les autres diront que je n'ai aucune dignité, que je ne suis qu'une femme soumise à qui on peut tout faire et qui garde le sourire.

— Qu'importe ce que pensent et disent les autres si vous parvenez à vos fins?

J'abrège. Ma cliente commença à inverser la vapeur comme je le lui suggérais. Le mari, d'abord étonné, en vint à trouver sa femme plutôt agréable et négligea quelque peu sa maîtresse. Cette dernière tomba dans le piège dans lequel ma cliente s'était elle-même d'abord empêtrée. Elle reprocha au mari de la délaisser, lui fit des crises de larmes et de jalousie. Le mari finit par revenir au pot de miel qu'était devenue son épouse, fuyant le vinaigre que distillait sa maîtresse. Je ne sais ce que sont devenues ces personnes ni si ma cliente est maintenant heureuse. Mais elle avait certainement atteint ses objectifs: récupérer son homme. Pour y parvenir, il avait fallu qu'elle enlève de son esprit les idées qui l'amenaient à accomplir des gestes qui produisaient l'effet exactement contraire à celui qu'elle souhaitait.

En plus de l'infidélité, bien d'autres périls menacent la stabilité du couple et son bonheur. L'un des plus insidieux est sans doute la monotonie qu'entraîne à la longue le partage prolongé d'une vie à deux. Combien d'aventures stupides ont commencé parce que les conjoints s'ennuyaient l'un avec l'autre et que l'amant ou la maîtresse représentait un condiment bienvenu pour une vie à deux affadie? C'est d'ailleurs cet ennui qui mène souvent les humains à des entreprises absurdes et Pascal n'avait sans doute pas tort d'écrire que «tout le malheur des hommes vient d'une seule chose, qui est de ne savoir pas demeurer au repos dans une chambre». (*Les pensées,* II, p. 139). Bien des guerres n'auraient jamais débuté (par exemple, les croisades au Moyen Âge) si les chevaliers ne s'étaient autant ennuyé de guerroyer. Nos ancêtres n'avaient guère ce problème. Sans doute se mettaient-ils en couple plus hâtivement que nous, mais ils décédaient aussi beaucoup plus jeunes. Peu de gens dépassaient la quarantaine au XVIe siècle. Les progrès de la médecine et de la science font qu'aujourd'hui les hommes et les femmes se rendent facilement à soixante-dix ou quatre-vingts ans. Le voyage conjugal, commencé un peu plus tard, risque de s'éterniser et, avec cette prolongation augmente le risque de voir l'ennui s'installer dans le couple.

Pimenter la vie à deux, ne jamais tenir pour acquis que tout va de soi, s'ingénier à introduire de la variété et de la nouveauté: voilà qui demande vigilance et créativité, si on ne veut pas voir le vaisseau conjugal croupir et sombrer dans la mer de l'indifférence. Quand le vent de la passion cesse de gonfler les voiles, il convient de se mettre aux avirons pour faire voguer la galère. Si la relation a été construite sur une base commune étendue et profonde, sur une base d'amitié plutôt que sur le seul jeu de l'amour ludique ou les flambées intenses, mais souvent brèves, de l'amour érotique, on peut s'attendre qu'elle se poursuive. Il faudra quand même penser à y introduire de la variété si on veut la voir demeurer agréable.

L'un de mes clients, un homme d'une quarantaine d'années, avait épousé sa femme quinze ans auparavant. Tout en reconnaissant les qualités enviables de sa conjointe (enjouement, sens maternel excellent, esprit pratique), il n'était pas sans remarquer des failles plus ou moins désagréables chez elle (culture limitée, caractéristiques physiques discutables, sexualité pudibonde). Ce gaillard était torturé par l'idée qu'il avait commis une regrettable erreur quinze ans auparavant et qu'il aurait été plus heureux avec une autre femme. Il se rendait bien compte que s'il quittait son épouse, elle en serait fort contrariée et que, par ailleurs, il ne trouverait peut-être pas une autre partenaire plus conforme à ses goûts. Pendant qu'il hésitait, il n'investissait guère dans sa relation avec son épouse, fuyant sa présence dans le travail et se retrouvant surtout hanté par ses doutes pendant les périodes de loisir (week-ends, vacances), alors que son esprit était habité de réflexions moroses. Je finis par lui dire qu'il me faisait penser à un habitant d'une île qui, sans être inhabitable, présente des aspects déplaisants plus ou moins notables. Voilà notre homme sur la rive, rêvant d'autres îles plus fortunées qui lui apparaîtraient peut-être s'il quittait l'île qu'il habite. Son imagination lui présente des habitats délicieux, de loin plus séduisants que ce qu'il trouve chez lui. («L'herbe est toujours plus verte de l'autre côté de la clôture.») Pendant qu'il rêve ainsi, l'île qu'il habite demeure en partie en friche et il ne peut guère apprécier les attraits qu'elle présente ni jouir de ceux qu'une autre île offrirait peut-être. Il se trouve alors dans la situation la moins désirable, ne jouissant de rien. Voilà un de ces cas où le mieux (possible) constitue l'ennemi du bien.

L'une des plaintes les plus souvent entendues de la part de partenaires d'un couple chancelant concerne la qualité de la communication. Madame se plaint que monsieur ne l'écoute jamais alors que ce dernier déclare que, de toutes manières, il ne comprend rien à son charabia. Ce n'est pas le moment d'élaborer une théorie générale de la communication. Disons cependant que l'obstacle le plus sérieux à une communication réussie réside dans le bruit. Je ne parle pas ici seulement, ni surtout, du tapage extérieur: enfants hurlants, chien déchaîné, télé tonitruante. Si la communication se fait verbalement, il sera nécessaire d'écarter d'abord les bruits externes. Plus redoutables sont les bruits intérieurs, constitués avant tout par nos amies les émotions désagréables. On peut fort bien être assis l'un à côté de l'autre dans le silence extérieur le plus profond et ne pas parvenir à s'entendre à cause de ce vacarme. Il est des silences tonnants et des mutismes assourdissants. Il va de soi que si Marcel tente d'exposer ses goûts et ses préférences à Juliette alors que celle-ci est en proie à une anxiété vive, à une colère déchaînée, à une culpabilité rongeante ou à une dépression profonde, elle ne pourra guère l'entendre ni le comprendre. Cela concerne le récepteur. Il en est de même pour l'émetteur. Si Marcel tente de communiquer avec Juliette alors qu'il ressent ces mêmes émotions, son message sera déformé. Si l'un et l'autre, émetteur et récepteur, sont tous deux émotivement agités, une communication adéquate ne peut se réaliser. On arrive ainsi au modèle le plus courant de la communication entre humains: celui qui parle ne sait pas ce qu'il dit et, de toutes manières, l'autre n'écoute pas, étant plutôt attentif à ses voix intérieures. Si Juliette et Marcel veulent arriver à se comprendre et même à s'entendre, il leur faudra donc arriver à un degré suffisant de silence intérieur sans lequel même une voix puissante se perd dans le tumulte des émotions exacerbées.

Certains couples ressemblent à s'y méprendre à une foire d'empoigne où chacun des partenaires tente plus ou moins subtilement de dominer l'autre, de saisir le pouvoir. Le pouvoir plaît presque toujours aux humains. Non seulement il leur permet d'exploiter les ressources et les services de ceux qui leur sont soumis, mais il leur donne une occasion en or de rehausser leur valeur personnelle et de bomber la poitrine en jetant un regard de commisération sur ceux qui doivent se contenter de leur obéir. Il n'est donc pas surprenant que le couple devienne souvent une arène où les adversaires s'affrontent pour occuper la position dominante.

Le cas se produit souvent quand l'un des partenaires n'arrive pas, à l'extérieur du couple, à occuper quelque poste de commande, si humble soit-il. Ainsi, Marcel tentera de dominer Juliette si, au travail par exemple, il se trouve au bas de l'échelle, assujetti à l'autorité de supérieurs plus ou moins commodes. Cette tentative de domination peut s'exprimer de diverses manières, quelquefois contradictoires. Marcel peut terroriser tout le monde dès son retour à la maison, crier, tonner, taper, se comporter en dictateur domestique. Il peut aussi, plus subtilement, devenir passif, prendre un temps fou pour décider quoi que ce soit, tomber malade («Les enfants, attention de ne pas réveiller votre père»), n'être jamais d'accord avec les propositions de Juliette («Mais oui, tu peux aller au cinéma») et mille autres manœuvres destinées à mettre Juliette à sa place, c'est-à-dire au pire à celle d'une servante dévouée et, au mieux, à celle d'une assistante de confiance à laquelle il daignera confier la gestion de quelques dossiers mineurs, se réservant en exclusivité les décisions importantes. Il faut bien le reconnaître, l'homme adopte cette attitude plus souvent que la femme. Je ne ferai pas ici l'examen des conditions sociologiques, biologiques, psychologiques, culturelles qui s'appliquent à cette situation. L'autre partenaire, en l'occurrence la femme, se reprend comme elle peut: elle fait les poches de son mari quand il prend sa douche, s'évade de sa sujétion, milite dans les mouvements féministes, etc.

Si, de plus, elle est possédée par le besoin d'être aimée, il n'est guère d'avanies qu'elle ne sera prête à supporter.

Cette rivalité conjugale est évidemment désastreuse. Tout se passe comme si, dans une firme, les divers associés passaient leur temps à tenter de se dominer les uns les autres en mettant des bâtons dans les roues des projets des autres. On pourrait s'attendre à voir une pareille société déclarer faillite dans peu de temps. L'énergie dépensée par les partenaires à échafauder des plans de domination et de défense contre cette domination serait mieux employée à contrer la concurrence de firmes rivales en regroupant les efforts de tous pour parfaire leur propre fonctionnement et leur propre production. Il en est de même dans un couple. Pour des partenaires éclairés, le couple constitue une société où chacun, lucidement intéressé par ses propres avantages, aide l'autre et entreprend de lui plaire, sachant bien que le résultat de tels efforts réside dans l'affection réciproque. Pour de tels partenaires, il s'agit de dominer, non pas l'autre, mais la réalité extérieure, les difficultés de la vie, les aléas de l'existence. Il y a déjà assez de travail à faire pour gagner de l'argent, élever des enfants, se constituer un milieu de vie au moins décent sans s'engager dans une stérile guérilla domestique. Les décisions importantes se prendront presque toujours à deux, sans tomber dans l'excès qui consisterait à se réunir sans cesse pour décider de vétilles. Certains domaines seront, d'un commun accord, dévolus à l'un ou à l'autre, en fonction des caractéristiques physiques et mentales, des habiletés et des goûts de chacun. Juliette est peut-être une habile cuisinière alors que Marcel excelle en menuiserie. Il serait absurde, sous prétexte d'égalitarisme, de forcer Marcel à mitonner des petits plats et Juliette à manier la scie et le rabot. Le fanatisme est toujours absurde, même pour combattre ce même fanatisme, et l'excès de vertu constitue finalement un vice imbécile. Par contre, certaines corvées particulièrement déplaisantes pourront avantageusement être réparties à peu près également entre les partenaires. Qui s'amuse à faire le ménage ou à «sortir» les ordures? Qui prend plaisir à faire la lessive ou à récurer les casseroles? De même, il serait malsain que les partenaires se contraignent à partager tous les loisirs. Il vaut peut-être mieux que Marcel joue au golf avec ses amis pendant que Juliette joue au tennis avec les siens plutôt que de forcer Marcel à endurer la maladresse de Juliette au golf et d'obliger Juliette à supporter celle de Marcel au tennis. Dans tous ces domaines, l'intrusion des émotions déréglées sème la pagaille. Elles sont dues à la présence d'idées et de notions absurdes, au premier rang desquelles se range l'exigence sous ses formes les plus tonitruantes ou, au contraire, les plus voilées.

Cela dit, il reste que beaucoup d'unions aboutissent au divorce ou à la séparation, pour toutes sortes de raisons plus ou moins valables. Les partenaires désunis peuvent profiter de cet échec pour apprendre comment mieux choisir un nouveau partenaire ou comment s'y prendre différemment avec un nouveau conjoint. Il se peut aussi qu'ils renouent chacun de leur côté de nouvelles relations également promises à l'échec, faute de se connaître suffisamment eux-mêmes et leur nouveau partenaire, transportant dans cette nouvelle liaison leur ancienne mentalité qui empêche presque toute réussite conjugale. Il est évidemment souhaitable que la rupture du couple se fasse sans drame et sans combat judiciaire où les seuls gagnants sont souvent les avocats des parties qui s'entredéchirent. Malheureusement, ce n'est pas toujours le cas: on divorce comme on s'est mis en couple, souvent avec les mêmes exigences et la même déraison. Tant mieux si, au moins, les enfants sont tenus à l'écart, et qu'on leur épargne de servir d'otages dans ce règlement de comptes entre adultes déboussolés.

Certains partenaires finissent à la longue par se rendre compte qu'ils ne possèdent pas les caractéristiques personnelles requises pour une vie à deux agréable. Leur nacelle vogue raisonnablement bien tant qu'il ne leur vient pas en tête de naviguer avec une autre personne dans une barque commune. Ces personnes ne sont ni meilleures ni pires que les autres: elles sont simplement inadaptées à une vie à deux prolongée. Ne vaut-il pas mieux vivre en célibataire relativement heureux qu'en conjoint malheureux? Encore une fois, à chacun de se connaître soi-même, de sonder ses capacités et ses limites pour éviter de s'engager dans des entreprises qui ne lui conviennent pas.

# CHAPITRE 19

*Les enfants*

Disons-le carrément: avoir des enfants ne convient pas à tous les couples et cela se comprend facilement. D'abord, certaines personnes n'aiment guère les enfants. Ce n'est pas qu'elles les détestent, mais leurs intérêts sont ailleurs: leur profession, leur carrière, les sports, etc., passent avant tout. Elles peuvent trouver les enfants charmants tant qu'elles n'ont pas à s'en occuper de manière constante. Elles joueront avec le marmot pendant quelques minutes, lui feront des risettes et des chatouilles, mais trouveront pénible de soigner le petit quand il est malade, de supporter ses cris, de veiller pendant des années à son développement physique et mental et de réparer l'incalculable nombre de bêtises qu'il commettra entre zéro et trente ans, si ce n'est au-delà. Si certains auteurs ont tant vanté le rôle sublime des parents, c'est peut-être parce que ce rôle comporte de nombreux aspects rebutants et pénibles. Si on récompense tant l'héroïsme, n'est-ce pas parce que les «héros» laissent souvent leur peau dans l'accomplissement de leurs actes?

Ainsi donc, si les enfants ne vous intéressent que peu ou pas, il vaut probablement mieux vous abstenir d'en avoir. Certaines personnes vous traiteront d'égoïste et vous leur répondrez que vous l'êtes assurément Vous ne l'êtes pourtant ni plus ni moins que quiconque et celui qui fait des enfants, les procréant pour le plaisir qu'il prévoit (parfois à tort) tirer de leur présence, exerce son égoïsme fondamental d'une autre manière que vous. C'est aussi le moment de vous rappeler que nul ne peut faire des enfants sans concevoir quelque avantage à le faire, que s'il conçoit un tel avantage, il ne peut alors s'empêcher d'essayer d'en produire, que nul ne décide rien et que la valeur des humains, si elle existe, ne dépend que de leur nature et certainement pas de leur état de père ou de mère.

Une deuxième réflexion porte sur la stabilité émotive souhaitable chez les partenaires qui songent à avoir un ou des enfants. Comme les enfants constituent toujours un poids pour leurs parents et seulement parfois une source de gratification (sporadique d'ailleurs), il est clair que les parents devront, pour conserver, dans la paternité ou la maternité, leur plaisir de vivre et la solidité de leur union conjugale, se faire la preuve qu'ils sont plus équilibrés que la moyenne des gens qui les entourent. S'il y a des millions de parents, le nombre de parents heureux est nettement plus modeste. Bien des nacelles conjugales réussissent à voguer assez allègrement sur l'océan de la vie tant qu'on n'y fait pas monter de nouveaux passagers. Cela constitue un problème majeur et plutôt insoluble. En effet, quels humains possèdent la lucidité et l'assurance nécessaires pour admettre qu'ils sont fragiles et peu capables de résister aux pressions qu'amène inéluctablement la présence des enfants? Les rapports entre Marcel et Juliette peuvent être tout juste assez solides pour leur permettre de vivre heureux ensemble. Si on ajoute un bébé, tout s'effondre. Marcel est impulsif et rageur, Juliette est impatiente et perfectionniste. Avec l'arrivée d'un enfant, leurs forces psychologiques personnelles s'avèrent insuffisantes: le couple et le bébé se retrouvent en perdition. Certains couples assez chancelants croient que la venue de l'enfant «réglera tout». Rien ne saurait être plus faux. Le problème, évidemment, est que bien de ces ménages ne se rendent pas compte de leur fragilité, nient la réalité et s'obstinent inconsciemment à croire qu'ils sont suffisamment solides. Le jeu absurde de la valeur personnelle agit ici pleinement. Ces couples sont souvent encouragés à procréer par des parents qui les entourent et voient d'un mauvais œil un couple qui réussit à échapper aux servitudes auxquelles les parents sont soumis. Évidemment, les conjoints «poires d'amour» sont ici extrêmement vulnérables. Les bébés sont de merveilleux distributeurs d'affection. Ils aiment quiconque leur prodigue un peu d'attention et de soins, sourient à qui leur sourit et gloussent de plaisir à la moindre caresse. Si l'un des conjoints (ou pis encore, les deux) croit avoir un besoin urgent d'affection pour vivre heureux, sa tendance à se la procurer auprès d'un enfant sera évidemment très marquée. Cependant, les enfants grandissent, deviennent plus critiques et, comme tous les humains, ils exigent de plus en plus en échange de leur affection. Devant des parents qui redoutent d'être privés de leur amour, ils deviennent facilement tyranniques, capricieux, exécrables. De telles personnes sont souvent les moins aptes à engendrer et à élever des enfants, mais ce sont pourtant elles qui s'y emploient le plus. Les boulimiques de l'amour ont toujours le cœur creux et ne réussissent jamais à calmer leur redoutable appétit d'affection.

Pour être heureux avec les enfants, il faut accepter sans trop faire la grimace les frustrations inévitables que leur présence apportera, sans croire en avoir besoin. Si ces conditions sont en place, engendrer et élever des enfants peut constituer une expérience enrichissante et porteuse d'un bonheur non pas total, mais raisonnablement suffisant.

Vous avez maintenant un enfant. Que faire? Ma foi, peu de choses. Laissez-le pousser à sa manière, sans vous préoccuper outre mesure des déviations temporaires de croissance que le temps se charge habituellement de corriger. Vous demeurerez affectueux, accueillant, chaleureux, fournissant à l'enfant un milieu où il puisse apprendre graduellement à vivre. C'est ce qu'il fera éventuellement, sans que vous l'assommiez de recommandations, de mises en garde, de conseils, de limites arbitraires. Il fera des erreurs sans doute. Ainsi apprennent les humains! Si vous tentez de prévenir ses gaffes, comment pourra-t-il apprendre? Ne pourriez-vous vous contenter de prévenir les erreurs dont les conséquences risquent d'être lourdes et irréversibles pour la santé du petit? Beaucoup de parents attachent une importance ridicule à des apprentissages peu importants et négligent les choses les plus utiles. Les enfants montrent souvent beaucoup de savoir-vivre, mais ils n'apprennent finalement pas comment vivre heureux. Ils sont polis, disent «merci» et se tiennent droits à table. Ce sont, dit-on, des enfants «bien élevés». Mais où sont leur joie de vivre, leurs rires éclatants, leurs gambades exubérantes? Les enfants trop polis m'effraient. Je suis plus rassuré devant le petit barbouillé de confiture, à la salopette tachée, à la mèche rebelle, vêtu d'un manteau boutonné de travers que devant ces enfants dont on jure qu'ils sont sages comme des images, mais sous les traits desquels je crois déceler ceux des adultes constipés qu'ils pourraient bien devenir.

Comme tous les autres actes, les actes éducatifs des parents sont directement influencés par les émotions qui les habitent. Des parents anxieux, soucieux de leur image et hantés par la crainte de déplaire se comporteront souvent de manière exagérément exigeante envers leurs enfants. Les exemples de ces parents tentant de revivre à travers leurs enfants leur propre enfance plus ou moins terne ne manquent pas. Il y a aussi ceux qui croient que si leur enfant excelle dans les sports, dans les arts ou dans quelque autre domaine, la gloire rejaillira sur eux. Marcel jouait assez mal au hockey quand il était enfant et réchauffait souvent le banc des joueurs. Maintenant que son fils Stéphane est en âge de chausser les patins, Marcel ne manque pas un match. Il gesticule et vocifère parmi les spectateurs, prodigue des conseils incessants aux arbitres et aux entraîneurs sportifs et hurle de joie chaque fois que son rejeton accomplit quelque prouesse, même modeste. Quant à Juliette, elle s'acharne sur le dos de sa fille Colette pour que cette dernière s'exerce longuement et quotidiennement au piano, instrument dont sa mère n'a jamais réussi à tirer que des accords hésitants. On dit parfois que les enfants gardent leurs parents jeunes; cela est souhaitable, certes, pourvu qu'ils ne finissent pas par retomber en enfance!

Au-delà de toutes ces vétilles que l'enfant finira bien par apprendre petit à petit (manger sa soupe avec sa cuiller, ne pas mettre ses coudes sur la table, se moucher discrètement), qu'y aura-t-il de plus important pour lui que d'apprendre à exercer son sens critique? Dès sa naissance, le poupon est projeté dans un monde où l'irréalisme et la sottise règnent en maîtres et où le bon sens n'arrive souvent à émerger que péniblement de l'amas de préjugés et d'idées absurdes qui tentent sans cesse de l'étouffer. De plus, comme si cela ne suffisait pas, les enfants sont dotés d'une admirable propension à déformer ce qu'ils perçoivent, à exagérer et à interpréter de travers le monde qui les entoure, à tirer des conclusions extravagantes de prémisses insuffisantes.

Le but fondamental de toute éducation sera donc d'aider l'enfant à discerner le vrai du faux, l'opinion du fait, à la fois dans ce qu'il se raconte à lui-même et dans ce que les autres lui racontent. Si les parents ont assez de jugeote et de sécurité personnelle pour accomplir ce travail, tant mieux. Sinon, il est à espérer qu'un autre adulte éclairé le fera à leur place. Si aucun parent ou adulte ne s'en charge, l'enfant devra par ses propres moyens se délivrer progressivement des erreurs et des préjugés de son enfance. Il semble donc primordial pour les parents de favoriser par tous les moyens le développement de ce sens critique. Ils le feront par la parole, mais encore bien plus par l'exemple. On se retrouve ici dans une situation paradoxale. Il est clair que si Marcel et Juliette apprennent à leur fils ou à leur fille à douter systématiquement de tout, à poser des questions, à demander des preuves à quiconque avance une opinion, le petit risque de les soumettre à ce traitement en priorité. Vous voyez ça d'ici. À la table familiale, Marcel vient de dire que Jean-Pierre (huit ans) doit faire ses devoirs scolaires. «Pourquoi?» demande Jean-Pierre, bien entraîné à la pensée critique par les bons soins de ses parents. «Parce qu'ainsi tu obtiendras de meilleures notes à l'école». «À quoi cela me servira-t-il?» redemande Jean-Pierre. Comme il n'y a pas de réponse clairement démontrable à cette question, Marcel finira par dire qu'il n'en sait rien, mais croit que c'est mieux de faire ses devoirs que de les omettre.

Tous les parents ne sont pas dotés de la sécurité personnelle leur permettant de supporter aisément un tel traitement de la part de leurs rejetons. Il est apparemment plus facile dans l'immédiat de recourir à des arguments d'autorité («Va faire tes devoirs, et vite», «Fais ce que ton père te dit») pour couper court à une discussion où l'esprit critique de l'enfant se développe sans doute magnifiquement, mais aux dépens de la quiétude digestive de ses parents. Ainsi, l'objectif fondamental de toute éducation, l'apprentissage de l'usage judicieux du sens critique, est souvent négligé parce que cette démarche éducative est laborieuse et requiert de ceux qui s'y livrent une exceptionnelle capacité à remettre en question leurs propres préjugés et une stabilité émotive qui n'est pas donnée à tous les parents et certainement pas tout le temps. On n'y peut à peu près rien et les enfants humains ont des parents humains. «Tel père, tel fils» peut-être, mais aussi: «Tel fils, tel père»!

Si toutes les étapes de l'éducation d'un enfant comportent leurs difficultés particulières, lors de l'adolescence elles sont souvent en recrudescence marquée. L'adolescence suit l'enfance, cela n'est pas un banal truisme. La manière dont l'enfant franchira cette étape dépendra en bonne partie de la relation qui s'est nouée entre lui et ses parents quand il était plus jeune. On ne peut guère s'attendre à voir un enfant gâté se transformer en adolescent raisonnable. Si l'enfant s'est habitué tôt à exercer son sens critique, si on ne l'a pas trompé par des mensonges puérils, si on a fait preuve d'autorité au moment où il convenait de le faire, et qu'on s'est plus préoccupé d'expliquer que d'ordonner, il est bien possible que la fameuse «crise» d'adolescence se déroule sans heurts marqués.

Bien sûr, il y aura des remous. Le jeune homme ou la jeune femme devra abandonner la sécurité relative de l'enfance pour affronter une vie où il croira prendre ses propres décisions. Pour affirmer ce qu'il croit être son autonomie, il ne trouvera souvent d'autre moyen que de s'opposer, plus ou moins violemment, à l'arbitraire de ceux qui l'ont jusqu'alors contrôlé: ses parents. Cependant, si ceux-ci ont su progressivement s'effacer et laisser l'enfant porter les conséquences de ses actes, sans le gâter ni l'abandonner, la révolte de l'adolescent ne trouvera guère de prétexte à s'exercer. Après tout, le rôle des parents tend de lui-même vers sa disparition ou plutôt vers sa transformation en une relation égalitaire, basée sur des préférences réciproques, une relation amicale. Certains parents n'arrivent jamais à faire ce pas; leurs enfants demeurent toujours pour eux des bambins irresponsables qu'il faut protéger de la bêtise et guider, de force s'il le faut, dans la voie du bonheur. Ils tentent perpétuellement d'intervenir dans la vie de leurs enfants plus âgés, leur prodiguant des conseils non sollicités et multipliant les mises en garde, au nom de leur expérience.

Les enfants acceptent pendant un certain temps ces interventions intempestives qu'ils finissent par rejeter plus ou moins violemment. Les parents pleurent ou pestent, invoquant le bien de l'enfant alors qu'ils souhaitent surtout, sans bien sûr le savoir, se rassurer en soumettant un autre humain à leur autorité. De tels parents ont souvent fait de l'enfant le centre unique de leur vie. Or, quand cet enfant commence à s'émanciper et à clairement pouvoir se passer d'eux, les parents se prennent à redouter le chômage qui les menace s'ils laissent l'enfant se débrouiller seul. Si Marcel ne parle plus à Juliette depuis des années, si ce n'est de leurs enfants, comment peut-il sereinement se prévoir heureux avec celle qui est devenue pour lui une étrangère? Et si Juliette a porté toute son énergie et tous ses intérêts sur l'éducation de sa nichée, que lui restera-t-il quand les oisillons se seront envolés? De tels parents qui continuent pendant des années à tenter de jouer au père et à la mère terminent souvent leur vie dans l'amertume, se plaignant douloureusement de l'incompréhension et de l'ingratitude de leurs enfants.

On m'a fréquemment demandé des moyens pour motiver les enfants à diverses actions: étudier avec soin, participer aux corvées familiales, etc. D'innombrables parents m'ont déclaré avoir tout essayé pour amener leurs enfants à ranger leurs vêtements, étudier, déblayer l'entrée du garage l'hiver, etc.

La motivation n'a rien de mystérieux. Ce terme relativement moderne exprime ce que le mot désir désigne depuis longtemps. Le désir constitue la plus fondamentale des émotions et, comme toutes les émotions, il est causé par la présence d'une idée bien précise dans l'esprit de la personne. Cette idée est toujours la même: «Il serait bon, avantageux pour moi d'acquérir telle chose ou de me comporter de telle manière.» Comme personne ne peut mettre une idée dans la tête de quiconque, il demeure impossible de motiver directement une autre personne, mais il est cependant possible de multiplier les occasions de voir cette idée naître.

En gros, il n'existe que deux méthodes connues depuis la nuit des temps: la carotte et le bâton. Comment attraper une carotte au bout d'une perche elle-même fixée aux montants de la charrette?

Pour tenter de l'atteindre, l'âne avancera, tirant la charrette et éloignant d'autant la carotte de son museau. On tente de séduire l'âne par la promesse d'une gratification pour qu'il accomplisse une tâche qui lui répugne. Si l'âne ne bouge pas (il n'aime pas les carottes ou a le ventre plein), on peut lui donner des coups de bâton jusqu'à ce qu'il avance. Pour éviter la rossée, l'âne avancera peut-être (à moins qu'il ne soit stoïque ou masochiste). En principe, tout âne finit par avancer, soit grâce au premier système, soit grâce au second, soit grâce à une combinaison des deux.

La plupart des parents qui me disent avoir tout essayé pour motiver leur fils ou leur fille n'ont, en fait, utilisé qu'une seule méthode répétitive, d'ailleurs inefficace. Ils ont demandé (ordonné) à l'enfant d'accomplir un acte quelconque. Seul leur ton a varié: prière, supplication, cris, colères, etc. La preuve de l'inefficacité de cette méthode réside évidemment dans l'absence de résultats concrets qu'on peut constater. «J'ai demandé mille fois à ma fille de ranger sa chambre. Elle me répond: “Oui, oui” et n'en fait rien.» Normalement, un être raisonnable constaterait après quelques essais l'inefficacité de cette procédure. Combien de fois tenteriez-vous de faire pénétrer une vis dans une planche à l'aide d'un marteau? Quelques essais infructueux ne suffiraient-ils pas à vous convaincre que vous faites fausse route? Pourtant, certains parents (ou éducateurs) semblent croire qu'une demande mille fois répétée finira par donner des résultats. Leur entêtement semble entretenu par l'idée que les enfants doivent obéir à leurs parents, croyance nettement contredite par les faits.

Une vue plus réaliste de la nature humaine permet de constater que les personnes, comme tous les animaux, n'agissent que pour atteindre un objectif séduisant ou pour fuir une conséquence désagréable pour eux. Pour les motiver à faire un acte quelconque, il vaut mieux en général utiliser la séduction que la crainte de la punition, et cela pour une très simple raison. La personne qu'on gratifie (récompense) éprouve automatiquement des sentiments positifs (amour, gratitude) envers celui qui la gratifie. Au contraire, la personne que l'on frustre (en la pénalisant) ne peut s'empêcher de ressentir des sentiments négatifs (haine, hostilité) envers celui qui la frustre. Tout gratifié aime son «gratificateur» et tout frustré déteste son «frustreur». Comme il est probablement plus avantageux pour des parents d'être aimés de leurs enfants que d'en être détestés, les parents avisés utiliseront bien plus la carotte que le bâton. Une méthode permet d'utiliser efficacement la carotte sans recourir au bâton: le salaire familial (ou scolaire). J'ai longuement exposé ce système dans *Élever des enfants sans perdre la boule* (1983). Cet ouvrage étant épuisé, j'en reprends ici les grandes lignes.

De quoi s'agit-il? Tout simplement de payer les enfants pour étudier, faire leurs devoirs, participer aux tâches domestiques, etc. Bien des parents poussent de hauts cris en entendant cela. Il leur semble indécent, pour ne pas dire immoral, de rémunérer des enfants pour ce que, selon eux, ils doivent faire. Selon ces parents, les enfants devraient étudier, faire leurs devoirs (!), ranger leurs effets, peler les pommes de terre quand on le leur demande parce que c'est leur devoir. J'ai beau leur faire observer que la nature n'a rien prévu de tel, qu'elle n'interdit pas aux enfants d'étudier leurs leçons, mais qu'elle ne les y oblige pas non plus, que ce qui doit vraiment arriver arrive toujours, ils n'en démordent pas, dans un bel exemple d'égarement absurde. De tels parents soutiennent aussi souvent que le rôle de la mère est de faire les repas et celui du père d'assurer la subsistance de la famille par son travail. Ils ont fabriqué un monde qui n'existe pas et s'étonnent ensuite avec indignation en constatant la réalité. Comment s'y prendre avec la méthode du salaire familial? Fort simplement. Si on veut que le système fonctionne, il faut d'abord supprimer radicalement le régime des allocations, ces sommes que bien des parents remettent à leurs enfants afin que ces derniers puissent les dépenser à leur gré pour diverses babioles. Il faut aussi supprimer les «prêts non remboursables» effectués à la simple demande de l'enfant: «Donne-moi deux dollars s'il te plaît!» Le système des allocations contribue à convaincre l'enfant qu'il a quelque droit à recevoir ces sommes, favorise son oisiveté et le prépare mal à la vie d'adulte puisque, en général, l'argent qu'il obtiendra lui sera versé en échange de son travail.

Si, malheureusement, le système des allocations existait chez vous depuis quelque temps, vous pouvez vous attendre à des cris de surprise et d'indignation de la part de vos enfants. Ils tenteront diverses manœuvres pour vous inciter à y revenir. Vous demeurerez ferme, conscient que vous n'avez pas un besoin immédiat de leur affection totale. Vous leur annoncerez alors le système du salaire selon lequel ils seront rémunérés, par exemple, une fois par semaine, selon les tâches qu'ils auront accomplies et leur fournirez une liste de tâches ainsi que le salaire correspondant. Ensuite, ça marche tout seul. Vous vérifiez (une fois par semaine) si le travail est fait, puis vous payez. Il n'est pas fait: vous ne payez pas, ce qui n'est pas une punition, mais simplement un manque à gagner pour le travailleur qui a préféré prendre des vacances à ses frais. La tâche qu'il a négligée pourra être effectuée par un autre travailleur qui recevra le salaire prévu. Vous pourrez aussi vous en acquitter vous-même, et votre effort correspondra pour vous à une économie de salaire.

Dans le cas où vos enfants seraient trop jeunes pour montrer quelque intérêt pour l'argent, vous pourrez les payer autrement: raconter l'histoire des trois lapins, jouer avec eux à leur jeu favori. Vous pourrez aussi, avec les jeunes comme les plus vieux, faire du troc: «Tu m'aides à ranger le garage et je t'emmène en voiture à ton match de soccer.»

Vous ne paierez jamais les enfants pour l'accomplissement de tâches qui ne profitent qu'à eux, par exemple le rangement de la chambre qu'ils occupent. Si celle-ci est en désordre, fermez la porte (par souci esthétique) et laissez le petit se débrouiller avec. Vous refuserez gentiment de l'aider à trouver le bas qui lui manque ou le tricot favori enfoui sous les décombres. Si l'enfant laisse traîner ses choses un peu partout, recueillez-les et déposez-les dans quelque lieu inhabituel; quand il vous demandera ce que sont devenus ses patins, vous subirez une crise soudaine d'amnésie.

Le même système peut être utilisé intelligemment en ce qui concerne le domaine scolaire. Payez les bons résultats sans jamais pénaliser les mauvais. Plus l'enfant est jeune, plus la paye doit être immédiate. Il ne sert à rien de promettre en décembre une bicyclette qui ne sera obtenue qu'en juin. La date est trop éloignée. Pour un jeune enfant, six mois représentent plusieurs siècles. Prenez dans quelque journal la photo d'un vélo, découpez-la en douze ou quinze morceaux et remettez-les périodiquement à l'enfant. Quand tous les morceaux sont rassemblés, vous livrez la bicyclette.

Ce système peut également fonctionner harmonieusement à l'école, avec des enfants de tous âges. Payez en argent scolaire tout ce qui est bien fait. Une fois par semaine, mettez aux enchères produits et privilèges et laissez vos élèves riches se ruiner pour les obtenir. Vous pouvez aussi taxer les comportements déviants en rappelant à vos élèves que leurs actes ne sont pas interdits, mais seulement plus coûteux.

Le système du salaire familial ou scolaire peut comporter bien d'autres ramifications que je n'explorerai pas ici. Il me suffit de vous le proposer sommairement tout en laissant les détails à votre propre inventivité. Sans être parfaite, la méthode repose sur une bonne compréhension des mécanismes émotifs présents chez les humains et offre l'indéniable avantage de supprimer les plaintes, les reproches, les objurgations répétées qui épuisent les parents, contribuent à énerver les enfants et fournissent aux uns comme aux autres d'inutiles occasions de nourrir des conflits. Peu de mots: beaucoup d'action.

Les familles reconstituées se trouvent dans une situation comportant des problèmes particuliers. Marcel, divorcé, deux enfants, se met en ménage avec Juliette, divorcée, trois enfants: situation potentiellement explosive qui va requérir de tous les participants une dose exceptionnelle de réalisme. Les diverses personnes impliquées ne s'aimeront pas forcément follement. Les enfants de Juliette peuvent voir d'un œil sombre l'étranger qui s'introduira dans leur vie et dans le lit de leur mère. Quant aux enfants de Marcel, ils ont déjà une mère (qu'ils adorent peut-être) et Juliette n'est pour eux qu'une intruse. Les méthodes éducatives de Marcel et de Juliette peuvent être fort différentes et donner naissance à des discussions plus ou moins amères. «Tu ne me diras pas quoi faire... Tu n'es pas mon père», «Elle n'a pas à me donner des ordres, ce n'est pas ma mère». Les ex-conjoints de Marcel et de Juliette peuvent se joindre au bal de diverses manières nuisibles, tentant d'amener leurs enfants à faire la vie dure aux nouveaux amoureux qui les ont délaissés. Les enfants de Marcel peuvent être habitués à l'ordre et à la discipline alors que ceux de Juliette pourront allègrement semer le désordre sur leur passage.

Les familles reconstituées s'avèrent souvent des nids de guêpes. C'est plus que jamais l'heure de la tolérance et de la patience. Si les exigences et les besoins sont toujours sources de troubles émotifs, ils risquent ici de faire éclater le système dans un concert de récriminations réciproques. Si on peut souhaiter chez des conjoints une maturité et un équilibre mental supérieurs à celui des célibataires, si des parents ont avantage à être encore plus pondérés que des conjoints sans enfants, que dire des conjoints qui se retrouvent en couple avec leurs propres enfants et les enfants de l'autre? Ne devront-ils pas, pour réussir cette entreprise, être des champions de lucidité, de calme et de réalisme? Peu d'humains parviennent jeunes à acquérir ces caractéristiques et c'est sans doute pourquoi les familles reconstituées réussissent difficilement à vivre en harmonie. Les conditions sont plus faciles (je ne dis pas aisées!) quand les enfants sont tous ou très jeunes ou plus vieux. Jeunes, ils sont encore malléables, plus âgés, ils quittent le foyer.

Ainsi, dans ce domaine comme dans tous les autres, vous vous méfierez de vos tendances à l'exigence et à la dramatisation. S'il est vrai que quiconque fait des enfants le regrettera certainement au moins un peu, il est également possible qu'il trouve en eux beaucoup de plaisir et de joie qui compenseront les inévitables frustrations que leur présence apporte.

# Chapitre 20

*Travailler*

Comme la plupart des gens, vous passez une partie importante de votre temps à travailler pour gagner votre vie. Si vous êtes parmi les privilégiés, la plupart des aspects de votre travail vous plaisent et, somme toute, vous vous amusez une bonne partie du temps, ce qui est loin d'être le cas pour la plupart des travailleurs, souvent confinés à des tâches qui les ennuient ou les abrutissent et qu'ils accomplissent à peu près uniquement pour le salaire.

Si vous travaillez, il se peut que vous exerciez une profession ou un métier de façon quasi autonome, sans patron qui vous contrôle. Dans une telle situation, bien des gens s'associent à d'autres: ils fondent une entreprise à plusieurs, se lancent en affaires avec des collègues, etc. Il y a là un piège possible dans lequel de nombreuses personnes tombent: cela leur coûte souvent fort cher pour se sortir de ce mauvais pas.

Pierre, Jean et Jacques s'associent dans une entreprise commune, par exemple, un cabinet de dentistes (ou hélas! de psychologues). Ils se regroupent pour diminuer les frais généraux et se répartir les bénéfices de l'entreprise. Ou bien ces trois amis fondent une firme pour mettre en marché un produit ou un service quelconque. Ce genre d'association est connu et existe depuis des siècles, et n'a cessé d'engendrer de nombreux conflits. Il est facile de comprendre pourquoi quand on se rappelle la propension naturelle à l'égoïsme qui est le fait de tous les humains.

Dans le cas classique, les partenaires rédigent une entente selon laquelle ils investissent chacun une certaine somme et s'engagent à se répartir les bénéfices éventuels en proportion de leur investissement respectif. Voilà où les problèmes commencent. Il est à peu près mathématiquement certain que chacun des associés n'investira pas la même somme de travail, la même rigueur, le même talent dans la poursuite des objectifs de l'entreprise. L'un travaillera plus et plus adroitement, ou du moins le croira. L'autre sera plus tenace, plus créateur, ou du moins le croira. Jean et Jacques verront d'un mauvais œil que Pierre prolonge ses vacances ou qu'il multiplie les déjeuners d'affaires facturés à l'entreprise. Pierre et Jean trouveront que Jacques se réserve les aspects les plus intéressants du boulot alors qu'ils se retrouvent avec les corvées. Pierre et Jacques estimeront que Jean exagère dans les dépenses de décoration de son bureau, chargeant l'entreprise d'un fardeau qu'ils ont convenu d'assumer en commun.

En somme, les occasions de conflit sont encore plus grandes et plus nombreuses que dans une relation de couple. Pierre, Jean et Jacques peuvent passer des heures à discuter et à tenter de s'entendre, heures qui ne produisent aucun profit comptable. L'énergie consacrée par les partenaires à faire marcher la machine ne leur rapporte finalement rien. La situation est ordinairement encore pire si les associés ont des liens familiaux: «Dumoulin et fils», «Dubreuil et frères», «La famille Beauregard». Les fils voient le père s'incruster et prolonger dans leur activité commerciale l'autorité exercée dans la famille. Les frères voient leur aîné tenter de mener seul la barque et mépriser leurs avis, etc.

Devant tous ces problèmes, on peut très sérieusement se demander s'il est si opportun de s'associer à d'autres humains dans quelque entreprise professionnelle ou commerciale. On peut certes y trouver des avantages, mais à quel prix?

En contrepartie, le travailleur solitaire porte seul le poids des responsabilités de son entreprise, et il est seul pour profiter des avantages. S'il a besoin d'aide, il engagera divers assistants qui seront ses employés et dont il pourra se défaire s'ils n'accomplissent pas correctement le travail qu'il leur confie. S'il a besoin d'avis, de conseils, des experts lui fourniront ces services et, une fois le contrat achevé, n'auront pas leur mot à dire dans la gestion de l'entreprise. Plus de rivalités, de jalousies, de sourdes manœuvres, de tentatives de prise de pouvoir, d'heures passées en discussions laborieuses et coûteuses: il est seul, fait ce qui lui plaît et n'a de comptes à rendre à personne.

Le piège de l'association guette fréquemment les personnes facilement anxieuses ou les «poires d'amour». Elles cherchent à répartir sur plusieurs épaules le fardeau des responsabilités qui leur apparaît écrasant, ne se rendant pas compte qu'elles multiplient ainsi les occasions de conflit, de perte de temps et d'argent. Même les étudiants vous le diront: dans ces fameux travaux en équipe qu'adorent tant de professeurs mal préparés, il y a presque toujours quelque étudiant qui profite sans vergogne du travail des autres sans investir ses propres efforts. On assiste à un combat de dictons: «L'union fait la force» dit-on, mais aussi «Aucune chaîne n'est plus forte que le plus faible des maillons». Dans ce domaine comme dans tant d'autres, il est plus que jamais utile de se méfier des idées toutes faites, comme de la louange effrénée du travail d'équipe, de ses propres idées de «besoin» des autres, de ses tendances à l'anxiété et à la naïveté, de tout ce qui peut amener à croire que les dispositions naturelles à l'égoïsme, propre à l'homme, se trouveront miraculeusement annihilées dans une entreprise commune.

Si vous êtes un employé, vous avez donc un patron et probablement des collègues de travail. Votre patron a probablement lui-même un patron, etc. Voilà le moment d'exercer votre intelligence sociale, de mettre à profit votre connaissance de la nature humaine, de ses mécanismes et de la manière dont vous pouvez les utiliser pour vous rendre la vie plus facile.

Votre patron est un être humain. Comme tous les humains, il a horreur des reproches, des contestations, des conflits et adore tout ce qui lui permet de rehausser son illusoire valeur personnelle. Ne tentez pas de lui montrer à faire son travail, même si vous avez des idées lumineuses et que vous avez la preuve évidente et incontestable qu'il a atteint son niveau d'incompétence. Rares sont les patrons philosophes qui acceptent de bonne grâce qu'un subalterne leur fasse la leçon. Mettez-vous à sa place (mentalement!). Resteriez-vous calme et serein si une personne que vous jugez inférieure à vous (en âge, en pouvoir, en expérience) vous montrait vos erreurs? L'annonce d'une erreur constitue une mauvaise nouvelle pour presque tout le monde et forte est la tendance à prendre pour cible le messager porteur de cette nouvelle. Ne me racontez pas qu'il est injuste qu'un incompétent vous domine et restreigne vos brillantes initiatives. Vous savez bien que ce patron est arrivé à occuper son poste par les mécanismes incontournables du hasard, tout comme vous êtes arrivé à être son subalterne. S'il vous embête et vous ennuie, vous pouvez essayer de le neutraliser en le flattant et en ayant pour lui toutes sortes d'égards qui l'étourdiront. Ne vous gênez pas pour le complimenter, pour lui suggérer des idées de telle façon qu'il les croit siennes, pour noyer ses rouages dans l'huile de vos louanges. Vous me direz qu'ainsi vous mentez, que vous agissez avec fourberie et duplicité: vous avez peut-être raison, mais je vous rappelle que le mensonge n'est pas interdit, que le silence est souvent d'or et que votre objectif n'est pas de nuire à votre patron, mais bien de vous faciliter la vie. Vos camarades de travail vous inciteront peut-être à la révolte, à la contestation ouverte; il ne manque habituellement pas de braves personnes toutes prêtes à inciter les autres à monter en première ligne ou à tirer les marrons du feu. Rappelez-vous que tous ces gens qui prétendent avoir à cœur vos intérêts ne sont pas toujours entièrement désintéressés. Ils agissent d'abord en fonction d'eux-mêmes, comme la nature les y a prédisposés.

Une de mes étudiantes vint un jour me rencontrer pour me faire part d'un problème selon elle inextricable. On venait de lui assigner une clinique publique de santé mentale pour y accomplir son stage pratique en psychologie. Cette jeune femme pratiquait la démarche émotivo-rationnelle (DER) à laquelle je l'avais initiée. Mais la directrice de la clinique, lors de leur première rencontre, lui avait déclaré avoir la DER en horreur, me prendre pour un parfait imbécile et avait terminé sa charge en interdisant formellement à l'étudiante d'utiliser avec ses clients quelque méthode qui ressemblait même de loin à la DER. Mon étudiante se déclarait déchirée entre ses convictions intimes et les exigences draconiennes (et stupides) de sa patronne. «Que faire?» me demandait-elle. Une opposition même respectueuse et nuancée risquait de lui apporter des ennuis sérieux qui compromettraient sa carrière. Je recommandai donc à cette étudiante de faire ce qui était en son pouvoir pour neutraliser sa patronne, d'aller, si nécessaire, jusqu'à abjurer publiquement la DER (après tout, ce n'est pas une religion) et à déclarer les méthodes préconisées par sa directrice toutes plus opportunes et ingénieuses les unes que les autres. Je révisai avec elle les exclamations qu'elle pourrait pousser fréquemment pendant les rencontres de supervision: «Comme c'est subtil! M. Auger ne m'a jamais enseigné cela... Je vois maintenant combien lourdement il se trompe... Quel plaisir de travailler enfin avec quelqu'un qui s'y connaît... Cela marque un tournant dans ma vie... Quel bonheur de vous avoir connue!» Comme il fallait s'y attendre, mon étudiante s'entendit à merveille avec sa patronne qui tomba dans le piège. Après avoir reçu une brillante note de stage, elle lui tira sa révérence et, munie de son diplôme, pratiqua la psychologie comme bon lui semblait.

Cette technique peut être utilisée avec toutes les personnes qui, détenant une parcelle d'autorité, deviennent extrêmement jalouses de son exercice et peuvent s'entêter et causer divers ennuis si on conteste directement cette autorité. Certains policiers, des douaniers, des inspecteurs divers, des professeurs, des directeurs d'école, des gardiens de sécurité, des chauffeurs d'autobus, des préposés de tous genres peuvent devenir d'authentiques casse-pieds s'il leur semble qu'on défie leur autorité. Endormez-les avec des compliments et des louanges: ils vous laisseront tranquille. Soumettez-vous abjectement tout en riant doucement dans votre barbe. Il ne s'agit pas de les mépriser, mais seulement de les aborder de telle façon qu'ils ne deviennent pas anxieux et donc, presque automatiquement hostiles.

Lorsqu'on vous adresse des reproches, la technique si utile qui consiste à faire usage de brouillard vous permettra d'échapper au tir de la personne qui vous adresse ces remontrances. Cette technique consiste tout simplement à reconnaître la parcelle de vérité présente dans le reproche. Par exemple, une infirmière chef (IC) s'adresse à une infirmière subordonnée (IS): «Ce lit est mal fait; on ne vous a donc rien appris à l'école?» IS: «C'est vrai: j'aurais pu mieux m'y prendre.» IC a l'impression que IS se soumet. En fait, il n'en est rien et IS n'a rien dit qui ne soit strictement vrai. Mais il est plus difficile dans ce cas-ci pour IC de continuer à enguirlander IS que si cette dernière se met à se défendre et à adresser elle-même des reproches à IC («Vous n'êtes jamais contente de rien»), ce qui mène à la guerre. Un autre exemple: un patron (P) parle à un employé (E): «Ce rapport est incomplet; on ne vous paye pas pour bayer aux corneilles.» E: «C'est vrai: je pourrais élaborer davantage la troisième partie et compléter la quatrième.» Même réaction probable (désistement) de la part de P. S'il revient à la charge (il en est des tenaces!), nouvelle dose de brouillard. P: «La deuxième partie n'a aucun sens; c'est mal rédigé et il manque des arguments solides.» E: «J'aimerais entendre vos suggestions pour améliorer cette partie.» Si vous vous trouvez désarmé devant un tel animal féroce et agressif, n'oubliez pas de le complimenter et, apparemment, de vous soumettre: vous vous en sortirez peut-être indemne.

Vous pensez que vous n'arriverez jamais à vous comporter ainsi, que vous êtes tellement irrité que vous avez juste le goût de trucider le patron, le policier, le douanier, etc. Vous avez tout simplement oublié que ces êtres sont les jouets des idées qui leur passent par la tête, engendrant chez eux les émotions qui se traduisent par les actes et les paroles dont vous êtes la cible. Ils ne s'en rendent probablement pas compte. Pour beaucoup d'entre nous, il est plus facile de comprendre les lois qui régissent la ronde des planètes que de saisir celles qui président à nos mouvements intérieurs. Mais vous, vous connaissez ces lois internes. À vous de jouer intelligemment la partie, de multiplier pour ces gens les occasions de se rassurer sur leur dignité et leur autorité; s'ils se calment à la suite d'habiles manœuvres inspirées par une juste connaissance de la nature humaine, ils vous laisseront alors en repos et cesseront de vous importuner. Si le hasard vous assujettit à une personne anxieuse, votre première tâche sera de travailler à lui offrir des occasions de se rassurer.

Cette technique peut être utilisée avec profit avec toutes les personnes que le hasard met sur votre route et avec lesquelles vous souhaitez conserver des relations au moins correctes, sinon chaleureuses: collègues de travail, voisins, fournisseurs, employés, visiteurs plus ou moins importuns, etc.

On parle beaucoup de stress au travail, des coûts élevés que ce phénomène entraîne, à la fois pour les travailleurs et pour la société entière: maladies, journées perdues, absentéisme et autres ennuis. Que faire pour prévenir le stress ou du moins pour en atténuer les effets nocifs?

Il importe d'abord de comprendre que le stress est inséparable de la vie et que les seules personnes entièrement déstressées sont au cimetière. Le stress constitue la réponse de notre organisme à toute demande d'énergie qui lui est adressée et il est même présent (légèrement) chez un homme couché à l'ombre sous un arbre verdoyant par une belle journée d'été. Toute action engendre donc un stress et ce n'est que lorsqu'il devient immodéré que l'organisme ne suffit plus à la demande et commence à se désagréger. À la longue, même un stress réduit finit par user et conduit à la mort: c'est tellement fatigant de vivre qu'on finit par en mourir. En attendant cette échéance commune, comment s'y prendre pour diminuer le stress?

Pour y arriver, il importe de constater que les «stresseurs» sont de deux types: les extérieurs et les intérieurs. Parmi les extérieurs, on trouve les divers éléments de l'environnement qui entraînent une réaction de défense de l'organisme et donc un stress: bruit intense, émanations de produits chimiques, microbes envahissant l'organisme, etc. On se défend alors en portant un masque, un casque protecteur, en évitant les milieux toxiques, en se faisant vacciner, etc.

Mais le stress le plus redoutable provient parfois de l'intérieur, de nos bonnes amies les émotions, tant agréables que désagréables. Il y a un stress certain à s'amuser toute une soirée en compagnie de joyeux lurons et à concurrencer Noé, le premier artisan de la vigne. De ce stress, peu se plaignent, et une bonne nuit de sommeil parvient habituellement à rétablir l'équilibre. Mais quand l'agression provient de la présence prolongée, intense et fréquente d'émotions comme l'anxiété, l'hostilité, la dépression et la culpabilité, cela devient péniblement usant. Il est possible de réagir de deux manières. D'abord, on peut fuir l'occasion de telles émotions. Sans être la plus recommandable, puisqu'elle laisse la victime du stress vulnérable à des occasions imprévisibles, cette méthode est parfois celle qui, finalement, donne les meilleurs résultats. Comme le dit un proverbe: «Si vous ne pouvez tolérer la chaleur, sortez de la cuisine.» Si vous devenez facilement anxieux, il vaut mieux éviter certaines tâches ou professions qui offrent de nombreuses occasions de le devenir: chirurgien, infirmière, dynamiteur. Si vous vous sentez facilement attristé et déprimé, il vaut mieux ne pas vous occuper de sidatiques en phase terminale. Si la moutarde vous monte au nez facilement, autant ne pas rechercher un emploi de préposé aux plaintes dans un organisme, de préposé aux malades dans un hôpital psychiatrique ou de gardienne d'enfants en bas âge. Si vous vous sentez facilement coupable, ne devenez pas contrebandier ou vendeur de voitures d'occasion. Tout est une question de bon sens, bien que le prestige attaché à diverses tâches puisse aveugler une personne et l'amener à accomplir des actes que son état psychologique habituel ne lui permet pas d'assumer confortablement. C'est ainsi qu'un anxieux chronique peut se retrouver chef-comptable dans une entreprise où ses éventuelles erreurs pourraient coûter des millions à son employeur, ou un être irascible se retrouver policier dans un quartier populaire et la cible de sarcasmes et de provocations quotidiennes.

La deuxième méthode de réduction du stress interne consiste évidemment à éradiquer plus ou moins complètement les causes cognitives, c'est-à-dire les idées et les croyances qui créent les émotions stressantes. Les pensées anxiogènes, irritantes, culpabilisantes, déprimantes peuvent être modifiées à la longue, non sans toutefois un travail acharné. Il s'agit d'acquérir la forme psychologique adaptée au travail qu'on entend accomplir, tout comme un athlète convoitant quelque performance se préoccuperait de se mettre en forme physique et psychologique. Il n'existe pas de travail qui soit, en lui-même, psychologiquement stressant. Si c'était le cas, les chefs politiques, les militaires, les chirurgiens seraient tous rongés par des doses infernales de stress. Et, par ailleurs, tous les retraités se trouveraient dans un état de détente et de calme idyllique. Comme toujours, les émotions stressantes sont causées par les idées de ceux qu'elles affectent et si la personne ne parvient pas à modifier ses idées et ses croyances, le stress la dévorera.

Conclusion: vous vous sentez stressé au travail et menacé de «burn-out»? Examinez soigneusement vos conceptions et vos croyances, notamment les exigences qui vous font croire qu'il faut toujours absolument ceci et qu'il ne faut absolument jamais cela, vos tendances à la «catastrophisation», votre propension à vous évaluer globalement comme personne, tant positivement que négativement, et à transformer ceux qui vous déplaisent et vous frustrent en monstres intolérables.

Un mot du harcèlement sexuel qui peut vous concerner, surtout si vous êtes une femme, quoique le harcèlement des hommes par certaines femmes soit une réalité. Vous trouverez des indications précises sur ce sujet entre autres dans un article de Pierrette Couture, publié dans la revue *Confrontation*. (Couture, P. «Triompher du harcèlement sexuel», *Confrontation*, no 18, été 1994, p. 3-14.) L'auteur explique comment, ayant elle-même été victime de harcèlement, elle a pu trouver des moyens efficaces de se débarrasser des attentions importunes d'un collègue de travail sans anxiété exagérée et sans hostilité, seulement par une démarche ferme et décidée.

Parlons encore du domaine du travail. Vous êtes peut-être un patron et vous vous demandez comment vous y prendre pour motiver vos subalternes. Vous comprenez que par «motiver», je veux dire «offrir des occasions aux autres de désirer faire ce que vous voulez qu'ils fassent». Les moyens efficaces sont connus depuis longtemps et pourtant ils sont sans cesse oubliés. Laissez-moi brièvement vous raconter l'histoire de la société Western Electric à son usine Hawthorne, à Chicago, en 1924. Vous trouverez la narration complète de l'expérience dans n'importe quel bon volume de gestion du personnel. En 1924 (ce n'est pas hier), la Western

Electric se demandait comment augmenter sa production de petits appareils électriques et songeait à augmenter l'éclairage dans son usine, croyant ainsi stimuler les travailleurs. On fait venir un certain Elton Mayo, déjà connu pour ses études antérieures dans le domaine. Mayo choisit deux groupes de travailleurs produisant le même article dans des conditions identiques. On fera varier l'éclairage pour un groupe alors que l'autre recevra toujours la même intensité lumineuse. On verra bien, se disent les chercheurs, si l'augmentation de l'éclairage produit un effet sur la production. À la surprise générale, le rendement des travailleurs des deux groupes (plus éclairés — éclairage constant) augmenta. On fit varier d'autres conditions: salaires, périodes de repos, organisation de la semaine de travail, température, humidité, etc., dans certains groupes et non dans les autres. Le rendement de tous les groupes augmenta. Même lors du retour aux conditions initiales, le rendement demeura de 25 p. 100 supérieur à celui qu'il était au début. Mayo en vint à la conclusion que ce changement s'expliquait par la nouvelle attitude des travailleurs envers leur travail et envers leur employeur. Comme on les consultait et qu'on sollicitait leur collaboration pour la réalisation des procédures expérimentales, les employés se sentaient importants, membres d'une équipe, impliqués dans le succès de l'entreprise. On donna le nom d'«effet Hawthorne» à ce phénomène.

Il est donc futile de croire que la seule motivation des employés au travail réside dans le salaire qu'ils reçoivent. Les gratifications intangibles, tout ce qui permet à l'employé de se sentir important et apprécié, influent positivement sur son rendement. Ce n'est pas le seul élément: on peut aussi varier les tâches pour éviter l'ennui, les rendre plus complexes pour qu'elles représentent un défi à relever, etc. Mais on peut encore une fois déceler l'importance qu'attachent les humains à l'attention sinon à l'affection des autres et leur immense souci de leur valeur personnelle. Ces éléments ont un impact inconscient chez tous, même chez les philosophes les plus chevronnés, et il devient possible de les utiliser pour faciliter l'atteinte des objectifs de l'entreprise ou de l'organisme. Nul besoin de faire appel à des révélations ésotériques!

Sachez que si votre employeur vous consulte souvent, ce n'est probablement pas qu'il souhaite connaître votre avis (encore que ce ne soit pas forcément exclu), mais qu'il tente plutôt de vous intéresser à l'ensemble de l'entreprise, espérant ainsi vous voir augmenter votre rendement et votre fidélité. Dans un système où les employeurs glorifient leurs employés et où ces derniers chantent les louanges de leur employeur et de leurs collègues, tout devrait être facile!

Et pourtant, surtout par les temps qui courent, il se peut que vous perdiez votre emploi agréable (ou du moins rentable). Toutes sortes de conditions économiques incontrôlables peuvent vous conduire au chômage, vous donnant l'occasion de vous payer des doses étourdissantes d'anxiété, de fureur, de culpabilité, de dépression, le tout baignant dans la tristesse et la déception. Bon moment aussi pour vous poser des questions précises et exiger de vous-même des réponses claires: aviez-vous besoin de cet emploi pour vivre heureux? Votre perte d'emploi est-elle une situation horrible, affreuse, épouvantable, injuste ou seulement frustrante et désagréable? Comment pouvez-vous savoir que la perte de cet emploi est indubitablement un malheur? Ne pourrait-elle être une occasion de vous rendre disponible pour d'autres tâches encore plus captivantes et rentables que celles que vous assumiez? Avez-vous, en perdant votre emploi, perdu quelque fraction de votre dignité d'être humain (à supposer que cette dignité existe)? Ceux qui vous ont mis à pied sont-ils d'affreux personnages ou seulement des hommes qui ne pouvaient agir autrement qu'en fonction des idées qui leur sont venues? Ne feriez-vous pas mieux de consacrer votre énergie à chercher une autre activité plutôt que de la dépenser à vous alarmer, à vous irriter, à vous culpabiliser, à déprimer ou à vous attrister? Votre situation vous déplaît: est-il avantageux de l'empirer en vous forgeant toutes ces émotions désagréables?

En conclusion, je vous rappelle qu'un travail peut constituer l'occasion d'une foule d'émotions diverses sans en causer aucune: tout dépend de la manière dont on y pense.

# CHAPITRE 21

*Les malheurs de la vie*

Sous ce titre général, j'entends regrouper un certain nombre d'événements frustrants, désagréables pour presque tout le monde et que le hasard de la vie peut vous infliger. Aucune existence n'en est complètement exempte et il importe de savoir comment s'y prendre pour souffrir le moins possible quand le sort s'acharne sur nous.

Une remarque préliminaire s'impose. Le hasard nous présente alternativement des événements gratifiants et d'autres frustrants. Certains, de l'une ou l'autre catégorie, sont mineurs, d'autres plus substantiels. Il n'y a évidemment rien à faire pour les annihiler une fois qu'ils se sont produits. Ce qui est arrivé demeure éternellement et rien ne peut changer le passé, fût-il aussi récent que la dernière seconde. Bon nombre de personnes me semblent portées à avaler les plaisirs de la vie comme on avale des huîtres, sans vraiment les déguster dans leur hâte d'en savourer d'autres. Au contraire, quand la vie leur présente un plat désagréable, elles semblent prendre plaisir à le mastiquer longuement comme si elles voulaient en extraire la plus infime particule de saveur. Elles y reviennent un nombre incalculable de fois pendant des années. La réalité ne le leur a servi qu'une fois, mais ces personnes ne semblent pas arriver à l'avaler, le régurgitent à répétition et déclarent habituellement que la vie ne les a pas gâtées. Pendant qu'elles se livrent à ce funeste manège, elles ne peuvent habituellement pas savourer les plaisirs que la vie continue à leur offrir. Elles ont déjà la bouche pleine de leurs ennuis. Un certain nombre se gâchent même la vie en se remplissant la bouche de malheurs qui ne leur sont pas encore arrivés, mais qui demeurent possibles. «Ça ne durera pas» soupirent-elles quand ça va bien. Que ne disent-elles la même chose quand ça va mal! Car si, comme l'affirme le dicton, les bonnes choses ont une fin, les mauvaises aussi!

Si vous constatez en vous cette tendance qui vous amène à déplorer sans fin les malheurs passés ou futurs de votre existence tout en savourant à la sauvette ses aspects les plus agréables, il vous sera probablement utile de vous entraîner à réagir de façon contraire, car pendant que vous vous attardez sans fin sur vos malheurs passés ou futurs, les plaisirs de la vie vous passent sous le nez et vous ne les remarquez même pas.

Cela dit, examinons quelques situations particulièrement frustrantes que le hasard peut mettre sur votre route. L'ordre de cette énumération ne suit pas forcément l'importance que j'attache personnellement à ces événements. Aucun événement n'est, en lui-même, plus agréable ou plus frustrant qu'un autre. Tout dépend des goûts, des préférences, des «besoins» de chacun: ce qui est un grand bonheur ou un grand malheur pour l'un ne constitue qu'un détail négligeable pour un autre.

Il se peut d'abord que vous arriviez à la constatation que vous êtes affecté d'une névrose. Il ne s'agit pas d'une maladie au sens classique du terme. Comme bien d'autres personnes, je définis la névrose comme une situation personnelle dans laquelle le comportement d'un individu contrecarre l'atteinte de ses propres objectifs. Vous venez de vous reconnaître? À cela rien d'étonnant puisque c'est ce que nous faisons tous, plus ou moins fréquemment. Donc tous les humains sont plus ou moins névrosés. Cependant, chez certains, le mal est bénin et les dégâts qu'il produit sont limités. Toute colère, toute hostilité, toute culpabilité constituent des éléments névrotiques, mais qui peut affirmer sans rire qu'il ne s'est jamais mis en colère? Toutefois, il n'y a pas de quoi s'inquiéter si une personne se sent parfois modérément anxieuse, se met rarement en colère et ne se sent coupable de presque rien.

Par contre, la situation s'aggrave si la personne est habituellement habitée d'états émotifs inconfortables qui se traduisent par des actes désordonnés qui lui fournissent l'occasion de nouvelles manifestations de ses émotions troublantes et ainsi de suite en un cercle vicieux où chaque élément donne au suivant l'occasion d'apparaître. Dans sa fureur, Marcel gifle Juliette; celle-ci s'effondre en hurlant et se blesse gravement en tombant. Marcel se sent affreusement coupable, se met à boire pour oublier le minable qu'il croit fermement être devenu; son ivresse l'amène à perdre son emploi, à conduire sa voiture imprudemment, à résister sauvagement aux policiers tentant de l'arrêter, à jeter sur eux des imprécations qu'ils acceptent mal et qui les amènent à le rouer de coups. Juliette le quitte, emmenant avec elle les enfants. À ce moment-là, la névrose règne et produit des effets nuisibles de plus en plus notables. De son côté, Juliette, séparée de l'homme dont elle croit avoir besoin, revient vers lui et continue à entretenir une relation toxique qui empoisonne sa vie et celle des enfants. On n'en finirait plus d'énumérer les ravages que peut entraîner une mentalité irréaliste et les dégâts douloureux que provoque la névrose. Vous n'avez qu'à lire les journaux.

Dans de telles situations, certaines personnes finissent par concevoir l'utilité d'une aide quelconque pour arriver à vivre d'une manière raisonnablement heureuse. En se mettant à la recherche d'une personne ressource elles courent des risques multiples et considérables. Il n'est pas facile de trouver une aide véritable dans une société où pullulent divers intervenants se vantant tous de pouvoir révéler le secret du bonheur. Le domaine de l'aide personnelle constitue un fouillis inextricable où la bêtise foisonne et côtoie des démarches authentiquement bénéfiques. Il conviendra d'abord de n'ajouter aucune foi aux promesses mirobolantes qui déclarent que le bonheur tient à quelques heures passées en groupe avec un animateur. J'aime mieux croire que les personnes qui promettent de tels bienfaits sont naïves plutôt que malhonnêtes. Si on vous propose de faire appel aux anges qui veillent sur vous, de vous laver la tête de vos idées négatives en vous irriguant le colon (paradoxal!), de pousser des cris plus ou moins primaux, de vous remettre entre les mains de quelque gourou, même asiatique, sachez-le clairement, on veut votre bien et, comme le vieux paysan rétorquait au politicien qui lui déclarait cela, vous répondrez: «Tu ne l'auras pas!» Des exemples récents montrent combien de personnes, jugées équilibrées et rationnelles, peuvent tomber entre les pattes d'aigrefins illuminés qui les dépouillent de leur argent et parfois même de leur vie. En écoutant le récit des survivants, on reste ébahi et on se demande si le puits de la naïveté humaine a un fond. On arrive seulement à conclure que certaines personnes ne peuvent tolérer l'incertitude qui marque toute notre vie et sont prêtes, dans leur anxiété et leur besoin de réponses sûres, à accorder leur confiance à tout beau parleur qui leur promet le bonheur.

Les probabilités que vous obteniez une aide véritable sont sans doute meilleures si vous vous adressez à un professionnel. Ce dernier est régi par un code d'éthique, ce qui vous offre la possibilité de porter plainte (malheureusement devant un comité composé de collègues du professionnel en question, belle aberration légale!) dans le cas où vous vous croiriez exploité. Quand vous entrerez en contact avec la personne qui, pensez-vous, pourra vous aider, ne craignez pas de lui demander comment elle compte s'y prendre pour vous secourir. Ne vous contentez pas de réponses vagues qui ne veulent rien dire et qui peuvent masquer soit l'ignorance du praticien, soit sa mauvaise foi, soit les deux. La réputation du praticien vous donnera aussi une indication de sa compétence, bien que certains intervenants soient entourés d'une multitude de fervents disciples dont le nombre témoigne encore de l'insondable naïveté humaine, mais non de leur compétence. N'oubliez pas qu'une méthode qui vous plaît n'est pas forcément efficace et qu'en principe toutes les démarches faciles et aisées n'aboutissent qu'au versement graduel de votre compte en banque dans celui de votre prétendu aidant. Si la démarche proposée s'écarte notablement de ce qu'on appelle le «gros» bon sens, fait appel à des entités indémontrables et préconise des procédures étranges et ésotériques, si elle ne vous amène qu'à exprimer vos émotions (en criant, en pleurant, en frappant dans des coussins ou en vous roulant par terre) sans jamais s'occuper de leur cause cognitive (vos idées et vos croyances), si elle ne vous propose pas un plan de travail personnel à faire, hors du contact avec l'aidant, méfiez-vous.

Tout se paye et un changement approfondi et durable de mentalité ne peut être obtenu sans un investissement prolongé et constant de votre énergie personnelle. Votre aidant pourra vous enseigner comment vous y prendre pour vous aider vous-même: jamais il ne pourra le faire à votre place. Ce n'est pas non plus le contact avec lui qui est thérapeutique. Vous n'arriverez à changer les émotions qui vous troublent et les actions qui vous nuisent qu'en modifiant les conceptions et les croyances irréalistes qui leur donnent naissance. Que vous arriviez à ce changement cognitif par une méthode ou par une autre demeure peu important, bien qu'il soit logique de recommander la méthode qui vous mènera le plus rapidement possible à ce résultat. Inutile et coûteux de passer par Jérusalem pour aller de Montréal à Paris. N'oubliez pas que les aidants sont des humains eux aussi et peuvent avoir les mêmes idées farfelues que celles qui vous habitent. Comme je m'occupe depuis des années de former des aidants, je sais bien que le plus gros de ce travail consiste à les aider à reconnaître et à combattre les idées qu'ils ont en tête et qui sont identiques à celles de leurs clients.

Une personne de votre entourage immédiat (conjoint, enfant, parent) est peut-être notablement troublée émotivement et se comporte de manière pénalisante à la fois pour lui ou elle et pour vous. La situation ne saurait être rare puisqu'on estime qu'une personne sur cinq est assez troublée émotivement pour justifier une intervention aidante.

Dans une telle situation, il convient d'abord de vous rappeler que la personne en question ne fait pas exprès de s'empoisonner la vie et de gâcher la vôtre. Elle est, comme chacun de nous, victime des idées plus ou moins saugrenues qui lui viennent à l'esprit. Si vous la blâmez pour ses comportements, elle risque d'en profiter pour s'insurger contre vous ou déprimer, ce qui, dans un cas comme dans l'autre, ne vous avantage pas. Vous pouvez faire ce qui est en votre pouvoir pour l'inciter à combattre ses tendances autodestructrices par la réflexion et l'action, et aussi la supporter affectueusement dans sa lutte contre ses démons intérieurs. En principe, vous êtes mal placé pour aider vous-même cette personne, ce qui ne signifie pas que la chose soit toujours impossible, surtout s'il s'agit d'un enfant. Le petit Guillaume peut parvenir à surmonter sa timidité et sa pusillanimité avec l'aide bienveillante de parents doux et fermes. Si vous tentez d'aider un adulte (conjoint), vos démarches, même bien intentionnées, peuvent lui apparaître intéressées. Il vous soupçonnera peut-être de vouloir son bien parce que vous cherchez d'abord le vôtre, ce qui n'est d'ailleurs jamais entièrement faux. Il se peut également que vous ne possédiez ni la disponibilité, ni la patience, ni la compétence pour aider une personne, même si vous la chérissez. Orientez-la alors vers une tierce personne qui, ne faisant pas partie de votre système, sera moins facilement soupçonnée de vouloir tirer quelque avantage du changement de la personne. Dans toutes ces démarches, vous agirez autant que possible avec calme et fermeté, en apportant votre support à la personne sans pour autant consentir à toutes les bizarreries que la névrose pourrait l'amener à commettre.

Je reçus un jour un mari qui me raconta que sa femme pouvait mettre parfois plus de deux heures à se préparer pour une sortie commune. Dans sa hantise de déplaire et de ne pas être convenable, l'épouse de mon client passait des heures à changer de vêtements, à rectifier son maquillage, jamais satisfaite du résultat. En somme, elle exigeait (encore une fois!) d'être vêtue d'une manière qui n'entraînerait jamais la désapprobation de quiconque. Comme une telle tenue vestimentaire n'existe pas sur cette planète, vous pensez bien que cette malheureuse aurait pu passer sa vie à se vêtir et à se dévêtir, au grand ennui du mari. J'expliquai sommairement à celui-ci ce qui se passait probablement et l'incitai à faire preuve d'une souriante fermeté envers son épouse. Si sa femme et lui convenaient d'une heure de départ raisonnable, je lui recommandai de s'y tenir, sans colère ni blâmes, et de quitter seul, au besoin, leur domicile. Il est possible de demeurer accueillant, tendre, compréhensif et ferme en même temps. Devant cette attitude, sa femme se décida enfin à chercher une aide extérieure et parvint en quelque temps à déloger les idées qui lui faisaient apparaître comme insupportable toute désapprobation d'un tiers. Une autre fois, une épouse vint me raconter que son mari, en proie à des accès de frénésie comme en comporte la dépression bipolaire, vidait régulièrement leur compte en banque commun pour des achats superflus que le budget familial ne pouvait supporter. Sur mon conseil, elle se décida enfin à expliquer à son mari qu'elle déposerait désormais le fruit de son travail dans son propre compte bancaire auquel il ne pourrait accéder. Elle refuserait aussi, lui dit-elle, de garantir les emprunts qu'il pourrait contracter. Rude coup pour le mari qui s'était, au cours des ans, habitué à voir en sa femme une épouse docile et soumise. Lui aussi finit par demander une aide professionnelle pour traiter ce problème qui relevait de la psychiatrie plus que de la psychologie. Notez bien qu'il ne s'agit nullement de se plaindre, de tempêter, de blâmer, de couvrir l'autre d'injures, mais de passer calmement aux actes, avec empathie et respect, mais aussi avec fermeté. On peut recommander la même attitude envers des parents envahissants, des amis importuns, des enfants exagérément malcommodes. C'est cette alliance si souhaitable de la main de fer dans le gant de velours que si peu de gens arrivent à atteindre, étant plutôt animés d'idées qui les amènent soit à tout supporter en gémissant ou en maugréant, soit à déverser leur bile sur la tête de la personne qui les importune. Souvenez-vous: elle ne le fait pas exprès.

Ce que je viens d'écrire peut aussi servir aux personnes qui sont en contact étroit avec un individu faisant un usage démesuré d'alcool ou d'autres drogues. Il ne s'agit pas de sortir toute l'artillerie si le mari prend parfois un verre de trop ou si l'épouse revient pompette d'une fête de bureau particulièrement bien arrosée. C'est toute une autre affaire quand l'alcoolisme ou la toxicomanie s'installe, que la vie conjugale et familiale se trouve sérieusement affectée. Il n'existe alors guère d'autre solution que la séparation. Malgré les déchirements qu'une telle démarche comporte, c'est finalement celle que la plupart des conjoints finissent par adopter, souvent après des années de souffrances inutiles. Un grand nombre d'alcooliques et de toxicomanes ne se résignent pas à faire face à leur habitude et ne cherchent de l'aide que lorsqu'ils y sont poussés par des mesures extrêmes. C'est sans doute dommage et on peut certainement souhaiter qu'il en soit autrement, mais la réalité nous oblige à constater que les efforts des conjoints pour aider l'alcoolique ou le toxicomane sont habituellement vains et les plongent eux-mêmes dans une atmosphère délétère dont ils mettent souvent des années à se remettre. Des femmes qui rescapent leur mari alcoolique ou toxicomane, des maris qui réhabilitent leur femme en proie aux mêmes habitudes, je n'en connais guère. Par contre, j'ai rencontré bien des personnes qui prétendaient réussir là où tant d'autres avaient échoué. Ces personnes s'imaginaient souvent qu'à force d'amour et de compassion, elles finiraient par vaincre la «maladie» de leur conjoint. Or, pour tout ce qui concerne le changement de certains aspects de la personnalité, la motivation ne peut venir que de la personne affectée: c'est se leurrer de croire qu'on pourra la lui insuffler. Personne ne sauve personne à moins qu'elle n'y mette du sien; aider quelqu'un, c'est uniquement collaborer aux démarches qu'il ou elle accomplit.

Si vous êtes vous-même affecté par l'alcoolisme ou la toxicomanie, j'espère que vous aurez assez de lucidité pour reconnaître votre situation et cesser de blâmer les circonstances peut-être pénibles de votre vie, ou d'accuser d'autres personnes ou vous-même pour cet état de choses. C'est le moment de vous rappeler la phrase d'Épictète: «Accuser les autres de ses malheurs est le fait d'un ignorant; s'en prendre à soi-même est d'un homme qui commence à s'instruire; n'en accuser ni un autre ni soi-même est d'un homme parfaitement instruit.» Que vous ayez mille bonnes raisons de boire ou de vous droguer ne change pas le fait que vous seul pouvez vous extirper du piège dans lequel vous vous êtes laissé prendre sans le vouloir. Diverses personnes peuvent vous aider dans ce travail ardu, mais rien ne peut remplacer votre propre engagement.

Il se peut que le hasard vous ait fait venir au monde avec un handicap physique ou mental irréversible: cécité, surdité, paralysie plus ou moins étendue, etc. Que vous dire? Certains plaisirs vous seront pour toujours interdits, c'est évident. Certains ennuis vous seront également épargnés. Vous ne pourrez vivre «comme tout le monde» et il serait sans doute absurde de tenter de le faire. Le sort vous a fixé des limites plus étroites que celles qu'il détermine pour les autres: il vaut sans doute mieux les respecter sans tenter de vous «dépasser». Je demeure toujours un peu sceptique devant ces infirmes qu'on nous montre réalisant des prouesses sportives qui, dit-on, témoignent de leur courage et de leur ténacité devant un sort adverse. Non qu'il soit mieux de se cantonner dans une passivité ronchonneuse en utilisant le handicap comme justification d'une dépendance perpétuelle.

Il y a bien des années, je rencontrai une jeune femme qui était née avec une malformation de la hanche qui la faisait lourdement boiter et l'obligeait à porter une chaussure orthopédique dotée d'une semelle énorme. Ses parents avaient juré que leur fille ferait tout ce que les autres enfants faisaient: courir, sauter, gambader, jouer au ballon. À vingt-cinq ans, cette jeune femme était complètement épuisée, mince comme un fil, souffrant de migraines constantes et consommant une quantité prodigieuse de médicaments prescrits par un médecin peu scrupuleux. Elle finit par comprendre qu'elle tentait de réaliser des performances qui la détruisaient progressivement. Sa santé s'améliora quand elle cessa de se prendre pour ce qu'elle n'était pas, qu'elle consentit à monter les escaliers une marche à la fois et à s'asseoir avant que ses jambes ne cèdent. Autant il peut être nocif de ne rien faire, autant il peut être délétère de tenter de tout faire. Je veux bien que les efforts d'un handicapé pour dépasser ses limites soient qualifiés d'héroïques, mais je m'interroge sur le prix à payer pour atteindre de telles performances. Les personnes qui accomplissent des actes «héroïques» sont poussées par la vision de leur avantage. Il serait sans doute dommage qu'elles se ruinent la santé pour faire la preuve qu'elles sont aussi capables qu'un autre de faire ce qu'elles font.

Une maladie peut vous frapper un jour et vous imposer des limites plus ou moins étroites. Ce sera le moment d'exploiter savamment les possibilités de plaisir qui vous restent, tout en vous attardant le moins possible sur votre malheur. Cela n'est ni beau ni noble, mais seulement pratique. Si vous ne désirez plus vivre, les moyens ne manquent pas de quitter la scène avant la tombée du rideau. Rien ne dit qu'il faut vivre à tout prix. Le pire est sans doute de continuer à vivre en se lamentant, en empoisonnant la vie de ses proches sans arriver à faire le pas libérateur.

Quels autres malheurs peuvent encore vous frapper? Vous pourriez subir des revers financiers qui vous plongeront dans la pauvreté. Si vous ne vous êtes pas imaginé une foule de besoins urgents, votre situation sera plus facile. On peut vivre et avoir du bon temps en disposant finalement de peu de choses. Beaucoup de plaisirs restent encore disponibles même si on est peu fortuné et, encore une fois, votre bonheur dépend bien davantage de la nature de vos émotions que des biens que vous pourriez posséder. Il est cependant clair qu'une lourde perte, dans quelque domaine, constitue habituellement une belle occasion de diverses émotions pénibles: l'anxiété, les regrets, la tristesse, la culpabilité, la dépression, la révolte attendent tous pour se déclencher que vous viennent les idées qui les engendreront. À vous de travailler à les prévenir ou à les expulser en meublant votre esprit d'idées réalistes et saines: «Je n'en ai pas vraiment besoin... Ce n'est pas la fin du monde... Ça pourrait être pire...»

Un mot sur la résignation. Pour certaines personnes, cette attitude est presque condamnable et témoigne du peu de caractère de ceux qui l'adoptent. À les entendre, il faut (!) toujours faire face, lutter, combattre, mener une vie engagée. Une telle attitude claironnante est évidemment absurde. Dans ce domaine comme dans tous les autres, le calcul hédonique est à opérer le plus lucidement possible. Il consiste, somme toute, à tenter de répondre clairement à la question: «Où se trouve mon plus grand avantage?» Il est vrai que le résultat de ce calcul est toujours douteux. Il reste cependant possible d'en exclure des considérations futiles qui viendraient le fausser à la base. L'honneur, l'estime de diverses personnes qui n'ont pas d'influence sur la vie personnelle, ou du moins l'absence de la réprobation de ces personnes, le souci de bien paraître, celui de ne décevoir personne: ce sont autant d'éléments qui peuvent colorer une «décision» rationnelle. S'il n'y a rien d'utile à faire pour corriger une situation désagréable, autant l'accepter et s'y soumettre, tout en dressant des plans pour la modifier quand la chose deviendra possible. Si on peut la fuir, pourquoi s'y refuser sous prétexte de dignité personnelle? Il convient cependant de se demander si cette fuite ne causera pas encore plus d'ennuis que n'en apporte la situation qu'on tente d'éviter; c'est tout un art de savoir quand se dire «Ne lâche pas» ou plutôt «Laisse tomber». Nul n'est obligé à rien que ce que la nature des choses lui impose. L'héroïsme ne fait pas partie de ces exigences et demeure donc toujours facultatif. Quant aux fuites dites honteuses, il convient de se rappeler que ce caractère honteux ne réside pas dans l'acte lui-même et n'est que le résultat d'une opinion humaine.

Restent ces innombrables petits ennuis de la vie, autant de coups de bec dont nous picote la réalité: le bus qui ne vient pas quand on gèle à l'arrêt, le fonctionnaire indolent qui vous fait poireauter sans fin, le petit qui claque la porte et sème des traces de boue sur le parquet fraîchement ciré, la voiture qui refuse de démarrer par temps humide, le voisin qui fait partager à tout le quartier son amour du rock. On n'en finirait plus d'énumérer tous ces éléments déplaisants, ennuyeux, frustrants qui tissent nos vies. Vous avez dû remarquer que, lorsque vous êtes de belle humeur, vous ne vous préoccupez guère de tous ces événements. Si vous avez la tête remplie d'idées réjouissantes, vous accepterez plus facilement que les choses ne soient pas toutes à votre goût. C'est quand vous êtes déjà d'humeur chagrine que vous accordez à ces petites frustrations une importance démesurée et que vous vous mettez à proclamer intolérables des événements minimes. Mais voilà le problème: qui peut se vanter d'être toujours de belle humeur et de nourrir constamment des idées réjouissantes? Faute de pouvoir y arriver, il reste donc que vous vous agiterez émotivement sans profit au moins occasionnellement. Il demeure cependant possible de se livrer à des mesures préventives destinées à maintenir une forme psychologique adéquate pour arriver plus élégamment à faire face aux divers ennuis de la vie. Il y a bien des siècles, Marc Aurèle se recommandait à lui-même:

«Dès l'aurore, dis-toi par avance: *Je rencontrerai un indiscret, un ingrat, un insolent, un fourbe, un envieux, un insociable. Tous ces défauts sont arrivés à ces hommes par leur ignorance des biens et des maux. Pour moi, ayant jugé que la nature du bien est le beau, que celle du mal est le laid, et que la nature du coupable est d'être mon parent, non par la communauté du sang ou d'une même semence, mais par celle de l'intelligence et d'une même parcelle de la divinité, je ne puis éprouver du dommage de la part d'aucun d'eux, car aucun d'eux ne peut me couvrir de laideur.»* (*Pensées pour moi-même,* livre II, 1.)

Rien n'empêche de faire, au cours de la journée, de brèves pauses propres à favoriser votre santé mentale. Je rencontrai un jour, lors d'une session de formation, un enseignant plutôt abattu, déprimé et sujet à de nombreuses sautes d'humeur dont il se plaignait beaucoup. À l'entendre, son travail exigeait de lui une activité constante qui le faisait courir toute la journée d'un groupe d'élèves à un autre avec à peine le temps de respirer. Il se couchait épuisé à une heure tardive pour reprendre ce marathon dès l'aube. Nous cherchâmes avec attention des moments où il pourrait, dans la solitude, consacrer quelques minutes à faire le ménage dans ses idées. Il semblait n'y en avoir aucun jusqu'à ce qu'il réalise que, comme chacun, il visitait les toilettes quelques fois, même pendant les journées les plus échevelées. Il n'en fallait pas plus pour que je lui suggère de garder en poche un bout de papier portant quelques questions précises qu'il pourrait relire à ces rares moments d'isolement: «Qui suis-je?»; «Qu'est-ce que je fais?»; «Faut-il vraiment que je le fasse et de telle manière?»; «Serait-ce si terrible si...?»; «Les autres doivent-ils...?», etc. Quand je le rencontrai de nouveau quelques mois plus tard, il m'annonça que cette technique simple et peu coûteuse lui avait permis de se calmer considérablement et d'accéder à un style de vie notablement plus détendu.

Un autre de mes clients avait enregistré sur une cassette des questions analogues et, la faisant tourner sur le lecteur de sa voiture, s'en remplissait l'esprit tout en se rendant au travail. Une autre dame que j'ai connue avait introduit systématiquement cinq pauses de deux minutes chacune dans sa journée de travail. Pendant ces quelques instants, elle se posait inlassablement les mêmes questions ce qui, disait-elle, lui permettait de terminer sa journée sans s'épuiser nerveusement. Des trucs, me direz-vous. Eh oui! pourquoi pas, s'ils sont efficaces et vous permettent de mettre un peu d'ordre dans la cavalcade des idées qui défilent à toute allure dans votre esprit et vous jettent dans l'anxiété, la colère, etc. Il ne s'agit pas de se sermonner ou de se faire la morale. Vous savez déjà comment presque tous les sermons provoquent la somnolence chez l'auditeur ou lui offrent l'occasion de se sentir coupable. Il est plutôt question de tenter de cerner la réalité, sans la bonifier ni la noircir. À la longue, cette démarche peut devenir une habitude qui pourra vous épargner bien des émotions déplaisantes et des actes inconsidérés et nuisibles. Si nul d'entre nous n'arrive à échapper à tous les «malheurs de la vie», il reste possible pour chacun de s'entraîner à cultiver dans son esprit les idées et les conceptions qui l'aideront à les supporter plus allègrement, sans y trouver de plaisir, mais sans non plus en être affecté outre mesure.

# Chapitre 22

*Réalisme et religion*

Certaines des croyances religieuses des humains leur causent bien des tracas. Plusieurs imaginent un Dieu d'un racisme répugnant qui les amène à persécuter ceux qu'ils qualifient d'incroyants. D'autres se fabriquent un Dieu terrifiant qui, comme un malandrin, guette chacun de leurs gestes, toujours prêt à les châtier d'une horrible manière. D'autres encore adorent un Dieu imbécile, affligé d'émotions violentes ne pouvant jaillir que d'idées absurdes. Tout cela dure depuis la nuit des temps et a engendré un nombre considérable de désordres tant sociaux que personnels à travers les générations.

Il n'y a évidemment aucune démonstration possible de l'existence de Dieu ou de sa nature précise. Il reste cependant possible d'épurer la notion de Dieu des contradictions qui peuvent s'y glisser et, s'il demeure impossible de dire qui est Dieu ou s'il existe, il n'en reste pas moins opportun de dire ce qu'il ne peut être. Ainsi, par exemple, il est ridicule de décrire Dieu, d'une part, comme un être souverainement et totalement heureux, plongé dans un état de béatitude éternelle et, d'autre part, de parler de sa colère, de sa vengeance, de sa fureur, autant de notions antithétiques à la béatitude présupposée. Il est non moins aberrant d'imaginer des comparses de Dieu (saints, anges) agités d'émotions troublantes: des Vierges qui pleurent, des saints qu'on implore et qui se font tirer l'oreille, des anges qui protègent soucieusement en se voilant la face devant les fredaines de leurs pupilles, tout cela ressemble un peu trop à Mme Dugas et à M. Lalancette.

La notion d'un Dieu juste a alternativement consolé et terrifié des générations d'humains. Voilà un Dieu qui récompense les bons et punit les méchants. Comme nous l'avons vu, il n'existe ni bons ni méchants sur cette planète. C'est donc un Dieu assez oisif et solitaire; le ciel, demeure des bons, reste vide puisque nul ne peut se targuer d'être bon. Quant à l'enfer, il est également désert puisque seuls les méchants pourraient y séjourner et qu'il n'y en a pas. D'autre part, certaines doctrines affirment que les intentions mauvaises sont punissables, même si elles ne sont pas accomplies dans des actes. Ainsi, selon ces doctrines, si je passe des heures ou même des minutes à penser goulûment aux fesses de ma secrétaire, heureusement mariée à son bonhomme de mari, alors que je demeure parfaitement correct à son endroit dans les actes et que je ne me permets pas le moindre effleurement de cette partie de son anatomie, mes pensées mauvaises sont coupables et taxables d'une éternité de malheur. S'il en est ainsi, la logique exige que mes bonnes pensées non suivies d'acte soient louables et me valent une éternité de bonheur. Assis dans mon salon, je pense attentivement à comment je pourrais distribuer mes biens aux miséreux, donner ma vie pour sauver de pauvres opprimés, etc. Cependant, je ne fais rien de tout cela. Puis-je réclamer une récompense pour mes bonnes pensées? Que non, me dit-on, il faut passer aux actes. Mais alors, pourquoi me punit-on de mes «mauvaises pensées» que je n'ai pas fait suivre d'actes? Cela n'est qu'un exemple de l'incohérence de diverses croyances véhiculées par les religions dites officielles.

Précédemment, nous avons vu que les humains ne détiennent aucune liberté de décision, leurs actes étant déterminés par les émotions qu'ils ressentent conséquemment aux idées qui leur passent par la tête et qu'ils ne peuvent choisir. Il est donc ridicule d'imaginer un Dieu récompensant certains actes déterminés et en punissant d'autres tout aussi déterminés que les précédents. Il est utile de rappeler qu'il est absurde de s'irriter envers une autre personne qui se comporte d'une manière qui nous déplaît et nous frustre. Elle ne peut agir autrement qu'elle le fait puisqu'elle y est forcée par les idées qui lui viennent. Dieu serait-il moins lucide que nous, qui ne le sommes déjà guère? S'irriterait-il contre des créatures dont il a lui-même façonné les mécanismes qui les amènent fatalement à ne pouvoir agir autrement qu'elles le font au moment de l'action? Que diriez-vous d'un potier qui reprocherait aux urnes d'argile qu'il a lui-même fabriquées de se briser quand il les laisse choir sur le sol? Que diriez-vous d'un coutelier qui reprocherait aux lames qu'il a lui-même affûtées d'être devenues tranchantes et de le blesser s'il les manie maladroitement? Que diriez-vous d'un Dieu qui s'irrite du fonctionnement d'un univers dont il régit, par définition, les moindres rouages? Tout cela n'est finalement qu'un salmigondis d'idées mal faites, acculant à des contradictions inextricables, tissé d'anthropomorphismes qui font ressembler Dieu à quelque père de famille bienveillant, mais doté d'un caractère ombrageux et imprévisible, mâtiné d'un policier retors et vindicatif, acharné à pister les criminels qui tentent d'échapper à la justice, s'obstinant à troubler l'ordre, par ailleurs immuable, des choses.

Que reste-t-il quand on a évacué toutes ces insanités? La possibilité d'une immense compassion pour les humains que nous sommes tous, la préoccupation d'améliorer, ne fût-ce qu'un peu, le sort de ceux d'entre nous que le hasard a peu favorisés, l'ouverture et la tolérance aux diverses opinions souvent inoffensives des autres, la vigilance contre les diverses formes de l'exploitation des humains les uns par les autres, le souci de réparer les torts qu'on a pu causer inutilement aux autres par aveuglement.

Tout cela peut constituer les éléments d'une religion encore bien plus valable que celle qui se traduit par quelque guerre sainte ou la poursuite d'un pouvoir tyrannique sur une minorité. Cela dit, si cela vous calme et vous console d'adresser des prières à l'Éternel, de vous l'imaginer veillant sur vous en personne ou par l'intermédiaire de ses acolytes, de croire qu'un autre monde vous attend après la vie où vous trouverez un bonheur paisible et éternel, ne vous gênez pas. Ces croyances inoffensives ne sont guère susceptibles de vous gâcher la vie.

Si, par ailleurs, vous ne croyez ni à Dieu ni à diable, cela ne peut vous empêcher de mener une vie relativement tranquille, exempte de haines tenaces et d'hostilités sectaires, d'anxiété paralysante ou de culpabilité lancinante. Il vous est possible, au moins par moments, d'adopter une attitude bienveillante envers vous-même et vos congénères, sans ces étonnements indignés qui ne révèlent que votre ignorance de la nature humaine, sans non plus ces admirations naïves qui procèdent de cette même ignorance. Vous pourrez vous dire, comme l'écrivait Spinoza: «Je me suis efforcé de ne pas rire des actions des hommes, ni de les déplorer, ni de les mépriser, mais de les comprendre.»

Il y a bien des années vint me consulter une religieuse infirmière. Cette femme m'affirmait que sa foi en Dieu soutenait son action et inspirait sa vie. Je lui demandai ce qu'elle ferait si, par impossible, on arrivait à lui démontrer hors de tout doute que l'existence de Dieu n'est qu'un mythe. Elle me répondit qu'elle continuerait à mener la même vie, travaillant à soulager les malades qu'on lui confiait. Voilà une religion bien pratique et dont on ne saurait trop recommander la diffusion. Voilà qui nous mène plus loin que les interminables discussions sur le sacerdoce des femmes ou la légitimité des moyens de prévention des naissances. Voilà la religion qui inspira mon aimable voisin à venir discrètement enlever la neige qui recouvrait mon perron; me croyant absent, alors que je n'étais que paresseux, il avait voulu, me dit-il, me préserver de la visite de quelque cambrioleur qui aurait pu croire ma demeure inoccupée. C'est aussi cette religion qui amène Mme Dandurand à déposer une pièce dans la sébile d'un mendiant, qui pousse M. Dumais à prendre un peu de son temps pour visiter sa vieille tante malade, qui inspire aux jeunes Jean, Paul et Stéphane l'idée de s'organiser ensemble pour repeindre les murs de l'appartement délabré de leur voisine infirme: autant de gestes inspirés par un égoïsme lucide qui permet de comprendre que c'est se faire du bien à soi que d'en faire aux autres puisque ainsi chacun contribue à améliorer un peu le monde où il séjourne lui-même.

Nous voilà loin des pirouettes des théologiens et des explications laborieuses des exégètes. Toutes les élucubrations des religions «officielles» demeurent sans intérêt quand elles ne sont pas carrément nocives et sources de division et de haine entre les humains. Toute religion qui n'amène pas tolérance et compassion ne peut que constituer une sottise s'ajoutant aux innombrables autres sottises qui, dans tous les domaines, alourdissent notre vie.

# CHAPITRE 23

*Vieillir, mourir*

Les années passent tout doucement et vous vieillissez. Il vous en reste moins à vivre que vous n'avez déjà vécu. Les enfants sont partis et vous vous retrouvez seul ou avec votre conjoint. Bientôt, dites-vous, vous prendrez votre retraite. Eh bien! justement non. Si la chose vous est possible, ne prenez jamais votre retraite. Vous pouvez cesser de travailler, mais il sera opportun de vous tenir occupé à autre chose qu'aux loisirs passifs que constituent la télévision ou même la lecture. Sinon, le mal souverain des humains vous guette: l'ennui. Il est fort important que vous puissiez continuer à jouer un rôle utile dans la société, en dépensant votre énergie d'une manière constructive, sous peine de glisser peu à peu dans la semi-dépression qui affecte souvent les personnes trop peu occupées.

Vous pourriez être tenté de meubler votre temps en intervenant plus ou moins dans la vie de vos enfants. Je ne parle pas du coup de main occasionnel qu'un père donne à son fils pour un travail de rénovation ni de la grand-mère qui peut se faire plaisir en gardant parfois ses petits-enfants. Vos enfants sont maintenant des adultes et peuvent mal accueillir vos interventions. Vous ne leur offrirez vos conseils que s'ils les demandent explicitement et vous préoccuperez plus de vos affaires que des leurs. Ils feront leur vie comme ils le pourront, comme vous l'avez vous-même fait. S'ils ont quitté le foyer, il vaudra probablement mieux qu'ils n'y reviennent jamais, sauf en cas d'extrême urgence et pour des périodes brèves. Certains parents éprouvent beaucoup de difficultés à cesser d'assumer leur rôle direct d'éducateurs. Ils continuent plus ou moins adroitement d'agir envers leurs grands enfants comme si ces derniers avaient encore dix ou quinze ans. Cela n'est sain ni pour les enfants ni pour les parents. Votre fils ou votre fille divorce, perd son emploi, subit quelque revers du sort. Vous pouvez demeurer disponible, intéressé, sympathique et... discret. C'est à vos enfants de régler désormais leurs problèmes et s'ils n'ont pas encore appris à le faire, vos interventions empressées mais intempestives ne le leur permettront pas. Occupez-vous de vous et laissez-les se débrouiller.

Organisez-vous donc pour demeurer occupé sans importuner les autres. Prenez un autre emploi si cela est possible, mettez sur pied votre propre entreprise, bricolez, engagez-vous dans quelque action bénévole: tout plutôt que le fauteuil devant le téléviseur et les futiles visites au centre commercial.

Il se peut que vos forces physiques commencent à décliner. Autant accepter la situation en ne vous en demandant pas plus que vous ne pouvez commodément accomplir. Chaque jour, les journaux rapportent le décès de personnes qui, à soixante ans, ont tenu à agir comme si elles en avaient trente: déblayer la neige, s'engager dans des matches de tennis endiablés, pratiquer le ski comme une championne, courir le guilledou comme un adolescent. Il vaut mieux se rappeler qu'un lapin vivant vaut probablement mieux qu'un lion mort. Rappelez-vous que votre hypothétique valeur personnelle ne variera pas selon vos performances et qu'il serait sans doute dommage de vous blesser ou de trépasser tout en recueillant l'admiration béate des survivants. Vous ne pourrez d'ailleurs guère en jouir dans votre cercueil. Quant à dépasser vos congénères plus jeunes dans quelque domaine que ce soit, j'ose espérer qu'avec l'âge vous aurez laissé tomber ces compétitions absurdes qui relèvent plus des brumes de l'adolescence que de la maturité des années. Hélas! s'il y a peu de jeunes sages, il y a parfois de vieux fous!

Parlons de votre mort. La plupart des humains ne se soucient guère de leur inévitable décès. À les entendre, ce n'est jamais leur tour. Ils s'occupent de mille choses, ce qui leur évite de penser trop longuement à leur propre dissolution. Par ailleurs, il est incroyable de constater combien de gens pensent (fugitivement) à leur mort avec tristesse. Leur visage s'allonge: ils prennent une figure d'enterrement. Toutes ces personnes semblent croire qu'une fois mortes, elles regretteront de l'être et verront d'un œil d'envie les autres continuer à s'amuser, à festoyer, à jouir de la vie. Voilà une pensée singulièrement sotte. En effet, pour regretter (une émotion), il faut penser. Pour penser, il faut être en vie. Les morts ne pouvant penser, faute d'un cerveau fonctionnel, ils ne peuvent donc rien regretter.

Vous me direz sans doute que les morts vivent d'une autre manière, que leur principe vital continue d'exister sous une autre forme. Si tel est le cas, personne ne meurt et ce que les humains appellent la mort ne constitue donc qu'un passage à une autre forme d'existence. On ne peut regretter d'être mort si on l'est et encore moins si on ne l'est pas. On dit parfois que la mort constitue la fin de la vie. Pas du tout. La fin de la vie est encore la vie, tout comme le bout du fil appartient encore à ce fil. Après le bout du fil, il n'y a... rien. Le fil a cessé d'exister. S'il existe encore, on n'est pas rendu au bout.

En mourant, vous cesserez de savourer les plaisirs de la vie; notez bien que vous ne le regretterez pas, pour les raisons mentionnées plus haut. D'autre part, vous cesserez aussi d'en subir les inconvénients, ce dont vous ne pourrez vous réjouir pour autant. Il n'existe donc aucune raison valable de vous alarmer ou de vous attrister de votre mort puisqu'elle n'est rien. Notons en passant qu'on ne peut être mort, le premier terme contredisant le second. Ce qui peut être ardu et difficile, c'est vivre, au moins par moments... Mais «être mort», ce n'est rien. Quant au «mourir» lui-même, c'est-à-dire les derniers mois ou jours de votre vie, il revient à chacun de prendre ses précautions. Comme cette période ultime peut parfois être assez douloureuse et désagréable, autant procéder, en temps utile, à des préparatifs susceptibles de l'abréger ou de l'interrompre à volonté. Ne comptez pas trop sur les médecins qui vous soigneront peut-être à ce moment-là. Tout leur entraînement les a préparés à maintenir la vie, souvent aux frais du client. La mort du patient constitue pour nombre d'entre eux un échec cuisant qu'ils tentent par tous les moyens d'éviter. Vous pourrez peut-être contrer leur désir de vous garder en vie en formulant clairement par écrit vos dernières volontés, demandant qu'on vous laisse mourir sans mettre en œuvre toute une panoplie de moyens artificiels pour prolonger une vie dont tout plaisir serait absent et où régnerait une souffrance sans objet.

Vous pourrez également interrompre votre propre vie en vous suicidant. Je sais que ce seul mot évoque une foule d'images affreuses et je suis bien d'accord que bon nombre de gens semblent se suicider un peu trop tôt. Cependant, à considérer lucidement les choses, celui qui se suicide ne fait qu'antécéder de quelques jours, mois ou années (qu'il ne regrettera pas) ce qui va de toute manière arriver. Ce n'est pas comme si nous étions naturellement immortels et que la seule manière de quitter la vie consistait à se suicider. Le suicide affecte émotivement seulement les survivants et leur fournit l'occasion presque irrésistible d'éprouver une foule d'émotions pénibles, au premier rang desquelles se trouve la culpabilité. Le suicidé a fait ce qu'il a cru bon de faire; vous qui êtes son proche ou son parent avez également fait ce qui vous semblait opportun, selon vos dispositions émotives du moment. Nul ne fait ni ne peut jamais faire autre chose, et se reprocher quoi que ce soit est aussi aberrant que de reprocher à une autre personne d'avoir posé les gestes qu'elle ne pouvait s'abstenir de poser. Inutile qu'on vous répète que vous avez fait votre possible et n'avez rien à vous reprocher: tout ce qu'une personne fait constitue son possible physique ou psychologique du moment et ce dont elle s'abstient lui était physiquement ou psychologiquement impossible à réaliser concrètement. «Mais pourquoi n'ai-je pas vu les signes avant-coureurs?» me disait une maman éplorée dont le fils de dix-neuf ans s'était tué à la suite d'une rupture amoureuse. «C'est évidemment que vous regardiez ailleurs, que votre attention était dirigée vers autre chose que ces signes et que vous n'avez donc pu les percevoir ou les interpréter correctement: vous aviez l'esprit ailleurs.» «Et pourquoi donc avais-je l'esprit ailleurs alors que mon fils m'envoyait des signaux de détresse?» «On a l'esprit où on peut, madame, nul ne dirige le flux de ses pensées.» «Mais mon fils aurait eu une vie si heureuse; il aurait sûrement trouvé une autre jeune fille, fondé une famille, accompagné nos vieux jours, à moi et à mon mari.» «Cela, nous n'en saurons jamais rien. Qui sait si la mort hâtive de votre fils ne lui a pas épargné une vie pénible où il aurait été malheureux et où, loin d'accompagner agréablement vos vieux jours, il les aurait empoisonnés?»

On dit parfois qu'une personne qui décède perd la vie. L'expression n'est pas à prendre au pied de la lettre car, sa vie, le défunt l'a déjà vécue et elle ne peut lui être enlevée puisqu'elle n'existe plus. Quant au futur, comment perdre ce qu'on ne possède pas encore? Le défunt ne perd donc rien: il cesse de vivre tout simplement. Marc Aurèle, avec une brièveté toute romaine, écrit sur le sujet: «Tu t'es embarqué, tu as navigué, tu as accosté: débarque!» (III, 3). Voilà de vigoureuses paroles qu'il peut être intéressant de garder à l'esprit.

En somme, quand vous mourrez, vous aurez vécu comme vous le pouviez. Si votre vie a surtout été heureuse, vous aurez consommé les plaisirs qu'elle vous offrait quand ils se sont présentés. Vous aurez aussi avalé vos malheurs, sans les prolonger inutilement et douloureusement, je l'espère, par la manière dont vous y aurez pensé. Vous vous serez peut-être créé des soucis superflus et vous serez mis martel en tête pour des riens. De tous ces ennuis, la mort vous délivrera et vous ne serez plus là pour regretter les plaisirs dont elle interrompra la présence.

La nature a bien fait les choses et comme il est heureux que nous ne soyons pas immortels dans le monde imparfait et souvent frustrant que nous habitons! Que vous mourriez jeune ou vieux ne fait pas la moindre différence. En attendant votre rendez-vous avec le néant ou la suite de votre vie sous d'autres modalités, peut-être vous viendra-t-il l'idée que c'est maintenant qu'il s'agit d'orienter vos idées et vos actions pour jouir de la vie.

# APPENDICE

Je reproduis ici, avec quelques modifications, deux chapitres de mon ouvrage intitulé *Vivre avec sa tête ou avec son cœur,* paru en 1979 aux Éditions de l'Homme-CIM, qui est maintenant épuisé. Il m'a semblé utile de répondre avec précision aux questions que vous pourriez vous poser: comment modifier les idées qui vous causent tant d'émotions pénibles et comment vous y prendre pour corriger des habitudes d'action qui vous causent des ennuis superflus?

## L'art de la confrontation

La confrontation est avant tout une démarche de *comparaison.* Bien que certaines confrontations fournissent l'occasion d'affrontements, elles ne constituent pas en elles-mêmes des affrontements. On dira que le juge confronte le témoignage des témoins entre eux, c'est-à-dire qu'il les compare l'un à l'autre dans le but d'éliminer les contradictions possibles. À l'occasion de cette confrontation, il se peut bien que les témoins s'affrontent, c'est-à-dire s'opposent avec combativité les uns aux autres, mais cela ne serait qu'un résultat de la confrontation, et non pas la confrontation elle-même.

Que s'agit-il de comparer dans la confrontation dont nous parlons ici? Fondamentalement, d'une part, les idées, les notions, les croyances et, d'autre part, ce que l'on peut saisir de la réalité. La démarche n'a rien d'agressif ni d'hostile, elle se réclame plutôt de la précision et de l'acharnement à saisir la vérité. On a dit que les idées mènent le monde et, pour une fois, je me trouve profondément en accord avec un dicton. Comme je l'ai déjà longuement démontré auparavant, ce sont bien les idées et les croyances qui causent directement la plupart des émotions. Les émotions, à leur tour, poussent à l'action ou à l'abstention. Il s'ensuit qu'une idée, qu'elle soit vraie ou fausse, causera régulièrement une émotion quelconque. Il devient donc primordial, dans une perspective thérapeutique, de vérifier avec soin la validité des idées pour éviter que la présence d'une idée fausse ne vienne causer une émotion désagréable entraînant à sa suite une action ou une abstention inappropriée, dangereuse, délétère. La confrontation consistera en cette démarche de critique des idées, dans le but de les rectifier et d'expulser celles qui s'écartent du réel.

Le premier problème que rencontre celui qui désire s'adonner à la confrontation consiste à identifier les idées qui causent son mal. Le problème est de taille, car ces idées ne se laissent que rarement saisir au premier abord. La plupart d'entre nous sommes assez peu lucides à ce point de vue, et nous éprouvons beaucoup de difficultés à saisir notre pensée sur le vif. Il y a là une espèce de travail de détective, dans lequel l'aide d'un thérapeute expérimenté peut être fort utile. C'est souvent plus par *déduction* que par *saisie* directe que se fera l'identification de l'idée causant l'émotion. Quelques exemples aideront à comprendre ce point.

Jean-Pierre se plaint de ressentir de l'anxiété et, en fait, il en donne tous les signes extérieurs. Cette anxiété, il la ressent à propos d'un nouveau poste qu'on vient de lui confier à son travail. Quand il tente d'identifier les idées qui causent cette anxiété, Jean-Pierre ne trouve que la suivante: «Je n'aimerais pas essuyer un échec dans ce nouveau travail, ce serait dommage.»

Il semble clair que cette idée ne peut à elle seule causer de l'anxiété. Tout au plus pourrait-elle se trouver à la source d'une certaine inquiétude, d'une certaine appréhension. Or, Jean-Pierre ressent une émotion beaucoup plus marquée et intense que de l'inquiétude. Sous l'idée qu'il arrive à identifier, il est donc certain qu'il s'en cache d'autres. En fait, l'idée identifiée («Je n'aimerais pas essuyer un échec, ce serait dommage») ne semble aucunement irréaliste: on n'arrive en effet que très difficilement à concevoir comment, dans des circonstances normales, un échec pourrait constituer une occasion de plaisir.

Les idées de Jean-Pierre sont donc probablement les suivantes:

1. «Il se pourrait que j'essuie un échec.»
2. «Il est même très probable que cela va arriver.»
3. «Si j'essuie un échec, ses conséquences seront très graves et même désastreuses.»
4. «Moi, Jean-Pierre, je ne peux pratiquement rien faire pour prévenir cet échec: il va m'arriver fatalement.»
5. «Si j'essuie cet échec, cela constituera la preuve que je suis une nullité, un être méprisable, un ver de terre.»

Voilà un faisceau d'idées qui sont, elles, tout à fait aptes à provoquer une forte anxiété, surtout si Jean-Pierre y croit profondément. Comme on peut le remarquer, alors que la première idée est rigoureusement exacte, la deuxième est douteuse. Quant à la troisième et à la quatrième idée, elles sont très probablement fausses. La cinquième, elle, est certainement fausse.

Il est fort possible que l'enchaînement complet des idées irréalistes en cette occasion ne soit pas immédiatement évident pour Jean-Pierre. S'il ne s'efforce que de changer la seule idée qu'il a identifiée, il n'obtiendra pas la diminution de son anxiété. Alors, malheureusement, pourra se déclencher en lui une nouvelle série d'idées qui l'amèneront à se sentir anxieux à propos de son anxiété. C'est ce qu'on peut appeler le phénomène de l'anxiété seconde. Ainsi, Jean-Pierre, devant la perspective de son anxiété, peut commencer à se dire: «C'est terrible... mon anxiété ne disparaît pas... je n'arriverai pas à faire mon travail adéquatement si je reste aussi anxieux... Ma confrontation ne donne pas de résultats... Quel sot je suis de ne pas savoir mieux confronter mes idées... Ma confrontation à propos de mon éventuel échec est elle-même un échec... Je ne suis qu'un raté qui n'est même pas capable de confronter les idées qui l'amènent à se sentir un raté...»

Il se peut alors que l'anxiété seconde que ressent Jean-Pierre dépasse en intensité celle qu'il éprouve devant la crainte d'un éventuel échec à son travail. Il lui faudra alors s'appliquer à critiquer les idées qui donnent naissance à cette anxiété seconde avant de pouvoir parvenir à confronter celles qui causent son anxiété première. Espérons qu'il ne se donnera pas à lui-même une anxiété tertiaire qui naîtrait des idées suivantes:

«Je souffre d'anxiété seconde parce que je me dis que je suis un imbécile de ne pas arriver à confronter l'idée qu'il est épouvantable que je n'arrive pas à confronter l'idée que je vais essuyer un affreux et irréparable échec. Je suis vraiment un sot de premier ordre... Je ne m'en sortirai jamais. Comment pourrais-je vivre en éprouvant une double anxiété? C'est intolérable...»

Comme on le voit, le système peut devenir très complexe, au point que Jean-Pierre peut en venir à se sentir anxieux sans trop savoir à propos de quoi, et à vivre dans un climat général d'anxiété, chacune des émotions distinctes d'anxiété lui offrant l'occasion de produire des idées qui donnent naissance à un nouvel état anxieux. On peut schématiser l'ensemble du phénomène de la façon suivante:

OCCASION
Nouvelle tâche à accomplir

IDÉE (1)
«Je vais avoir un échec terrible.»
«Je ne peux rien faire pour l'éviter.»

EFFET
Anxiété 1

IDÉE (2)
«Éprouver cette anxiété est terrible.»
«Je n'arriverai jamais à m'en défaire.»

EFFET
Anxiété 2

IDÉE (3)
Même chose qu'en (2)

EFFET
Anxiété 3

Il est donc facile de constater qu'il est très important d'identifier correctement les idées qui causent l'anxiété initiale, pour pouvoir ainsi les combattre efficacement et éviter de s'engager dans la série des anxiétés secondaires, tertiaires, etc.

Examinons un autre exemple. Viviane déclare ressentir de l'hostilité à l'endroit de son mari, surtout quand ce dernier refuse de partager avec elle certaines de ses activités, que ce soit de jouer au golf ou de prendre un verre avec ses copains.

Quand elle tente d'identifier l'idée qui cause son hostilité, elle ne trouve que celle-ci: «Je trouve ça ennuyant de rester seule avec les enfants pendant que mon mari s'amuse.»

Encore ici, cette seule idée ne peut pas causer son hostilité envers son mari. À elle seule, elle ne saurait provoquer que du désappointement, un certain sentiment d'ennui et tout au plus quelque ressentiment à l'endroit de son mari.

À l'examen, les idées de Viviane sont beaucoup plus complexes et rappellent au moins en partie les croyances suivantes:

1. «Mon mari préfère accomplir certaines activités sans moi.»
2. «Il n'en a pas le droit, il ne doit pas le faire.»
3. «S'il le fait, c'est un détestable personnage.»
4. «S'il rejette ma présence, c'est moi en entier qu'il rejette.»
5. «Il m'aime moins qu'auparavant.»
6. «Cela est affreux et je ne saurais le supporter.»
7. «J'ai besoin de son amour et de son attention indéfectibles et continuels.»
8. «Il se pourrait qu'éventuellement il me quitte pour une autre.»
9. «Cela serait encore atroce et je ne saurais le supporter.»
10. «Il est un vil individu, lui qui me cause toute cette anxiété.»
11. «Il ne l'emportera pas au paradis: s'il me fait souffrir, je ne me laisserai pas faire.»
12. «Par ailleurs, je dois être une bien misérable épouse si mon mari en préfère une autre.»
13. «Quelle misérable je suis! De quel droit lui refuserais-je ces quelques instants de détente, à lui qui m'a tout donné?»

14. «Je ne suis pas digne de lui; mieux vaudrait que je ne l'aie jamais connu.»
15. «Pourquoi suis-je née? Je ne réussis qu'à gâcher le bonheur que nous pourrions vivre, par ma stupide jalousie.»
16. «Je ne suis même pas capable de me défaire de mon hostilité qu'il ne mérite même pas.»
17. «C'est bien plutôt moi qui mérite qu'on me laisse de côté, détestable que je suis.»
18. «Je vais sûrement devenir folle à force d'entretenir toutes ces idées folles; je n'arriverai jamais à m'en défaire, je suis trop sotte.»
19. «Je n'étais pas faite pour l'épouser, ni lui ni personne; j'aurais dû demeurer célibataire.»
20. «Mais pourtant, c'est lui qui est la cause de tous mes malheurs; il devrait se rendre compte de ma déplorable fragilité et ne pas m'imposer des épreuves que je suis incapable de supporter.»

J'arrête ici avant que le cocktail n'étouffe le lecteur, comme il était en train d'étouffer Viviane.

Comme on peut le constater, Viviane n'éprouve pas seulement de l'hostilité, mais aussi beaucoup d'anxiété, des sentiments de culpabilité, de dépression, de pitié pour elle-même. L'examen des nombreuses idées qui s'agitent dans son esprit et la réfutation de chacune d'elles peut prendre un certain temps et exige de sa part beaucoup d'efforts de lucidité.

Ces deux exemples devraient suffire à montrer que l'identification des idées sous-jacentes aux émotions constitue une étape probablement difficile et complexe de la démarche totale de l'autoconfrontation. Il semble évident que beaucoup d'essais dans ce sens n'apportent pas les résultats espérés, car les cibles que constituent les idées n'ont pas été suffisamment identifiées.

Une fois les idées correctement identifiées, le travail de confrontation proprement dit peut maintenant commencer. Plutôt que de critiquer les idées elles-mêmes, ce que j'ai déjà fait ailleurs, je m'attacherai ici à analyser un certain nombre de types de pensée qui sont en eux-mêmes irrationnels, quel que soit le sujet sur lequel ils portent.

## 1. La tautologie

Dans ce type de raisonnement qu'est la tautologie, la personne considère comme une évidence ce qu'elle tente précisément de démontrer. À ce propos, j'ai coutume de raconter à mes clients la petite histoire idiote suivante qui leur permet souvent de saisir l'irrationalité de ce mode de raisonnement. Dans un hôpital psychiatrique urbain, un pensionnaire passe une grande partie de ses journées à faire craquer ses jointures. Un nouveau psychiatre faisant sa tournée observe le comportement et interroge le patient: «Mais pourquoi faites-vous cela, mon ami?» demande-t-il. Le patient répond: «Je vais vous expliquer, docteur. C'est pour éloigner les éléphants.» «Mais, répond le médecin, il n'y a aucun éléphant en vue!» «Vous voyez bien, rétorque le patient, *ça marche*!»

On voit tout de suite que ce qu'il s'agit de prouver, c'est-à-dire l'efficacité du craquement de jointures comme moyen d'éloigner les éléphants, a été considéré comme une évidence avant même que la démonstration n'ait été faite.

Dans la réalité de tous les jours, on retrouve cette erreur dans plusieurs énoncés comme les suivants: «Je dois faire toujours ce qu'il y a de mieux parce que c'est ainsi que mes parents m'ont éduqué...» «Il est inévitable que je m'irrite quand je suis frustré, parce que je ne peux pas supporter la frustration.» «Je ne peux changer mes idées parce qu'elles sont inchangeables...» «Je ne peux calmer mon anxiété parce qu'elle est causée par les actions de mon mari et que je ne peux l'empêcher d'agir comme il le fait.» «Je ne peux ne pas me sentir coupable, puisque j'ai fait des choses culpabilisantes...» «Je me sens blessé par les paroles des autres, parce qu'ils me disent des paroles blessantes.» «Je suis traumatisé parce que j'ai vécu des événements traumatisants.»

Il arrive souvent que la personne apporte comme preuve de l'exactitude de ses croyances le fait qu'elle se *sent* de telle ou telle manière. «Je sais que je ne vaux rien, parce que je sens que je ne vaux rien.» «Je sais que ma femme m'en veut parce que je ressens son hostilité à mon égard.» «Je sais que je n'y arriverai jamais, parce que je m'en sens incapable.»

Évidemment, un tel raisonnement ne prouve rien, si ce n'est la validité de la théorie émotivo-rationnelle selon laquelle les idées et les croyances causent les sentiments et les émotions. Une fois que je *crois* que je suis incapable de faire une chose, je vais me *sentir* incapable de l'accomplir, mais le fait que je me *sente* incapable de l'accomplir ne prouve pas que j'en sois *en fait* incapable, mais uniquement que je m'en *croie* incapable. Si je *pense* que je ne vaux rien, je vais me *sentir* sans valeur, mais ce sentiment ne démontre pas autre chose que ma croyance, et non pas le fait lui-même. Comme je l'ai souvent dit à mes consultants, si je *croyais* être Napoléon, je me sentirais comme je *pense* que Napoléon *se sentait* (hostile, décidé, frondeur, ambitieux, autoritaire) et je serais porté à agir comme je *penserais* que Napoléon aurait agi (commander, ordonner, me mettre en colère, etc.). Ces sentiments et ces actions ne prouveront évidemment pas autre chose que le fait que je me *prends* pour Napoléon, et non pas que je le suis en réalité. Or, pour beaucoup de gens, ce qu'ils *sentent* et *font* prouve ce qu'ils *sont,* et ce qu'ils *sont* les amène à éprouver les émotions qu'ils ressentent et à accomplir les gestes qu'ils accomplissent. Il s'agit d'un raisonnement totalement circulaire, sans aucune valeur.

## 2. Jouer sur les mots

Un autre mode de pensée très répandu consiste à jouer sur les sens divers que peuvent revêtir certains mots. Il s'ensuit évidemment une confusion parfois presque inextricable. Prenons un terme comme «aimer». S'agit-il d'un amour amical, ludique, maniaque, érotique, altruiste, ludico-maniaque, érotico-amical, amico-ludico-érotique? Selon qu'on prend le mot dans un sens ou dans l'autre, il sera possible de dire d'une personne qu'elle en aime une autre et que, en même temps, elle ne l'aime pas. Prenons un autre mot aux multiples sens, le verbe «devoir». Par exemple dans la phrase: «Tu devrais cesser de boire de la bière», il y a au moins quatre sens différents:

a) La suggestion: «Tu ferais mieux, tu aurais avantage, je pense que ce serait bien que tu cesses de boire»;
b) La relation de cause à effet: «Si tu ne veux pas ruiner ton foie, tu devrais cesser de boire.» «Si tu veux faire des économies, tu devrais cesser de boire...»;
c) Le devoir moral absolu: «Tu dois cesser de boire»;
d) La conclusion logique: «Comme je te connais et voyant tes efforts et ta détermination, tu devrais (en toute probabilité) cesser de boire», dans le même sens que la phrase suivante: «Comme il y a beaucoup de nuages noirs et qu'on entend le tonnerre, il devrait pleuvoir bientôt.»

Le mode de pensée qui consiste à confondre tous les sens possibles d'un terme, à ne pas tenir compte des sens divers qu'un terme est susceptible de revêtir ou à nier qu'il y ait plusieurs acceptions possibles d'un même mot conduit évidemment à la confusion.

## 3. L'argument d'autorité

L'argument d'autorité consiste à soutenir que telle idée ou telle croyance est vraie parce qu'elle est affirmée par une personne ou un groupe de personnes estimées, respectées ou craintes par l'individu qui s'en réclame. En bref, l'argument est le suivant: «Puisque X est une personne honnête, sincère, bien renseignée et bienveillante, ce que dit X est donc vrai et exact.» L'argument se fonde sur les diverses qualités de X, réelles ou supposées, qui l'immuniseraient contre l'erreur, ce qui, bien sûr, ne constitue pas une déduction logique, puisque nul n'est à l'abri de l'erreur.

Il se peut que ce recours à l'autorité soit en partie fondé sur l'anxiété engendrée par le syllogisme suivant:

«Quiconque se trompe est un imbécile. Or X n'est pas (et ne doit pas être) un imbécile car alors j'en serais un moi aussi, ayant depuis des années adhéré aux enseignements d'un imbécile. Donc X ne se trompe pas et ce qu'il dit est vrai.»

On remarquera sans difficulté que les personnes qui ont le plus souvent recours à l'argument d'autorité sont également celles qui ressentent le plus d'anxiété à la pensée de commettre une erreur. C'est souvent le cas dans le domaine moral ou religieux.

L'autorité incontestable est ici définie comme celle de Dieu ou de l'Église, comme porte-parole autorisé et infaillible des volontés de la divinité.

Le raisonnement suivant peut alors se former: «Ce que je crois, c'est ce qu'on m'a enseigné. Or, on m'a enseigné que je ne dois user de ma sexualité que dans le contexte d'un mariage officiellement reconnu par l'Église. Cette croyance me fait souffrir chaque fois que je m'écarte de ce précepte. J'aurais donc avantage, semble-t-il, à me défaire de cette croyance. Mais pourtant non, puisque cela serait une erreur aux suites encore plus douloureuses que la croyance. L'Église ne peut pas se tromper en enseignant l'abstention sexuelle, car alors tout l'édifice de la foi s'écroule, et que deviendrais-je alors? Je préfère continuer à souffrir en croyant plutôt que de tomber dans la souffrance plus grande qu'entraînerait mon incroyance.»

Toute cette argumentation repose en fait sur la tautologie suivante: «L'Église doit être infaillible, sinon elle ne serait pas l'Église. Comme elle est l'Église, elle est donc infaillible.»

## 4. La fausse analogie

Autant l'analogie peut être un instrument didactique utile permettant de faire comprendre un point de vue, autant on peut, consciemment ou non, l'utiliser pour créer de la confusion. Sont désignés comme analogiques deux éléments qui sont en partie identiques et en partie différents. Si on oublie qu'ils sont en tout différents, on tombe dans l'illogisme. Ainsi, des phrases comme: «Tel père, tel fils» ou «Qui se ressemble, s'assemble», «Les hommes sont de vrais cochons» peuvent mener à tirer des conclusions injustifiées. Si Mme Dubois se persuade que son fils est «comme son père», paresseux, buveur, braillard, il ne lui sera que trop facile d'oublier de considérer les éléments qui distinguent le fils du père, et donc de développer à l'égard du fils les mêmes attitudes que celles qu'elle a développées à l'égard du père.

## 5. La généralisation hâtive

La généralisation consiste à conclure que ce qui est vrai d'une partie est également vrai de l'ensemble dans lequel cette partie est insérée. La généralisation constitue une démarche logique souvent parfaitement justifiée qui nous permet de gérer plus facilement notre vie. Ainsi, il est bien commode qu'on puisse, sans grand risque d'erreur, conclure que la plupart des vaches donnent du lait, que ce lait est en général comestible et que si on en agite assez longtemps la crème, on obtiendra du beurre. C'est quand la généralisation est injustifiée qu'elle devient dangereuse et illogique. Ainsi, l'un de mes consultants concluait qu'il serait toujours rejeté par les femmes après avoir essuyé deux refus de la part de la même femme. Si la même femme l'avait rejeté dix fois de suite, il aurait probablement pu conclure qu'*elle* continuerait à le faire, mais non pas que *toutes* les femmes dans *toutes* les circonstances le feraient également. Un autre croyait fermement que, puisqu'il avait échoué à sa première année de droit, il en serait encore de même s'il la reprenait.

## 6. L'illogisme ordinaire

L'illogisme ordinaire est le phénomène très fréquent par lequel une personne tire une conclusion de prémisses qui ne la supportent pas. Ainsi, des phrases comme: «Puisque mon mari ne m'aime pas, je *suis* une personne non aimable»; «Ceux qui ne me donnent pas ce que je désire *sont* de beaux salauds»; «Si j'échoue mon examen, c'est que je *suis* un raté»; «Si mon fils tourne mal, cela voudra dire que j'*ai été* une mère incompétente». On remarquera que, dans chaque cas, on se trouve en présence d'une définition complètement arbitraire. La femme non aimable est définie comme celle que son mari n'aime pas, le salaud comme celui qui refuse de se plier aux désirs d'un autre, le raté comme celui qui échoue à un examen et la mère incompétente comme celle dont le fils «tourne mal» (en quel sens?). On pourrait tout aussi bien, de manière aussi justifiée, définir la femme non aimable comme celle qui n'est pas aimée par son patron, le salaud comme celui qui reprend deux fois du dessert, le raté comme celui qui n'obtient que 70 p. 100 et la mère incompétente comme celle dont le fils devient poète alors qu'elle souhaitait le voir ingénieur.

Ces définitions arbitraires constituent la source d'un nombre incalculable de problèmes psychologiques et plus particulièrement de nombreuses dépressions. Il y a autant de définitions du sot, de l'imbécile, du méchant, du salaud que de gens sur cette planète. La confusion provient du fait que ce qui est une opinion est considéré comme une réalité. Comme, *en réalité,* les imbéciles, les idiots, les méchants et les salauds *n'existent pas,* pas plus d'ailleurs que les bons, les gentils et les adroits, il s'ensuit que tous ces qualificatifs ne peuvent s'employer, et encore avec prudence et circonspection, qu'à propos des actes des personnes, mais non à propos des personnes elles-mêmes dont la complexité empêche toute définition valable.

## 7. La simplification outrancière

La simplification outrancière est la démarche par laquelle on laisse de côté la complexité réelle des choses et des gens pour énoncer des jugements tranchants et catégoriques. On rangera dans cette catégorie les énoncés en termes de blanc ou de noir, de 100 p. 100 ou de 0 p. 100. «M. Dupont est un parfait gentleman...» «C'est une entière réussite.»

Une autre erreur fréquente dans la même veine consiste à tenir pour cause d'un événement un autre événement qui lui a été antérieur, uniquement parce que ce dernier a précédé le second. «Ce qui vient après est causé par ce qui vient avant.» Il s'agit là d'un principe dangereux et qui ne doit être employé qu'après vérification, la réalité se révélant souvent beaucoup plus complexe qu'il n'apparaît d'abord. Ainsi, si Marcel perd son emploi après s'être disputé avec son patron, sa mise à pied n'est pas nécessairement causée par la dispute. Si le jeune Guillaume commet des actes criminels à dix-huit ans, cela n'est pas nécessairement dû totalement ou même en partie à la manière dont ses parents l'ont éduqué.

L'étude des causes d'un événement quelconque est la plupart du temps très complexe et une simplification outrancière ne rend habituellement pas compte de la réalité.

### 8. La personnification des abstractions

On la retrouve dans des phrases comme: «L'humanité se dirige vers l'abîme...» «La société nous empêche de...» «La foi nous enseigne que...» «La science nous amène à conclure...» Toutes ces expressions présentent des données d'une extrême complexité (l'humanité!) comme s'il s'agissait d'éléments simples, facilement compréhensibles. Il vaut mieux se rendre compte de cette complexité. «La science nous amène à conclure...» Quelle science? quels savants? Sont-ils tous d'accord? Et qui sont-ils? Et quels sont leurs arguments?

## Le fanatisme verbal

Il ne s'agit pas nécessairement du fanatisme de l'énergumène qui brandit un drapeau sous la mitraille. Il s'agit plutôt de cette pensée qui est exprimée de telle manière qu'on ne puisse pas trouver de moyen d'en démontrer l'éventuelle fausseté. Ainsi, si j'affirme que dans trois cents ans, la civilisation humaine aura disparu de la planète, il n'existe en effet aucun moyen de démontrer que cette assertion est vraie, ni qu'elle est fausse. Dans la réalité quotidienne, quand M. Duchesne affirme qu'il est certain que sa femme l'aime, il n'est pas non plus possible de démontrer que cela est vrai ou faux. Il ne sert à rien de demander à Mme Duchesne ce qu'il en est; elle peut répondre «oui» et se tromper elle-même sur son propre sentiment, ou encore mentir. Quand Mme Duval affirme que c'est sa foi qui lui a permis de traverser les épreuves qu'elle a récemment subies, il est également impossible d'arriver à savoir si cela est vrai ou faux.

Dans de nombreux cas, le fanatisme verbal n'a pas de conséquences sérieuses, mais il n'en va pas toujours ainsi. Qu'on pense aux nombreux cas où des personnes se sont engagées dans un mode de vie, par exemple la vie religieuse ou politique, parce que, disaient-elles, elles y étaient appelées. Naturellement, il n'existe aucun moyen de démontrer que cet appel existe ou n'existe pas, puisqu'il s'agit, par hypothèse, d'un phénomène strictement personnel excluant toute vérification externe. Il s'agit d'un système complètement circulaire se rapprochant de la tautologie: «Je suis devenue religieuse parce que j'ai été appelée et, si je suis religieuse et le demeure, cela prouve que j'ai été appelée.» Un tel raisonnement peut avoir des conséquences sérieuses sur la vie d'une personne.

Ce fanatisme abonde évidemment dans le domaine religieux, mais aussi dans les domaines politique, sociologique, psychologique, médical, etc. On le retrouve autant dans des phrases comme «Vive le Québec libre» que dans d'autres comme «Pour un Canada fort». L'athée comme le vrai croyant en sont tous deux victimes. Celui qui affirme: «Toute la médecine du monde ne remplacera jamais la nature» y tombe autant que celui qui déclare que la science réglera tous les problèmes.

Voilà donc certains types de pensée qui viennent fausser la perception du réel et qui sont susceptibles de causer des dommages psychologiques plus ou moins considérables à celui qui s'y laisse empêtrer.

Devant un contenu de pensée, la démarche de confrontation amènera à se poser des questions comme celles-ci: «Où est la preuve de ce que j'affirme? Quels sont les faits qui appuient cette assertion? Quels sont ceux qui l'infirment? Comment puis-je tirer cette conclusion? Sur quoi suis-je en train de fonder mon opinion?»

C'est en s'efforçant de répondre clairement et honnêtement à ces questions que l'on peut amorcer le véritable travail de confrontation.

Comme on peut le voir, cette démarche est très différente de celle que propose l'autosuggestion. Dans l'autosuggestion, il s'agit avant tout de tenter d'entretenir des idées «positives», encourageantes, optimistes, sans se préoccuper de leur degré de concordance avec le réel. Celui qui s'autosuggestionne se répète des phrases comme: «Mais oui, je suis capable de le faire.» «Mais oui, ça va bien aller...» «Chaque jour, et de plus en plus, je deviens fort et capable d'affronter les difficultés de l'extérieur...» «Mais oui, mon mari m'aimera toujours...» «Mais oui, j'aurai une belle vieillesse», «Mais oui, les difficultés s'aplaniront avec le temps...»

Quoique cette démarche puisse soutenir le moral pendant un certain temps, elle est loin d'être à la longue aussi efficace que celle que propose la confrontation. Comme elle affirme sans preuve, il reste toujours la possibilité pour l'esprit d'entretenir un doute que des heures d'autosuggestion n'arrivent pas à faire taire. Pour être efficace, l'autosuggestion doit donc être presque incessante, ce qui, en pratique, présente de nombreux inconvénients et finit à la longue par devenir un peu ridicule. Il s'agit finalement d'une méthode coûteuse et peu élégante, dans laquelle l'idée irréaliste n'est pas vraiment extirpée, mais plutôt seulement recouverte par une autre idée plus agréable à entretenir.

Comparons les deux démarches à propos d'un même événement.

Le mari de Pauline perd son emploi. Pauline ressent alors de l'anxiété et une certaine hostilité envers lui.

Si elle se livre à l'autosuggestion, elle pourra se répéter des phrases comme celles-ci: «Ce n'est pas grave... Il va sûrement se trouver un autre emploi, encore plus valable, plus lucratif que le précédent. Ce n'est pas sa faute si on l'a congédié... Il a toujours fait son possible... C'est un si brave homme, au fond... Il a bien des défauts, mais il nous aime bien, moi et les enfants... Ça va bien aller... Le bon Dieu ne nous laissera pas tomber... C'est une épreuve difficile, mais nous en sortirons grandis, plus unis et plus forts... Courage, Pauline, souris à la vie et la vie te sourira...»

Loin de moi l'idée de tourner en ridicule cette démarche qui peut, après tout, soutenir au moins pendant un certain temps le courage de Pauline et l'empêcher de désespérer. Je veux simplement montrer que, si Pauline a le malheur de se mettre à penser avec un peu de précision, la fragilité de tout son édifice de pensée positive risque de lui apparaître, ce qui pourrait bien entraîner son écroulement. Ainsi: «Qui dit que cet événement n'est pas très grave? Ne peut-il pas au contraire avoir des conséquences très fâcheuses? Qui dit que Paul va se trouver un autre emploi? Et cet emploi sera-t-il meilleur que celui qu'il a perdu? Comment le savoir avec certitude? Comment prouver que la perte de son emploi n'est pas en partie due à ses propres erreurs, à des gestes inadéquats de sa part? Est-il vraiment exact qu'il fait toujours son possible et qu'il continuera toujours à faire de même? Est-il vraiment un si brave homme? N'a-t-il pas au contraire des défauts que j'essaie vainement d'oublier? Qu'est-ce que ça veut dire: "Il nous aime bien, moi et les enfants"? Nous aimait-il vraiment cette fois où il s'est saoulé à mort? N'a-t-il pas d'autres défauts que je ne vois pas? Après tout, je ne le vois pas à son travail. Est-il bien vrai que Dieu s'occupera de nous et réglera nos problèmes? Quelle preuve avons-nous que nous allons sortir grandis et unis de cette épreuve? Ne voit-on pas le contraire arriver souvent? Et qu'est-ce que c'est que cette vie qui est censée me sourire si je lui souris assez longtemps?»

Dans la même situation, la démarche de confrontation pourrait se présenter comme suit.

| *Idées irréalistes* | *Idées réalistes* |
|---|---|
| Cette perte est un événement qui aura de graves conséquences. | Les conséquences seront peut-être graves ou peut-être négligeables. Je n'en sais rien encore.. |
| Si les conséquences sont graves, je ne pourrai pas y faire face. | Si les conséquences sont graves, je ne vois pas pourquoi je ne pourrais pas y faire face, fût-ce avec difficulté. |

| | |
|---|---|
| Cela n'aurait pas dû nous arriver. C'est injuste. | Rien n'est injuste. Tout arrive comme cela arrive et il n'y a pas de raison pour que la réalité nous traite autrement qu'elle le fait. Nous ne sommes pas un «cas spécial» et jamais on ne m'a garanti que les tracas me seraient épargnés. |
| Il aurait dû faire plus attention et éviter d'irriter son patron. | Il a parfaitement le droit de faire des erreurs comme tout le monde même si ces erreurs ont des conséquences ennuyeuses et pénibles. |
| C'est un imbécile et un imprévoyant. | Il peut agir de façon stupide et imprévoyante, mais il ne peut pas être autre chose qu'un être humain faillible et imparfait. |
| C'est par sa faute qu'il a perdu son emploi. | Il se peut bien qu'il en soit responsable en tout ou en partie; cela ne prouve pas qu'il aurait dû s'y prendre autrement, mais seulement que cela aurait *peut-être* été préférable. |
| Il ne nous aime pas assez pour faire des efforts. | Cela est peut-être vrai, mais rien ne dit qu'il le devrait. Par ailleurs, je n'ai pas strictement *besoin* de son amour, pas plus que les enfants, même si je préférerais qu'il nous le donne. |
| Je dois sourire à la vie. | Je n'y suis pas obligée et j'ai bien le droit de réagir comme je l'entends. Il est peut-être vrai que j'aurais avantage à garder le sourire, mais pas plus. |

Comme on peut le constater, les deux démarches sont bien différentes. Je ne nie pas que l'autosuggestion puisse apporter des effets émotifs intéressants et valables, mais je soutiens que ces résultats sont obtenus d'une manière inutilement fatigante, sans cesse à reprendre et somme toute assez aléatoire. La confrontation, au contraire, me semble susceptible de procurer plus sûrement des résultats émotifs plus stables et d'amener une sérénité plus profonde parce qu'elle se fonde résolument sur des pensées réalistes, précises, *démontrables.*

Il y a maintenant bien des années que je me livre à l'exercice de la confrontation pour mon propre compte et que j'aide d'autres personnes à se parfaire dans cet art. Je puis vous assurer que cette démarche apporte des résultats positifs, bien qu'ils ne soient pas toujours aussi faciles à obtenir qu'on pourrait le souhaiter. Il est évident que la confrontation demande un effort de lucidité que d'autres méthodes ne requièrent pas. Mais il est faux de prétendre qu'elle exige des capacités intellectuelles exceptionnelles ou une culture étendue. Je l'ai vue pratiquée avec succès par des personnes dont le bagage intellectuel et culturel était fort modeste.

Il est cependant exact que, pour donner des résultats tangibles, la confrontation doit être pratiquée avec persistance et régularité, et être suivie d'une *action* appropriée. C'est se faire illusion que de penser que l'exercice occasionnel et bref de cette démarche pourra apporter autre chose que des résultats occasionnels et brefs.

Quand un être humain a entretenu pendant des années une foule d'idées irréalistes dans son esprit, il vaut mieux ne pas s'attendre qu'il s'en défasse en quelques minutes, par quelques rapides et superficielles confrontations.

D'autre part, le sceau d'une confrontation vraiment réussie se trouvera régulièrement dans l'action qui en découlera. Les plus belles et justes constructions de l'esprit restent suspectes si l'action ne vient pas les confirmer. Ainsi, si Bernard Laporte travaille à se convaincre qu'il a le droit de demander à son patron une demi-journée de congé, qu'il ne peut rien lui arriver de pire que d'essuyer un refus, que ce refus n'aurait rien d'horrible et qu'il n'a pas besoin de l'affection indéfectible de son patron pour vivre heureux, mais que par ailleurs il ne se décide jamais à passer à l'action et à demander effectivement un congé, on pourra mettre en doute la validité de sa confrontation. L'action sans la confrontation est souvent possible et utile, bien que souvent plus fatigante que si elle a été précédée d'une démarche d'extirpation des idées génératrices d'émotions inconfortables, mais la confrontation non suivie d'action risque de demeurer un pur jeu de l'esprit par lequel quelqu'un se répète à lui-même des idées réalistes sans vraiment y adhérer.

Pour être vraiment efficace, la confrontation demande d'être faite avec précision et constance. C'est pour cette raison que je recommande toujours à mes consultants de s'y appliquer d'abord par *écrit,* en y consacrant un moment de façon régulière. Ceux d'entre eux qui font les progrès les plus intéressants sont ceux qui consentent à se plier à cette discipline, à prendre humblement papier et stylo et à s'asseoir dans un coin tranquille pour se mettre résolument à la tâche de modifier leurs idées fausses. Je recommande à chacun de rédiger ces confrontations régulièrement, chaque jour si possible (et c'est presque toujours possible si on le veut vraiment!), et d'en constituer un cahier. Il est en effet fort possible que la même confrontation puisse servir à nouveau dans des circonstances analogues. Cette technique permet également à la personne de constater l'évolution de ses idées et de vérifier les progrès qu'elle accomplit, ce qui est plus encourageant que n'importe quelle bonne parole.

Certains consultants me disent parfois qu'ils n'ont pas eu à rédiger de confrontations parce que ne sont pas survenus dans leur vie, pendant une certaine période, des événements à l'occasion desquels se soient déclenchées leurs idées irréalistes. N'est-ce pas alors le temps de profiter de l'accalmie pour faire un travail de prévention? C'est sans doute le temps d'éteindre le feu quand il flambe, mais n'est-il pas également judicieux de rebâtir sa maison de façon à la rendre moins inflammable quand elle ne flambe pas? Ces périodes de calme émotif pourraient donc être utilisées avec avantage à poursuivre et à travailler à extirper les idées irréalistes momentanément inactives bien que toujours présentes. C'est également le temps de s'engager avec encore plus de facilité et peut-être de profit dans l'action.

À mesure que la pratique de la confrontation écrite permet à son auteur d'y devenir plus habile, elle lui offre la possibilité d'utiliser la même démarche mentalement, au moment même où se produisent les événements qui déclenchent ses idées irréalistes. C'est alors que le patient exercice des mois qui ont précédé donne les plus agréables résultats. Il devient alors possible d'éprouver pendant de plus courts laps de temps des émotions désagréables dont la présence pouvait auparavant perdurer pendant des heures, des jours ou des semaines.

Ainsi, si vous voulez obtenir des résultats enviables, mettez-vous courageusement au travail. Quand bien même vous ne consacreriez que quinze minutes par jour à identifier les idées que vous entretenez à propos des événements de votre vie et à vous efforcer avec clarté, précision et acharnement de les critiquer et d'extirper celles qui vous apparaissent irréalistes pour les remplacer par des idées plus vraies en fonction desquelles vous vous efforcerez d'agir concrètement, ces quinze minutes pourraient suffire à transformer graduellement votre vie. Ni magie ni miracle, mais un plus grand bonheur intérieur obtenu par vos propres efforts.

## L'usage des garde-fous

Chacun sera d'accord pour reconnaître que lorsqu'une personne se propose d'accomplir une tâche difficile, pour laquelle elle n'est que peu ou pas préparée, il vaut mieux qu'elle se prévale le plus possible de tous les éléments qui peuvent la conduire au succès. Quiconque négligerait délibérément, dans de telles circonstances, de se munir de l'équipement favorisant l'atteinte de son objectif semblerait se conduire d'une manière irréaliste et nuisible à lui-même. Les considérations d'esthétique, d'élégance, de plaisir immédiat céderont la place aux considérations d'efficacité et d'obtention du plaisir à plus longue échéance. Ainsi, si je me propose d'enfoncer un gros clou dans une pièce de chêne très dure, il est clair que j'aurai avantage à me munir d'un marteau lourd et solide, même s'il est laid, souillé d'huile et fatigant à utiliser, plutôt que de tenter d'atteindre mon objectif en employant un petit marteau élégant, léger et bien propre.

Or, le changement des idées et des actions auquel chacun peut s'adonner, qu'il soit ou non en relation d'aide, ressemble souvent au travail qu'accomplit le menuisier enfonçant un clou dans un bois dur. Quiconque s'y est appliqué sait fort bien que se mettre une nouvelle idée dans la tête est loin d'être aisé, et que changer certains comportements demande également beaucoup d'effort et de constance. Ce travail exige sans doute de l'ingéniosité et une bonne technique, mais il requiert aussi une certaine source d'énergie brute que rien ne saurait remplacer dans la plupart des cas.

Comme chacun peut s'en rendre compte, il est souvent beaucoup plus facile de se proposer de faire une chose que de la faire effectivement. «L'esprit est prompt, mais la chair est faible.» Qui n'a pas décidé, dans son fauteuil, qu'il ferait un succès de sa vie, qu'il parlerait avec assurance et détermination, qu'il ne se laisserait pas marcher sur les pieds par quiconque, qu'il dirait leur fait à tous les importuns? Et n'est-il pas vrai que souvent ces beaux plans demeurent lettre morte et que la personne n'en met en pratique qu'une faible partie?

La possibilité de l'usage des garde-fous s'appuie sur cette constatation de la relative fragilité du vouloir humain. Il s'agit d'un procédé très simple, mais incisif, par lequel une personne s'applique à elle-même telle conséquence positive ou négative selon qu'elle accomplit ou non ce qu'elle a projeté de faire.

Je vous entends tout de suite gémir qu'il s'agit de récompenses et de punitions, que vous n'êtes plus à l'école primaire, que vous n'êtes pas un chien qu'on dresse, ni un délinquant qu'on tente de corriger. Commençons par observer qu'il y a une importante différence entre, d'une part, le régime de punitions et de récompenses et, d'autre part, le système de garde-fous dont nous parlons ici. Les récompenses et les punitions sont des procédés qui sont appliqués à une personne par une autre, hors du contrôle de la première personne, alors que le garde-fou est entièrement sous le contrôle de celui qui se l'applique à lui-même. La récompense et la punition sont souvent inefficaces parce qu'elles ne sont pas introduites par la personne elle-même, ou même non acceptées parce qu'elles sont imposées de l'extérieur. Il n'en est pas ainsi du garde-fou, puisque la démarche de l'ériger et de s'y tenir dépend entièrement de la personne qui se l'impose à elle-même.

Le garde-fou n'est finalement rien d'autre que la concrétisation symbolique des effets réels de l'action ou de l'inaction. Quand M. Richard se promet à lui-même qu'il va enfin demander à son patron une semaine de vacances de plus et que, à la dernière minute, il n'ose pas faire la démarche, il se cause à lui-même un dommage psychologique réel mais peu apparent. C'est en grande partie de cette façon que M. Richard continue de perdre confiance en lui-même. En effet, nous perdons confiance en nous-mêmes tout comme nous perdons confiance dans les autres. Supposons que vous soyez hospitalisé durant plusieurs jours. Un ami vous téléphone et vous assure qu'il va vous visiter le soir même. Il ne vient pas. Si, le lendemain, il téléphone encore et de nouveau vous promet sa visite, le croirez-vous? Votre confiance en ses promesses ne serait-elle pas sapée par le fait qu'il ne les tient pas?

Évidemment, il en va de même pour la confiance en vous-même. Si vous vous faites des promesses répétées et que vous ne les tenez pas, vous allez presque certainement adopter envers vous-même la même attitude de méfiance que vous adopteriez à l'égard de votre ami inconstant. Le dommage psychologique causé par une promesse faite à soi-même, mais non tenue, est donc bien réel, bien qu'il ne soit pas immédiatement apparent. Il peut être utile de le concrétiser symboliquement par l'application d'un garde-fou négatif, comme il peut être utile de concrétiser les avantages d'une promesse tenue par un garde-fou positif. Le dommage et l'avantage psychologiques sont dans ce cas réels mais diffus, alors que les garde-fous sont symboliques mais concrets.

Ainsi, M. Richard pourrait décider à l'avance que s'il accomplit la démarche redoutée de demander une semaine de vacances à son patron, il se gratifiera d'une soirée au cinéma avec sa femme et que, dans le cas contraire, il fera brûler dix de ses propres dollars. La soirée au cinéma célèbre et concrétise les avantages de la démarche, comme la destruction des dix dollars symbolise le tort qu'il se fait en reculant devant les événements au cours desquels il se fait peur à lui-même. Il se peut également que la perspective de détruire dix dollars péniblement gagnés constitue pour M. Richard un déplaisir assez fort qu'il préfère alors subir le déplaisir que lui apporte la concrétisation de la démarche.

Une forme de garde-fou particulièrement efficace consiste en ce que j'appelle le dépôt antérieur. L'emploi de ce type de garde-fou demande la collaboration d'un ami ou d'un aidant. Vous décidez, par exemple, que vous voulez vous affirmer davantage et traiter avec les autres de façon plus décidée. Vous concrétisez votre objectif en vous promettant d'accomplir trente gestes affirmatifs durant une période de dix jours et vous décidez arbitrairement d'évaluer chacun de ces gestes à un dollar. Vous déposez alors entre les mains de votre comparse la somme de trente dollars, que vous avez dès lors perdue et ne pouvez récupérer qu'en accomplissant, pour un bénéfice d'un dollar chacun, les gestes affirmatifs que vous vous proposez d'accomplir. Après dix jours, vous rencontrez la personne qui collabore avec vous et récupérez autant de dollars que vous avez fait de gestes. J'ai souvent utilisé ce garde-fou avec des consultants et, si je ne me suis pas enrichi, ils en ont tiré souvent un grand profit.

Ce type de garde-fou est particulièrement approprié quand il s'agit pour la personne d'acquérir une nouvelle attitude exigeant la répétition de nombreux actes de même nature. Dans une variante de ce système, la personne décide de se payer une chose qu'elle désire beaucoup, uniquement après avoir accompli un nombre déterminé de gestes. Ainsi, Mlle Favreau qui convoite depuis longtemps un bracelet en or décide de se l'offrir après avoir noué conversation avec 300 personnes inconnues. Pour chaque conversation engagée, elle dépose un jeton dans un pot de verre. Quand le pot contient 300 jetons, elle s'offre le bracelet.

En plus donc de concrétiser les conséquences positives ou négatives d'un geste ou d'une abstention, le garde-fou soutient la détermination de la personne et lui permet de réaliser plus facilement ce qu'elle a décidé de faire.

Bien sûr, rien n'empêche quelqu'un de se fixer un garde-fou et ensuite de l'enjamber ou de ne pas en tenir compte. Mais c'est se tromper soi-même et faire ainsi la preuve que la décision n'avait pas vraiment été prise ou qu'elle avait été prise de façon trop générale. On ne peut vraiment se changer soi-même sans vouloir d'abord le faire, et s'il existe des techniques et des trucs qui peuvent aider à mettre en œuvre un désir, il n'en existe pas qui le remplacent.

On observera également qu'on a avantage à faire porter le garde-fou sur un désir non seulement ferme, mais aussi précis et limité. C'est ce qu'on peut appeler le *contrat*. Trop de décisions ne sont jamais mises vraiment en œuvre parce qu'elles sont formulées de façon trop générale. Comment vérifier l'atteinte d'un objectif aussi flou que l'épanouissement de soi-même, la réalisation d'une plus grande autonomie, ou le développement d'une plus grande confiance en ses propres capacités? Ce ne sont là trop souvent que de belles phrases creuses qu'on peut arriver à se répéter à soi-même, mais dont il n'est guère possible de vérifier si elles correspondent à autre chose que des mots.

Il vaudra donc mieux se fixer des objectifs plus limités et qu'on puisse atteindre en moins de temps que des années ou toute une vie. C'est moins ronflant et moins glorieux, mais c'est plus réaliste! Il vaut beaucoup mieux découper un objectif général en centaines de tranches que d'entretenir l'illusion qu'on pourra arriver d'un seul coup à une transformation radicale de ses idées et de ses habitudes.

Ainsi, Jean-Paul Lanctôt, qui se propose d'acquérir plus d'assurance et de fermeté, objectif sans doute très valable mais trop général, divisera cet objectif en fractions hebdomadaires et même quotidiennes, comme d'accomplir deux gestes affirmatifs chaque jour pendant six mois. Ces objectifs plus réduits pourront alors avantageusement être pourvus de garde-fous appropriés.

Je vous propose maintenant de remplir de nouveau ce questionnaire qui n'a aucune prétention scientifique. Son résultat devrait cependant vous permettre de sonder quelque peu votre habileté à vivre et d'analyser, au moins sommairement, les points positifs et négatifs de vos connaissances dans ce domaine.

Ajoutez à la fin chaque affirmation le chiffre correspondant à votre situation:

1. Jamais ou très rarement
2. Rarement
3. Parfois
4. Souvent
5. Presque toujours

1. J'éprouve de notables poussées d'anxiété.
2. Je me mets violemment en colère.
3. Je fais preuve d'impatience.
4. Je me sens coupable de certains de mes actes ou omissions.
5. J'éprouve des sentiments dépressifs.
6. Je me sens longuement et notablement triste.
7. Je me comporte impulsivement à mon propre détriment.
8. Je suis exigeant(e) pour moi-même.
9. Je suis peu tolérant(e) devant ma propre faiblesse et celle des autres.
10. On m'entend dire: *Il faut…, On devrait…,* dans divers contextes.
11. Je crois que certains humains sont plus valables que d'autres.
12. J'ai tendance à m'énerver facilement.
13. Je trouve certains événements terribles et insupportables.
14. Je souffre de tension nerveuse.
15. Je me juge inférieur(e) à bien d'autres.
16. Je cherche ardemment le sens de la vie.
17. J'en veux tenacement à diverses personnes de mon enfance: parents, etc.
18. Je mens à diverses personnes sans raisons particulières.
19. Je me crois encore bouleversé(e) par divers événements de mon enfance.

20. Je tiens peu compte des sentiments des autres.
21. Je trouve que je n'ai vraiment pas de chance dans la vie.
22. Je me comporte de façon hésitante et indolente.
23. J'utilise diverses drogues.
24. J'abuse de l'alcool.
25. J'éprouve du malaise à propos de ma sexualité.
26. Je crois avoir grand besoin d'être aimé(e).
27. J'ai peu confiance en mes capacités.
28. Ma vie conjugale est difficile.
29. J'éprouve des sentiments de jalousie à propos de mon conjoint ou de ma conjointe.
30. Mes rapports avec mes enfants sont laborieux ou orageux.
31. Je suis menacé(e) d'épuisement professionnel.
32. Je perds des sommes importantes à des jeux de hasard.
33. J'ai de la difficulté à m'endormir et à passer une bonne nuit.
34. J'ai de la difficulté à garder un emploi.
35. J'ai des conflits marqués avec mes patrons ou mes collègues de travail.
36. Je m'occupe assez mal de ma santé physique.
37. Je mange et je bois trop ou pas assez.
38. Je perds du temps en rêveries inutiles.
39. Je m'ennuie.
40. Je vis dans le désordre.
41. J'éprouve de la gêne et de la timidité en de nombreuses occasions.
42. Je consulte des voyantes, tireuses de cartes, etc.
43. Je crois que mon passé détermine ma vie.
44. J'ai des opinions politiques ou religieuses rigides.
45. Bien que je sois jeune et en santé, je songe à me suicider.
46. Je déteste violemment certaines personnes.
47. J'ai tendance à devenir facilement violent(e) dans mes paroles ou dans mes gestes.
48. J'admire beaucoup certaines personnes et j'en méprise d'autres.
49. On ne peut guère se fier à moi.
50. Je me trouve en général malheureuse ou malheureux.

Total des chiffres ajoutés.....................................................

# Pour poursuivre votre démarche et vous documenter...

## LIVRES

(Ce signe: * indique les ouvrages que vous pouvez vous procurer au CIM; cette lettre: **C** indique qu'il s'agit d'un cahier de travail).


* Auger, L. — L'amour: de l'exigence à la préférence
*Une réflexion lucide sur l'amour et ses divers types, ses pièges et les moyens de l'accroître.*

* **C** Auger, L. — Changer: une psychothérapie à la maison
*Nombreux exercices permettant de travailler efficacement à sa propre thérapie.*

* Auger, L. — Comment aider mon enfant à ne pas décrocher
*Des attitudes à développer et des techniques à utiliser pour y parvenir.*

* Auger, L. — Communication et épanouissement personnel — La relation d'aide
*La relation d'aide: ses principes, ses techniques.*

Auger, L. — La démarche émotivo-rationnelle en psychothérapie et relation d'aide. Théorie et pratique (épuisé)

Auger, L. — Élever des enfants sans perdre la boule (épuisé)

Auger, L. — Enseigner en s'amusant (épuisé)

Auger, L. — Les émotions et la vie quotidienne (épuisé)

Auger, L. — Penser heureux (épuisé)

* **C** Auger, L. — Prendre soin de soi — Guide pratique de microthérapie
*Cahier de travail proposant 15 semaines de travail pour arriver à une vie plus heureuse.*

* Auger, L. — Prévenir et surmonter la déprime
*Présentation claire des causes des états dépressifs et des moyens de les vaincre.*

* Auger, L. — S'aider soi-même
*Apprendre à modifier ses émotions en changeant les idées qui les causent.*

* Auger, L. — S'aider soi-même davantage
*La suite de* S'aider soi-même *aborde le changement des comportements et de l'action.*

* Auger, L. — Se guérir de la sottise
*Les idées fausses qui empoisonnent nos vies sont attaquées avec humour et vigueur.*

* Auger, L. — Vaincre ses peurs
*Les peurs de tous genres analysées et les moyens de s'en défaire.*

Auger, L. — Vivre avec sa tête ou avec son cœur (épuisé)

* **C** Auger, L. — Vivre heureux à deux — Manuel pratique de survie et de croissance du couple
*Cahier de travail pour améliorer la vie à l'intérieur du couple.*

| | |
|---|---|
| * **C** Auger, L. | La tête sur les épaules<br>*Cahier de travail pour adolescents et jeunes adultes.* |
| * **C** Auger, L. | 21 jours pour dominer votre timidité |
| * **C** Auger, L. | 21 jours pour apaiser votre anxiété |
| * **C** Auger, L. | 21 jours pour tempérer votre colère |
| * **C** Auger, L. | 21 jours pour apprendre à digérer votre séparation-divorce |
| * **C** Auger, L. | 21 jours pour apprendre à réduire votre tristesse et vos regrets |
| * **C** Auger, L. | 21 jours pour apprendre à gérer votre stress |
| * Bricault, L. | Deux êtres humains<br>*105 confrontations autour de la vie à deux.* |
| Burger, B. | L'entre-deux amours, ou 80 bonnes raisons... d'avoir tort<br>*La confrontation des idées irréalistes qui empêchent de risquer une nouvelle relation amoureuse.* |
| * Desaulniers, L. | Exploration de la vie émotive<br>*Plus de 140 activités à présenter à des jeunes de 10 à 14 ans.* |
| * **C** Desaulniers, L. | Oui ou non<br>*Cahier d'apprentissage pour devenir plus affirmatif.* |
| * **C** Desaulniers, L. | La discipline<br>*Cahier de travail pour mieux comprendre la discipline envers soi et les autres.* |
| * **C** Desaulniers, L. | Stress: ami ou ennemi<br>*Cahier de travail destiné à permettre de diminuer le stress de la vie quotidienne.* |
| * **C** Desaulniers, L. | Bien, seul...<br>*Cahier de travail pour apprendre à vivre une solitude heureuse.* |
| Épictète | Manuel |
| * Filion/Boissé | «Je ris dans ma tête», contes émotivo-rationnels<br>*Dix contes inspirés de la démarche E.R., pour enfants de 5 à 12 ans. Illustré.* |
| * Guay, P.P. | Penser réaliste pour apprivoiser le bonheur<br>*Réflexions concrètes et réalistes pour chaque jour de l'année.* |
| * Guillemette, C | Penser clair... Vivre heureux<br>*Activités pour adolescents et jeunes adultes. Matériel pédagogique polycopiable inclus.* |
| * Langevin-Hogue | Communiquer: un art qui s'apprend<br>*Les principes et la pratique d'une communication claire et efficace. Exercices.* |
| Marc Aurèle | Pensées pour moi-même |
| * St-Amant, J. | Jouer au golf... sans perdre la boule!<br>*Augmenter son plaisir au golf, tout en améliorant ses performances.* |

## CASSETTES

Il existe des cassettes audio (60 différentes) dans lesquelles Lucien Auger aborde plus de 100 sujets sous l'optique émotivo-rationnelle. Les thèmes abordés concernent la vie personnelle, la sexualité, le couple et la famille, le travail et l'entreprise, le monde scolaire. Certaines cassettes sont destinées spécifiquement aux jeunes. D'autres présentent une démonstration de la méthode E.R. dans une série de huit entrevues avec une même personne. On peut obtenir une liste complète des sujets en s'adressant au CIM.

## FORMATION

Le CIM présente, tout au long de l'année, des activités de formation à l'application de la méthode émotivo-rationnelle en psychothérapie personnelle et en relation d'aide. Ces activités de formation s'étendent sur des périodes plus ou moins prolongées:

— Programme d'entraînement à la relation d'aide et au monitorat des Ateliers de développement émotivo-rationnel (ERA): 16 jours.

— Programme de formation à la psychothérapie émotivo-rationnelle (PFPER): 40 jours.

— Programme de formation avancée à la psychothérapie émotivo-rationnelle (PFAPER): 25 jours en cinq ans.

Le CIM offre également des activités de formation plus brèves (1-2 jours) et un service de conférences. Toutes ces activités peuvent être réalisées dans les milieux. On peut s'adresser au CIM pour obtenir des renseignements complets.

## LES ATELIERS DE DÉVELOPPEMENT ÉMOTIVO-RATIONNEL (ADER)

Animés par des personnes formées par le CIM, les ADER offrent la possibilité de travailler à modifier ses idées et ses comportements en petits groupes. Les ADER sont offerts en diverses régions du Québec et en Europe. Renseignements: CIM

## L'ASSOCIATION ÉMOTIVO-RATIONNELLE INTERNATIONALE (AERI)

Cet organisme sans but lucratif regroupe à la fois des intervenants qui utilisent la démarche E.R. dans leur travail et toute personne intéressée à cette forme de pensée et d'intervention. L'AERI publie une revue, *Confrontation,* qui paraît deux fois par an. Un congrès annuel d'une journée permet, pour une somme modique, de participer à des ateliers sur divers sujets. Renseignements et abonnements: CIM

Centre interdisciplinaire de Montréal Inc.
C.P. 85067
Mont-Saint-Hilaire (Québec) Canada
J3H 5W1
(514) 446-0662

imprimerie gagné ltée

IMPRIMÉ AU CANADA